电控柴油发动机
原理与维修

主 编 李显贵 扈佩令
副主编 周海林 潘仕梁 温继峰

北京理工大学出版社
BEIJING INSTITUTE OF TECHNOLOGY PRESS

内 容 简 介

本书根据汽车类专业教学标准及从事汽车职业的在岗人员对基础知识、基本技能和基本素质的需求,结合汽车专业人才培养的目的,重点介绍柴油发动机电控系统简述、柴油机电控系统的工作部件、直列柱塞泵与电控分配泵、电控泵喷嘴燃油喷射系统、电控单体泵燃油喷射系统、电控高压共轨燃油喷射系统、电控柴油进排气控制系统、柴油机电控系统故障诊断与排除等内容。

全书讲解清晰、简练,配有大量的图片,直观明了。本书按照模块化教学的实际需求,理论联系实际,重视理论,突出实操。

本书适合作为职业院校汽车专业教材,也可作为汽车售后服务站专业技术人员的培训教材。

版权专有　侵权必究

图书在版编目(CIP)数据

电控柴油发动机原理与维修／李显贵,扈佩令主编. —北京:北京理工大学出版社,2019.3

ISBN 978－7－5682－6817－2

Ⅰ.①电… Ⅱ.①李… ②扈… Ⅲ.①汽车—电子控制—柴油机—理论②汽车—电子控制—柴油机—车辆修理　Ⅳ.①U464.172.01②U472.43

中国版本图书馆 CIP 数据核字(2019)第 039751 号

出版发行 /	北京理工大学出版社有限责任公司
社　　址 /	北京市海淀区中关村南大街 5 号
邮　　编 /	100081
电　　话 /	(010)68914775(总编室)
	(010)82562903(教材售后服务热线)
	(010)68948351(其他图书服务热线)
网　　址 /	http://www.bitpress.com.cn
经　　销 /	全国各地新华书店
印　　刷 /	定州市新华印刷有限公司
开　　本 /	787 毫米×1092 毫米　1/16
印　　张 /	12
字　　数 /	282 千字
版　　次 /	2019 年 3 月第 1 版　2019 年 3 月第 1 次印刷
定　　价 /	39.00 元

责任编辑／陆世立
文案编辑／党选丽
责任校对／周瑞红
责任印制／边心超

前言 PREFACE

柴油电控发动机是利用电子控制器借助发动机工作时各工况的信号参数,进行精确计算来控制燃油喷射及排放的柴油发动机。柴油机按气缸数目主要分为四类,即单缸柴油机、小缸径多缸柴油机、中缸径多缸柴油机和中低速柴油机,后两类通常称为中、重型柴油发动机,为目前柴油机发展的主要方向。目前,柴油发动机应用领域相当广泛,中重型柴油发动机主要应用在中重型卡车、专用车辆、客车、工程机械、发电机组、船舶动力、矿山机械、大型农机设备、油田钻井设备等;轻型柴油发动机主要应用在拖拉机、中小型农机、轻型卡车等。

"十二五"期间,我国柴油发动机销量由2011年的573.22万台增长至2015年的633.45万台,复合增长率2.02%。2017年,在商用车市场的进一步回暖和农用机械市场深度调整的双重作用下,全国柴油发动机累积销量达到507.42万台,同比上升13.9%;2018年一季度,全国柴油发动机累积销量146.4万台,与上年同期基本持平。

随着柴油机采用电控喷射、共轨、涡轮增压中冷等技术的不断发展,在重量、噪声、烟度等方面取得重大突破,达到了汽油机的水平,能够满足相关法律、法规及国际标准在排放和噪声方面日益严格的要求,在汽车领域得到了广泛的应用。这给汽车维修业带来了极大的机遇和挑战,同时也对汽车维修人员的技术水平提出了更高、更新的要求。

同时,为了解决学生学不懂、学习兴趣不浓、教材内容枯燥乏味、老师不好教等问题,北京理工大学出版社特邀请一批知名行业专家、学者以及一线骨干老师结合新的专业教学标准,规划出版了该套图解版汽车职业教育系列教材。

本系列教材坚持如下定位:

- 以就业为导向,培养学生的实际运用能力,以达到学以致用的目的;
- 以科学性、实用性、通用性为原则,以使教材符合职业教育汽车类课程体系设置;
- 以提高学生综合素质为基础,充分考虑对学生个人能力的提高;
- 以内容为核心,注重形式的灵活性,以便于学生接受。

本系列坚持理论知识图解化的基本理念,教材配有大量的插图、表格和立体化教学资源,介绍了大量的故障诊断、维修服务和营销案例。

- 在内容上强调面向应用、任务驱动、精选案例、严控质量;
- 在风格上力求文字简练、脉络清晰、图表明快、版式新颖;
- 在理论阐述上,遵循"必需""够用"的原则,在保证知识体系相对完整的同时,做到知识讲解实用、简洁和生动。

本书共分为8个课题，重点介绍柴油发动机电控系统概述、柴油机发动机电控系统的工作部件、直列柱塞泵与电控分配泵、电控泵喷嘴燃油喷射系统、电控单体泵燃油喷射系统、电控高压共轨系统、电控柴油进排气控制系统、柴油发动机机电控系统故障诊断与排除等内容。

本书图文并茂、通俗易懂，适合作为职业院校汽车专业教材，也可作为汽车售后服务站专业技术人员的培训教材。

由于作者水平有限，书中可能会有疏漏和不妥之处，欢迎读者批评指正。

编 者

目录 CONTENTS

课题一　柴油发动机电控系统概述 ·· 1
　　任务一　电控系统的发展 ·· 2
　　任务二　柴油发动机电控燃油系统的分类 ································ 4
　　任务三　电控系统的功能与优点 ·· 14

课题二　柴油发动机电控系统的工作部件 ·································· 19
　　任务一　传感器 ·· 20
　　任务二　电子控制单元 ·· 28
　　任务三　执行器 ·· 30

课题三　直列柱塞泵与电控分配泵 ·· 32
　　任务一　直列柱塞泵的组成与原理 ······································ 33
　　任务二　电控分配泵的结构与组成 ······································ 36

课题四　电控泵喷嘴燃油喷射系统 ·· 51
　　任务一　电控泵喷嘴燃油喷射系统的结构与组成 ·························· 52
　　任务二　电控泵喷嘴的结构与工作原理 ·································· 54
　　任务三　电控泵喷嘴的检修 ·· 60

课题五　电控单体泵燃油喷射系统 ·· 63
　　任务一　电控单体泵燃油喷射系统的结构与组成 ·························· 64
　　任务二　电控单体泵的工作原理 ·· 66
　　任务三　电控单体泵 ·· 70

课题六 电控高压共轨系统 …… 77
  任务一 电控高压共轨系统的结构与组成 …… 78
  任务二 电控高压共轨系统的工作原理 …… 80
  任务三 液力活塞增压式共轨系统 …… 105
  任务四 电控高压共轨系统的维修与常见故障案例 …… 141

课题七 电控柴油进排气控制系统 …… 148
  任务一 进气控制系统 …… 149
  任务二 柴油发动机排放控制系统 …… 159
  任务三 尾气处理系统 …… 164

课题八 柴油发动机电控系统故障诊断与排除 …… 170
  任务一 故障检查与排除的基本原则与方法 …… 171
  任务二 电控发动机故障诊断的形式 …… 176
  任务三 电控柴油发动机常见故障原因的分析与处理 …… 181
  任务四 柴油发动机故障案例分析 …… 183

课题一
柴油发动机电控系统概述

学习任务

1. 了解柴油发动机电控技术的发展过程。
2. 掌握柴油发动机电控系统的类别。
3. 了解柴油发动机电控系统的功能。
4. 了解柴油发动机电控系统的优点。

技能要求

能够辨别各类电控柴油发动机的相同点与不同点。

任务一 电控系统的发展

电控柴油发动机与传统柴油发动机的主要区别在于它们的燃油供给系统不同，前者采用的是电控燃油喷射系统，而后者采用的是机械式燃油喷射系统。从结构和功能的角度看，电控柴油发动机的电控系统包括电控燃油系统和空气供给系统。这些电控系统使得柴油发动机在动力性能、经济性能和排放性能等方面都取得了巨大的进步。

人们从20世纪70年代就开始研究柴油发动机电控技术来替代机械控制，到目前已经研究出了许多功能各异的柴油发动机电控技术，这些技术大部分已经被产品化并投放市场。柴油发动机电控技术的发展经历了三代：位置控制式、时间控制式和时间—压力控制式。

一、第一代：柴油发动机电控燃油喷射系统——位置控制式

这种系统的主要特点是保留了大部分的传统燃油系统部件（如喷油泵—高压油管—喷油嘴系统，喷油泵中的齿条、齿圈、滑套，柱塞上的螺旋槽，等等），只是用电子伺服机构代替机械式调速器来控制供油滑套或燃油齿条的位置，使得供油量的调整更为灵敏和精确。图1-1所示为位置控制式的电控柴油分配泵，其最明显的特征就是具有用于调整控制油量的油量调节器及滑套位置传感器。

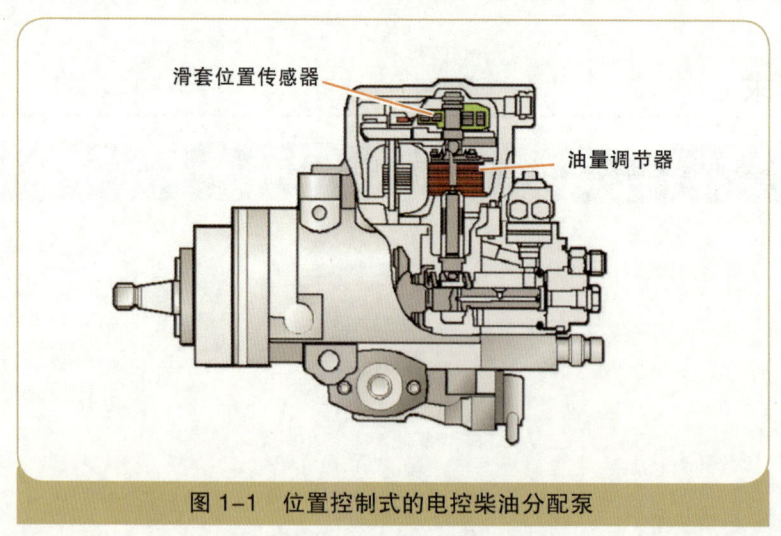

图1-1 位置控制式的电控柴油分配泵

这类技术已发展到了可以同时控制定时和预喷射的TICS（Timing Injection Control System）系统。

二、第二代：柴油发动机电控燃油喷射系统——时间控制式

这种系统可以保留原来的喷油泵—高压油管—喷油嘴系统，也可以采用新型高压燃油系统。

其喷油量和喷油定时由计算机控制的强力高速电磁阀的开闭时刻所决定：电磁阀关闭，执行喷油；电磁阀打开，喷油结束。由于喷油始点取决于电磁阀的关闭时刻，喷油量取决于电磁阀关闭时间的长短，因此该系统可以同时控制喷油量和喷油定时。

传统喷油泵中的齿条、滑套，柱塞上的斜槽和提前角机构等全部取消，对喷射定时和喷射油量控制的自由度更大。图1-2所示为时间控制式的径向柱塞分配泵，其明显特征是泵上装有油泵控制单元、用于控制喷油量的喷射控制电磁阀和控制喷油提前角的定时控制电磁阀。

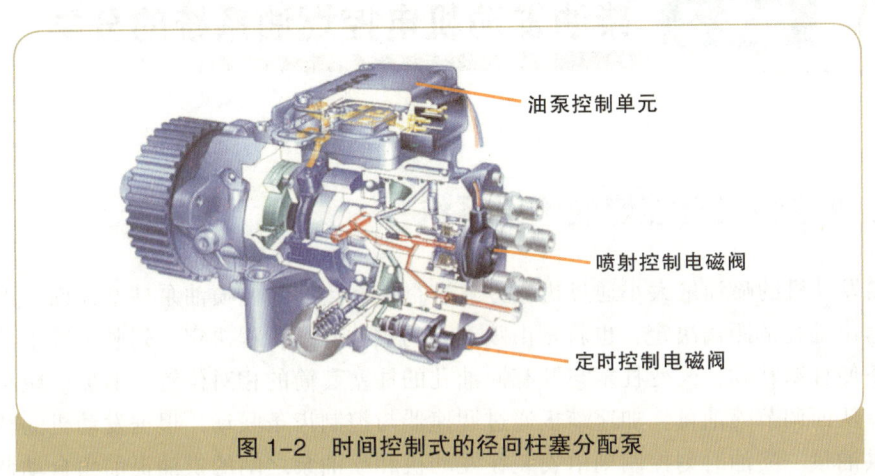

图1-2 时间控制式的径向柱塞分配泵

三、第三代：柴油发动机电控燃油喷射系统——时间—压力控制式

这种系统也被称为电控高压共轨系统，包括了高压共轨系统和中压共轨系统。这是20世纪90年代国外最新推出的新型柴油发动机电控喷油技术。该系统摈弃了传统的喷油泵—高压油管—喷油嘴的脉动供油方式，代之用一个高压油泵在柴油发动机的驱动下，连续将高压燃油输送到共轨管内，高压燃油由共轨管送入各缸喷油器，再通过控制喷油器上的电磁阀实现喷射的开始和终止。图1-3所示为康明斯柴油发动机高压共轨系统。

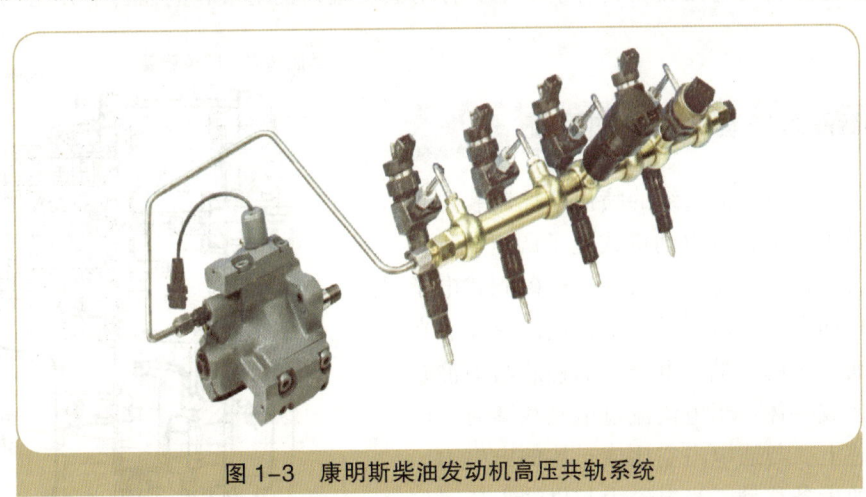

图1-3 康明斯柴油发动机高压共轨系统

降低发动机的燃油消耗和减少废气排放中的有害成分，单靠传统的机械控制技术不足以解决问题。目前，满足我国国Ⅲ排放标准的柴油发动机主要采用的是电控高压共轨系统。

任务二　柴油发动机电控燃油系统的分类

一、位置控制式电控燃油喷射系统

传统柴油发动机的喷油量大小通过机械方式进行控制，即封住喷油泵柱塞顶面，由进回油孔到柱塞斜槽露出油孔的距离决定，也就是由喷油泵的供油有效行程决定。驾驶员踩下油门踏板、拉动控制油条使柱塞转动，改变柱塞与开有回油孔的柱塞套筒的相对位置，增加或减小柱塞的供油有效行程，从而调节喷油量。加速踏板通过调速器与控制齿条联动，根据发动机的转速和负荷的变化调节供油量。喷油时刻控制则由安装在发动机和喷油泵之间的供油提前角自动调节器，根据发动机的转速调节凸轮轴的相对位置来调节喷油时刻。因此，传统柴油发动机的供油量、供油时刻控制精度、供油特性、响应性等较差。第一代位置控制式电控燃油喷射系统保留了传统柴油发动机的喷油泵—高压油管—喷油嘴、控制齿条、齿圈、滑套、柱塞上的螺旋槽等油量控制机构，只是对齿条或滑套的移动位置进行电子控制，用电子调速器代替了传统机械式离心调速器，用发动机转速传感器和加速踏板位置传感器代替了传统的转速和负荷传感机构（如离心飞块、真空室等），用发动机控制模块（Engine Control Module，ECM）控制的电子执行机构代替了机械离心式调速执行机构和加速踏板传动机构。

第一代位置控制式电控燃油喷射系统主要有用电控直列柱塞泵和电控转子分配泵进行位置控制两种系统。

1. 电控直列柱塞泵的燃油系统

电控直列柱塞泵燃油系统的喷油量控制装置采用占空比电磁阀式或直流电动机式电子调速器，其反馈元件是齿条位置传感器。占空比电磁阀式电子调速器的结构如图1-4所示。占空比电磁阀安装在原喷油泵供油齿条的一端，电磁阀的铁芯与喷油泵的供油齿条连成一体。当电流流过电磁线圈时，产生作用在铁芯上、与通电占空比成正比的电磁力，铁芯推动供油齿条移动。当电磁力与供油齿条回位弹簧力相平衡时，供油齿条就停留在该位置上，改变电磁阀通电占空比即可调节供油齿条的位置。设置一个供油齿条位置传感器作为反馈元件，向ECM

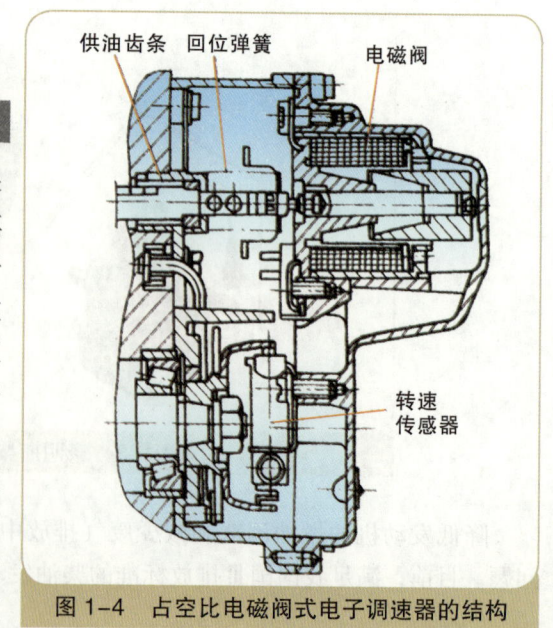

图1-4　占空比电磁阀式电子调速器的结构

反馈供油齿条的实际位置,即可实现供油量的闭环控制。电控直列柱塞泵的供油齿条位置传感器和发动机转速传感器安装在电子调速器内。

电控直列柱塞泵燃油系统的喷油正时控制机构是在原高压油泵机械式供油提前角自动调节器的基础上,增加电控元件来实现对喷油泵供油正时控制的。其控制喷油正时的方式与机械控制方式一样,也是靠改变喷油泵凸轮轴与柴油发动机曲轴之间的相对位置来实现供油正时的调节的。图1-5所示为直列柱塞泵供油正时电控系统,它主要由正时控制器、电磁阀、转速传感器、正时传感器和ECM组成。两个电磁阀分别安装在正时控制器的进回油路中,控制正时控制器工作的液压油来自柴油发动机的润滑系统。正时控制器安装在喷油泵驱动轴与凸轮轴之间,由液压控制的正时控制器可以使喷油泵凸轮轴相对驱动轴在一定范围内转动。柴油发动机转速传感器安装在喷油泵驱动轴上,ECM主要根据转速和负荷信号确定基本供油提前角,再根据水温等信号进行修正,并通过两个电磁阀控制正时控制器工作,以实现喷油泵的正时控制。正时传感器安装在喷油泵凸轮轴上,用来检测凸轮轴的位置和转角,ECM根据正时传感器信号判断实际的供油正时,并对供油正时进行闭环控制。

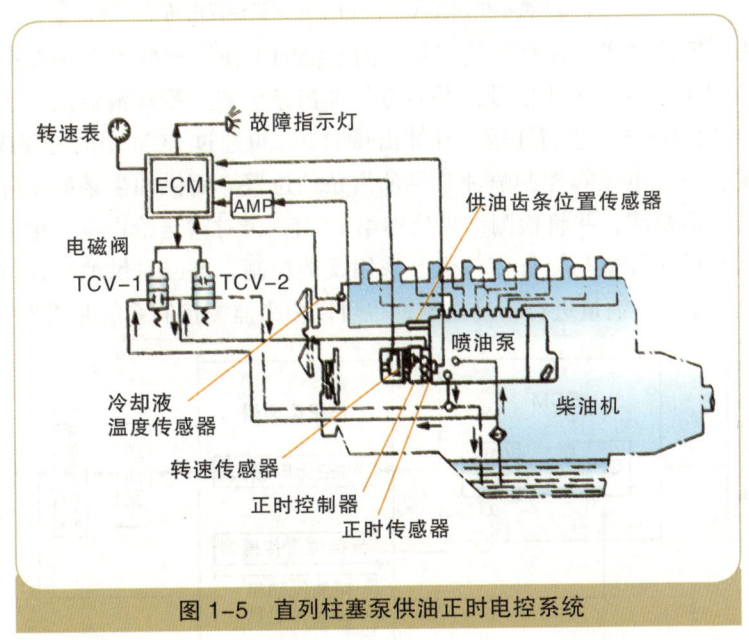

图1-5 直列柱塞泵供油正时电控系统

电控直列柱塞泵常用的正时控制器为电控液压式,它的工作原理如图1-6所示。喷油泵驱动轴通过驱动盘、滑块、滑块销、大/小偏心轮驱动凸轮轴转动。如图1-6(a)中,当需减小供油提前角时,ECM控制电磁阀使正时控制器的进油通道关闭而回油通道开启,液压腔内的油压下降,活塞在回位弹簧的作用下向右移动,而滑块和滑块销向内径方向移动,安装在滑块销上的大/小偏心轮转动,使凸轮轴相对驱动盘沿转动相反的方向转过一定角度,这时,喷油泵供油提前角减小。如图1-6(b)中,当需要使喷油泵供油提前时,ECM控制电磁阀使正时控制器的进油通道开启而使回油通道关闭,液压润滑油进入液压腔使油压升高,并推动活塞向左移动,活塞推动滑块和滑块销向外移动,偏心轮转动使凸轮轴相对驱动盘沿转动方向转过一定角度,喷油泵供油提前角增大。喷油泵的供油正时随正时控制器液压腔内的油压而变化,ECM通过电磁阀控制液压腔内的油压,完成供油正时控制。

课题一　柴油发动机电控系统概述

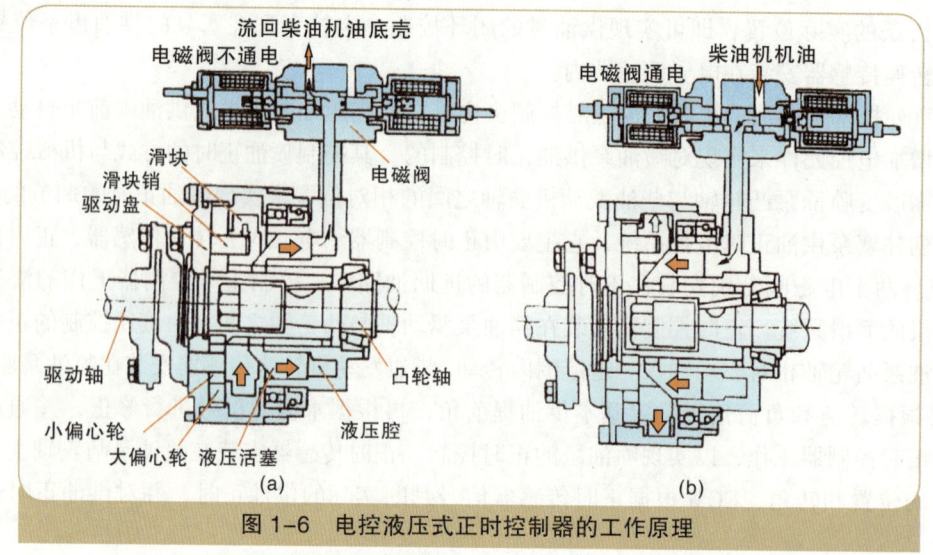

图1-6　电控液压式正时控制器的工作原理

（a）减小供油提前角；（b）增大供油提前角

图1-7所示为位置控制式电控直列柱塞泵燃油系统的工作原理框图。在该系统中，ECM根据负荷（加速踏板位置）信号和转速信号，并参考供油齿条位置、冷却液温度、进气压力等信号，按ECM内存储的数据或脉谱图进行比较并计算出喷油量，再通过ECM中的行程或位置伺服电路，使电子调速器内的占空比电磁阀控制喷油泵供油齿条的位置。而供油齿条的实际位置由电子调速器内的齿条位置传感器检测，并将检测结果反馈给ECM，再对输送给占空比电磁阀的占空比值进行修正，使供油齿杆的实际值与目标值一致。采用反馈控制，可以对供油齿杆位置进行高精度控制和定位，同时也对循环供油量进行精确控制，也可以用来监测控制系统是否发生了故障。

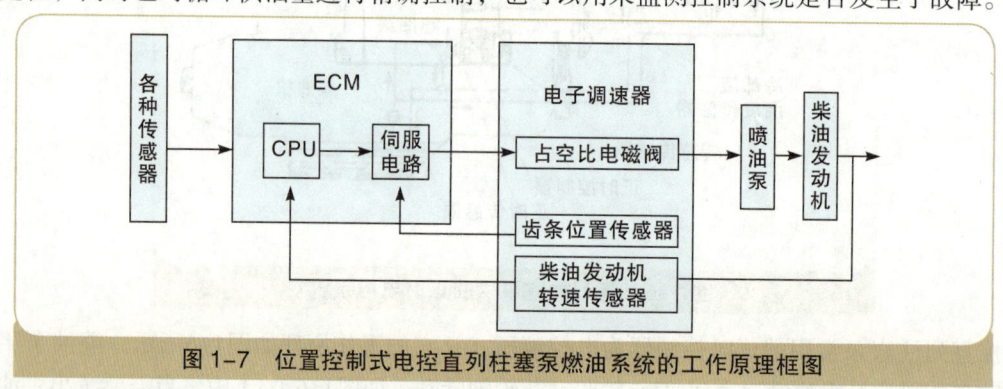

图1-7　位置控制式电控直列柱塞泵燃油系统的工作原理框图

2. 电控转子分配泵的燃油系统

电控转子分配泵供油量装置采用转子式或占空比电磁阀式电子调速器。采用转子式电子调速器的供油量控制装置如图1-8所示。调速器主要由定子、线圈、转子和滑套位置传感器组成，转子轴下端的偏心球伸入油量控制滑套的凹槽中。因为定子是不对称的，当给线圈通入直流电且电流变化时，就会产生使转子轴转动的电磁力矩；当电磁力矩与转子轴回位弹簧力矩

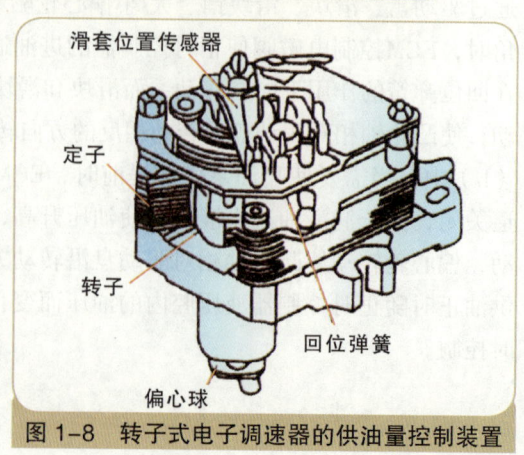

图1-8　转子式电子调速器的供油量控制装置

平衡时，转子轴就会固定在某一位置；当转子轴转动时，通过伸入滑套凹槽内的偏心球使滑套沿轴向移动，从而改变喷油泵的供油量（图1-9）。

ECM通过控制流经线圈的电流方向来控制转子轴的转动方向，通过控制通电占空比来控制转子轴转动的角度。滑套位置传感器（或称溢油位置传感器）安装在转子轴上，ECM通过该传感器检测到的转子轴位置信号确定油量控制滑套的实际位置，并对滑套位置（喷油量）进行闭环控制。

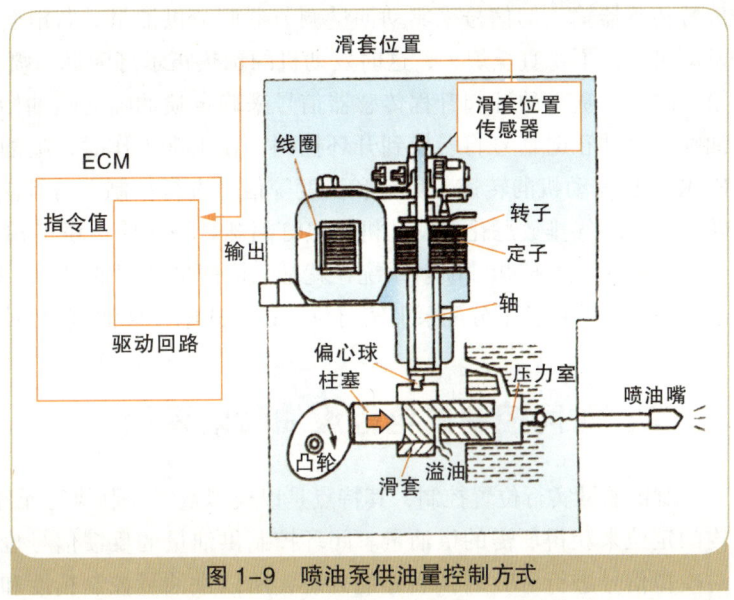

图1-9 喷油泵供油量控制方式

转子分配泵供油正时的控制是在原供油提前角自动调节器活塞两侧油腔之间增加一条液压通道，并由ECM通过电磁阀控制该液压通道来实现的，如图1-10所示。ECM根据柴油发动机的转速和负荷信号确定基本供油提前角，再根据水温等信号进行修正，并通过电磁阀控制正时活塞左右两侧的油腔内的燃油压力差，借以改变正时活塞的位置；正时活塞左右移动时，通过传动销带动转子分配泵内的滚轮架转动，从而改变喷油泵的供油正时。正时活塞位置传感器为差动电感式，其工作原理如图1-11所示。传感器铁芯随正时活塞移动，传感器线圈内产生与活塞位置成正比的电压信号，这个电压信号为自感电压信号，ECM根据该传感器信号对喷油泵供油正时进行闭环控制。

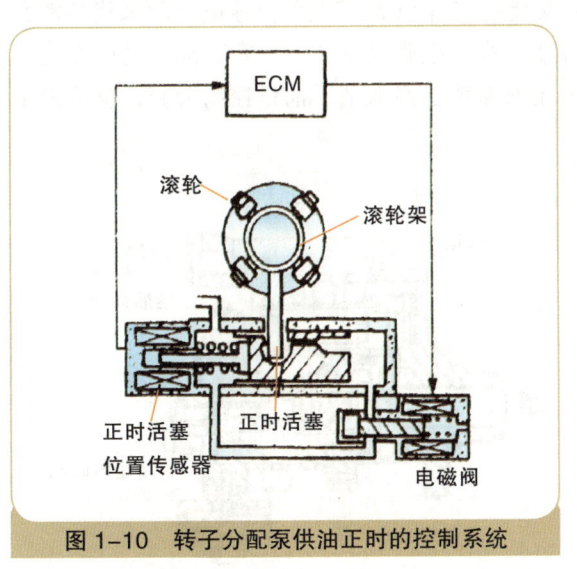

图1-10 转子分配泵供油正时的控制系统

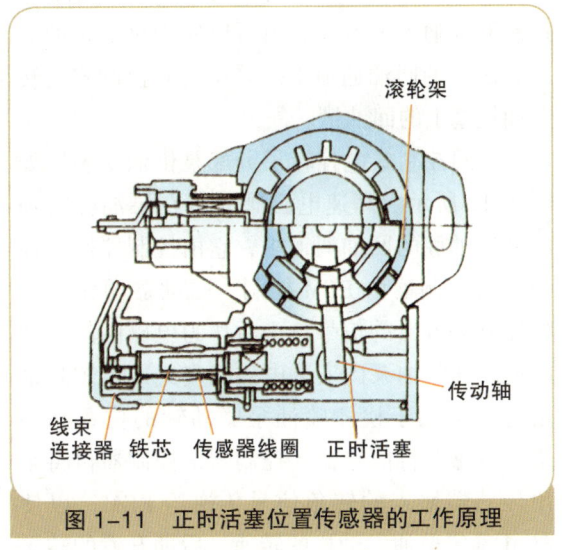

图1-11 正时活塞位置传感器的工作原理

转子分配泵供油量位置控制式系统的组成和工作原理与直列柱塞泵基本相同，所不同的是转子分配泵供油量控制装置将控制齿条位置变为控制滑套位置，ECM所控制的执行元件和指令信号不同。在采用转子分配泵的电控系统中，柴油发动机转速传感器一般安装在转子分配泵驱动轴或曲轴上。

在改进后的电控位置控制系统中，常用博世公司的转子分配泵。在该系统中，ECM根据滑套位置传感器输入的信号来驱动油量调节器调节供油量。若滑套位置传感器和油量调节器失效,则发动机运行不稳直至熄火,这时发动机的预热指示灯闪烁。喷油嘴正时控制是由 ECM 根据安装在第 3 缸喷油嘴上的针阀升程传感器信号来确定喷油嘴的喷油始点。若针阀升程传感器失效,则喷油嘴的喷油正时信号将转换到开环控制。在正常工作时,喷油嘴的喷油正时信号由闭环控制,即 ECM 根据发动机的转速、负荷和温度等信号进行控制。若针阀升程传感器信号失效,则发动机运转不稳、废气排放恶化,发动机预热灯闪烁。一汽捷达轿车 SDI(Suction Direct Injection,自然吸气直接喷射)电控柴油喷射系统,就是采用博世公司的 EDC(Electric Diesel Control,柴油喷射电子控制),即在转子分配泵上实行位置控制式电控柴油喷射系统。

二、时间控制式电控燃油喷射系统

对供油量实行位置控制,其特点是以模拟量来控制执行元件的工作,通过对喷油泵油量控制机构的定位来获得所需的供油量。闭环控制供油量的反馈信号也是由模拟信号传感器检测的,ECM 对模拟信号进行 A/D 转换后才能处理,所以供油量控制精度和执行元件的响应速度都较差。在位置控制方式中,所用的电子调速器需要由部分机械装置来完成对喷油泵供油量的调节,这也会降低控制精度和响应速度。采用时间控制方式可以弥补位置控制的不足。

1. 电控转子分配泵喷油系统

转子分配泵的供油控制原理是利用油量控制滑套的位置变化来控制高压腔与低压腔之间回油通道相通时间的变化,即在供油压力和供油开始时刻一定时,通过滑套位置变化来改变停止供油时刻,从而实现供油量的控制。如果在回油通道上安装一个由 ECM 控制的高速电磁阀来代替滑套控制回油通道的开闭,就可以实现供油量的时间控制。高速电磁阀安装在柱塞顶部的高压腔与低压腔之间的回油通道中。采用时间控制式的转子分配泵系统已经取消了油量控制滑套,也取消了泵油柱塞上的回油槽。

时间控制式电控转子分配泵供油量装置如图 1-12 所示。高速电磁阀安装在泵油柱塞顶部高压油腔的回油通道中,它由控制器操纵控制,而控制器由 ECM 控制。驱动器的作用是将控制器输出的信号放大后作为电磁阀的驱动电流。在喷油泵内安装电磁感应式或霍尔式泵角传感器用于检测喷油泵驱动轴的位置和转角,传感器将信号输入控制器,控制器再将泵角传感器输入的转角信号传递给 ECM,以使 ECM 确定柴油发动机的转速。后期开发的转子分配泵时间控制系统,一般将控制器、驱动器和 ECM 组合成一体。

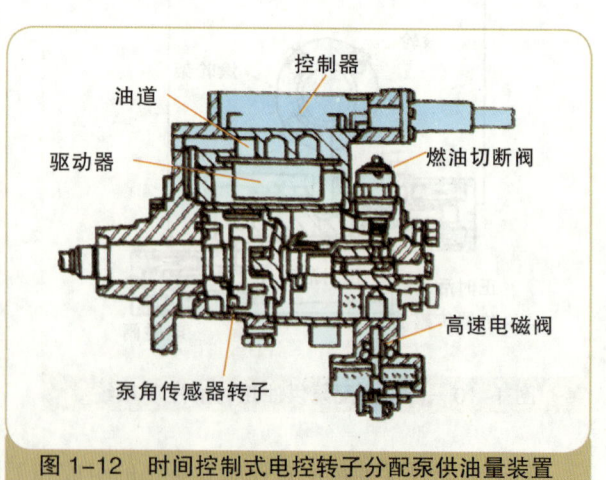

图 1-12 时间控制式电控转子分配泵供油量装置

转子分配泵供油量的时间控制系统如图 1-13 所示。其工作原理是:ECM 根据各种传感器信号计算出供油量后向控制器发出指令,控制器根据 ECM 的指令、参考燃油温度传感器等信号对分配给各缸的喷油量进行平衡,并通过驱动器控制高速电磁阀工作。传统分配泵中的柱塞工作过程可以分为吸油、泵油和回油过程；而时间控制式转子分配泵柱塞只有吸油和泵油两个工作行程，柱塞设有回油作用。时间控制式分配泵系统所用的高速电磁阀为常闭式，在柱塞吸油行程中，电磁阀处于关闭状态，泵油过程开始后在高压油腔产生高压，喷油泵向喷油器供油。当控制器发出指令使电磁阀通电时，电磁阀打开高压腔回油通道，这时柱塞顶部高压腔内的油压迅速下降，喷油器向气缸内供油被切断。从柱塞泵油行程开始到高速电磁阀开启时间的长短决定了喷油量的多少，柱塞泵油行程开始越早、高速电磁阀开启越晚，供油量越多，而柱塞泵油行程开始时刻由供油正时确定。电磁阀关闭时间传感器用于供油量闭环控制，喷油始点传感器信号用于供油正时闭环控制。

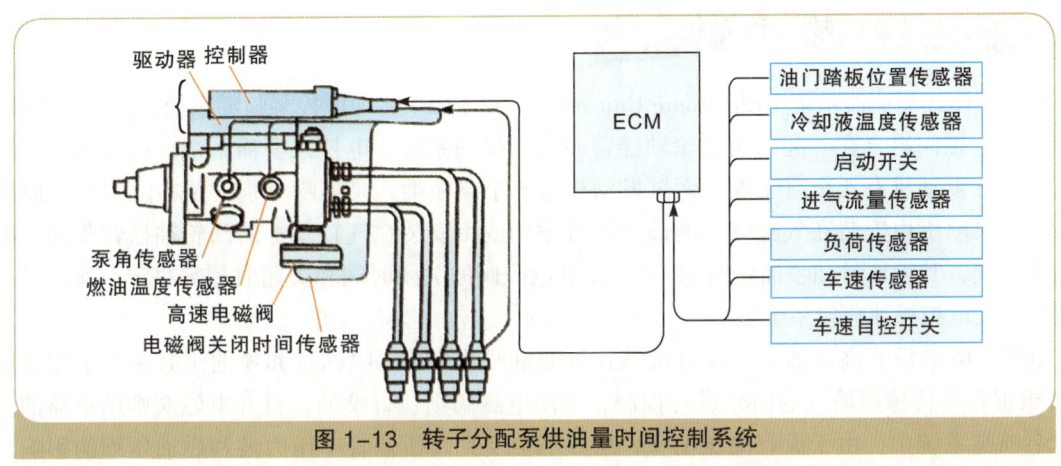

图1-13 转子分配泵供油量时间控制系统

转子分配泵供油量的时间控制系统中，在分配泵回油通道上安装的高速电磁阀的结构如图1-14所示。电磁阀的作用是：它的关闭时刻决定喷油始点，它的关闭持续时间决定喷油量。为提高电磁阀的响应速度，采用多匝线圈和大面积电枢，并采用电磁阀关闭时间传感器(DVC传感器)来精确测定电磁阀关闭的始点和终点，作为反馈修正。DVC传感器的工作原理如图1-15所示。由图1-15可知，阀芯圆柱面与阀体接触，要精确测定电磁阀关闭的始点和终点，就要检测阀芯的锥形阀口与阀体之间是否接触，所以必须使阀芯圆柱面与阀体的接触绝缘。为此在阀芯的圆柱面上喷涂一层耐磨的ZrO_2涂层。当阀芯锥阀口关闭，与阀体接触时，电路闭合，则输出电信号，当锥阀口开启后，电路断开，则可以确定电磁阀的关闭和开启的精确时刻。

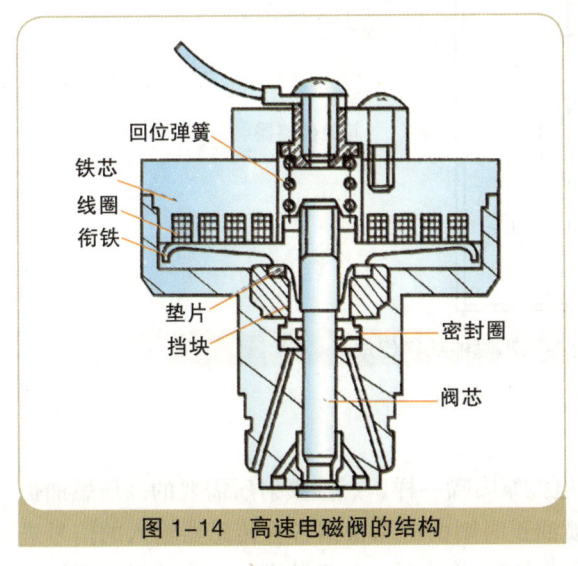

图1-14 高速电磁阀的结构

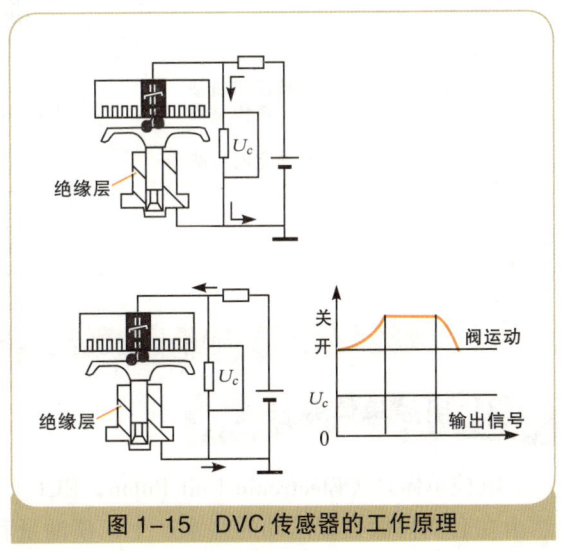

图1-15 DVC传感器的工作原理

在该系统中还使用了喷油始点传感器（SOI 传感器），其作用原理与 DVC 传感器相似，它是将喷油嘴耦件直接当作 SOI 传感器，在喷油嘴针阀滑动表面涂 ZrO_2 绝缘体。针阀升起，针阀座面一离开针阀体阀座，就立刻被测得。在该系统中用一只高速电磁阀控制 4 个缸的供油量，所以在 ECM 控制下，可以对各缸油量进行控制，使起动运行平稳。当运行工况只需改变喷油定时时，如果采用 VE 泵凸轮，则喷油量也会改变。为此，该系统使用等速凸轮型线，这样既降低了噪声，又减少了 NO_x 的排放量。此外，该系统还具有预喷射功能。

2. 电控单体式喷油器系统

电控单体式喷油器系统（Electronic Unit Injection，EUI），即电控泵喷嘴系统，它是将喷油泵、喷油嘴和电磁阀组合在一起，由凸轮轴摇臂驱动的喷油系统。电控泵喷嘴系统，每缸安装一组泵喷嘴，四缸发动机有 4 个泵喷嘴，六缸发动机有 6 个泵喷嘴，泵喷嘴分别安装在缸盖上的原喷油器位置。泵喷嘴由安装在气缸体上的凸轮摇臂驱动或由安装在气缸盖上的凸轮轴摇臂驱动。电控泵喷嘴系统，其喷油量和喷油定时由 ECM 控制电磁阀的关闭时间和关闭时刻来决定，所以又称为时间控制式电控燃油喷射系统。

电控泵喷嘴没有高压油管，没有机械式供油量调节齿条，喷油量和喷油正时由电子控制单元 ECM 根据各种传感器输入的信号进行控制，关闭电磁阀则执行喷油，打开电磁阀则结束喷油。在电控泵喷嘴系统中，由于没有高压油管，所以不会受到高压油管中压力波和燃油压缩的影响，高压容积大大减少，喷射压力可以很高，最高可达 200 MPa。

电控泵喷嘴可应用在柴油小轿车、轻型车及中、重型载货柴油汽车发动机上，其尾气排放能达到欧Ⅲ标准。我国一汽大众宝来 TDL 柴油轿车采用的是德国博世公司的电控泵喷嘴系统。图 1-16 所示为美国底特律（Detroit）公司的 DDEC 系统电控泵喷嘴的结构组成。

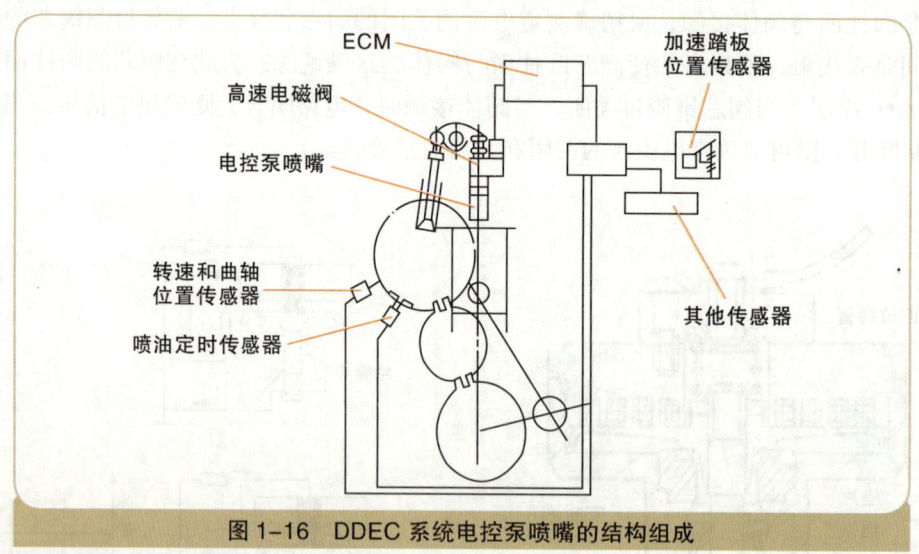

图 1-16　DDEC 系统电控泵喷嘴的结构组成

3. 电控单体泵系统

电控单体泵（Electronic Unit Pump，EUP）和电控泵喷嘴一样，燃油喷射所需要的高压燃油仍然由在套筒内做往复运动的柱塞产生，喷油量和喷油正时则由 ECM 根据各种传感器输入的信号进行控制。单体式喷油泵总成内的单体泵，六缸发动机有 6 个单体泵，并组装在一个壳体里；四缸发动机有4个单体泵，并组装在一个壳体里。单体泵总成安装在发动机缸体的右侧，由凸轮轴驱动单体泵上的滚轮，推动套筒内的柱塞向上运动，产生喷射所需要的高压燃油。当ECM使电磁阀断电时，高压燃油顶开喷嘴针阀将燃油喷入气缸；当ECM发出通电指令，电磁阀打开时，喷油结束。当电磁阀打开后，套筒内的柱塞在回位弹簧的作用下向下移动时，低压燃油开始溢流回油箱。单体泵喷油压力可以超过180 MPa。

每个单体泵上安装一个电磁阀，ECM通过控制电磁阀的关闭和打开时间长短来控制喷油量和喷油正时。所以，电控单体泵仍属于时间控制式，是第二代电控燃油喷射系统。

电控单体泵有高压油管，和电控泵喷嘴一样，没有机械式供油量调节齿条。

电控单体泵系统是由博世公司喷油泵—高压油管—喷油嘴（PLN）系统发展起来的高压燃油喷射系统，现在已广泛应用在欧洲各国的电控柴油发动机上，特别是在中、重型载货汽车柴油发动机上。电控单体泵系统对油品的清洁度不太敏感，对柴油的含硫量的要求不是很高；电控单体泵结构简单、性能可靠、故障率低、维修方便。在欧洲市场上，85％以上的重型柴油车采用电控单体泵技术。电控单体泵系统，尾气排放可达欧Ⅲ标准。我国玉柴等柴油发动机公司引进美国德尔福（Delphi）单体泵系统，研制和开发了多款不同排量的电控柴油发动机，并已装车使用，用户反应良好，如玉柴的YC6G、YC6L、YC4G系列电控柴油发动机。我国成都威特公司生产的P7100电控单体泵是具有自主知识产权的专利产品，现已应用于国产电控柴油发动机上。

三、时间—压力控制式高压共轨系统

第三代电控燃油喷射系统是高压共轨式电控燃油喷射系统。在电控高压共轨系统中，各缸喷油器共用一个高压油轨，这个高压油轨是用无缝钢管制成的，用于储存高压燃油，所以它也叫作高压蓄压器。在高压共轨系统中，对喷油量的控制采用时间—压力控制或压力控制，用得最多的是时间—压力控制式。

电控高压共轨系统主要由油箱、输油泵、高压油泵、公共油轨（蓄压器）和电控元件组成。电动输油泵从油箱中吸出柴油并输入低压油管中，高压油泵将低压燃油加压后输入公共油轨中，喷油器内的电磁阀根据ECM指令切断回油通路，高压燃油克服喷油器内的弹簧预紧力而开启喷油，最高喷射压力可以超过135 MPa。在高压油泵的出口处安装一个压力调节阀，用来调节公共油轨中的供油压力。ECM根据柴油发动机的转速、负荷信号来控制压力调节阀的开度，从而增加或减少高压油泵的供油量，实现对油轨中油压的控制。在公共油轨上还安装限压阀和限流阀，进一步控制油轨中的燃油压力，使之保持稳定。高压共轨系统是一种喷射压力与发动机转速无关的供油方式，即喷射压力的产生和喷射过程互相分开的一种供油方式。喷油量的大小由ECM控制喷油器电磁阀开启时间的长短决定，所以称为时间—压力控制式高压共轨系统。

高压共轨系统采用电液式喷油器，控制喷油器的油液就是共轨中的高压柴油，因为各缸的喷油器进油管与公共油轨相连。在喷油器顶部安装一个三通电磁阀，电磁阀的作用是控制喷油器内控制室的进、回油通道，由ECM根据各种传感器信号控制电磁阀工作。电磁阀不通电时，控制室进油通道开启、回油通道关闭，而公共油轨中的高压柴油经电磁阀进入控制室；喷油器下部的油腔与共轨中保持相等的高压，而喷油器针阀的承压锥面比控制活塞上部承压面小，加上针阀上作用着回位弹簧的弹力，所以电磁阀断电使高压燃油进入控制室时，喷油器不喷油。当ECM使电磁阀通电时，电磁阀关闭了控制室进油通道，回油通道开启，这时控制室油压迅速下降，喷油器油腔内的高压柴油将针阀顶起开始喷油，直到电磁阀再次断电使高压柴油进入控制室时，喷油器喷油结束。

综上所述，在时间—压力控制式高压共轨系统中，公共油轨中的油压高低由ECM控制压力调节阀使之保持不变，ECM又通过控制电磁喷油器实现喷油量和喷油正时控制。电磁阀通电开始时刻即喷油时刻，而通电时间的长短决定喷油量的大小。

为降低对供油压力的要求，后期开发的共轨系统对喷油量采用控制压力的方法，即压力控制式高压共轨燃油喷射系统。

压力控制式高压共轨燃油喷射系统的结构组成如图1-17所示。该系统主要由低压输油泵（2～10 MPa）、蓄压式电液喷油器、中压输油泵、供油压力调节阀、公共油轨、电磁阀和油压增压器等组成。ECM根据各种传感器输入的信号控制供油压力调节阀，用于调节公共油轨中的油压，ECM还控制喷油器电磁阀的工作，使喷油持续时间保持不变，以实现喷油量的压力控制方式。在该系统中，输油泵的压力不高，但喷油器内的油压增压器可以提高喷油压力，达到160 MPa左右，以保持高压喷射。

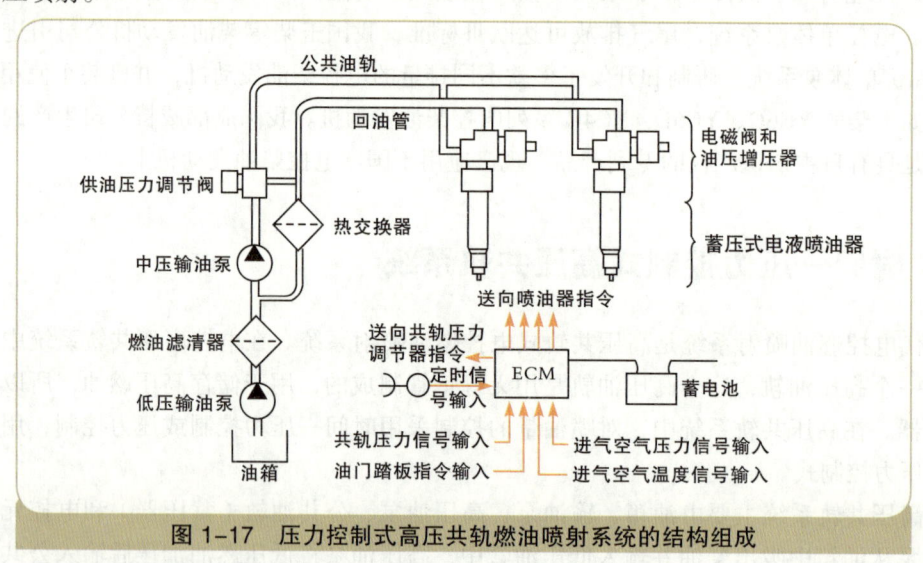

图1-17　压力控制式高压共轨燃油喷射系统的结构组成

蓄压式电液喷油器的工作原理如图1-18所示。喷油器顶部安装一个三通电磁阀，当电磁阀通电时，增压活塞上方的进油通道开启而回油通道关闭，油轨中的低压燃油进入喷油器中的增压活塞上方。由于增压活塞上方的面积大于柱塞下方的面积，根据增压压力按面积比的放大原理，经过单向阀进入柱塞下方的蓄压室中的燃油压力按面积比提高10～16倍，增压后的油压可达100～160 MPa，并充满喷油器柱塞耦件的油室。此时，在针阀上部有油压和回位弹簧的双重作用，针阀关闭着，喷油器不喷油，见图1-18（a）。当电磁阀断电时，增压活塞上部的回油通道开启而进油通道关闭，针阀上部油压下降，在喷油器内的高压燃油将针阀顶开，喷油器随即开始喷油，见图1-18（b）。当喷油器油室内的油压下降到一定值时，柱塞上方的燃油压力和弹簧力迫使针阀关闭，喷油结束。喷油时刻由电磁阀的断电时刻决定，即喷油正时一定；针阀回位弹簧的弹簧力一定，停止喷油时喷油器内油室中的压力也一定，喷油器喷油时间也被固定，即喷油量一定。

喷油器喷孔尺寸一定、喷油时间一定，控制喷油压力即可控制喷油量；在增压活塞和柱塞尺寸一定时，喷油压力（即增压压力）取决于公共油轨中的油压，而油轨中的燃油压力是由ECM根据各种传感器信号通过控制燃油压力调节阀进行控制的，这种喷油量控制方式即称为压力控制式高压共轨系统。在该系统中，ECM根据实际的共轨压力信号对共轨压力进行闭环控制。

我国已引进德国博世公司的高压共轨技术和日本电装公司的高压共轨技术，应用在中、重型电控柴油发动机上，主要有东风康明斯公司的ISBe、ISMe，广西玉柴机器集团有限公司的YC4F、YC4L等，一汽解放汽车有限公司无锡柴油机厂的6DL2-35E3、CA6DF3等，上海柴油机股份有限公司的6CK300-3、PllC、J08C等，道依茨一汽（大连）柴油机有限公司的CA6DE3等，潍柴动力股份有限公司的WP10、WP12及南京依维柯的8140.43、8140.43N等。这些电控柴油发动机的排放均达到欧Ⅲ标准。

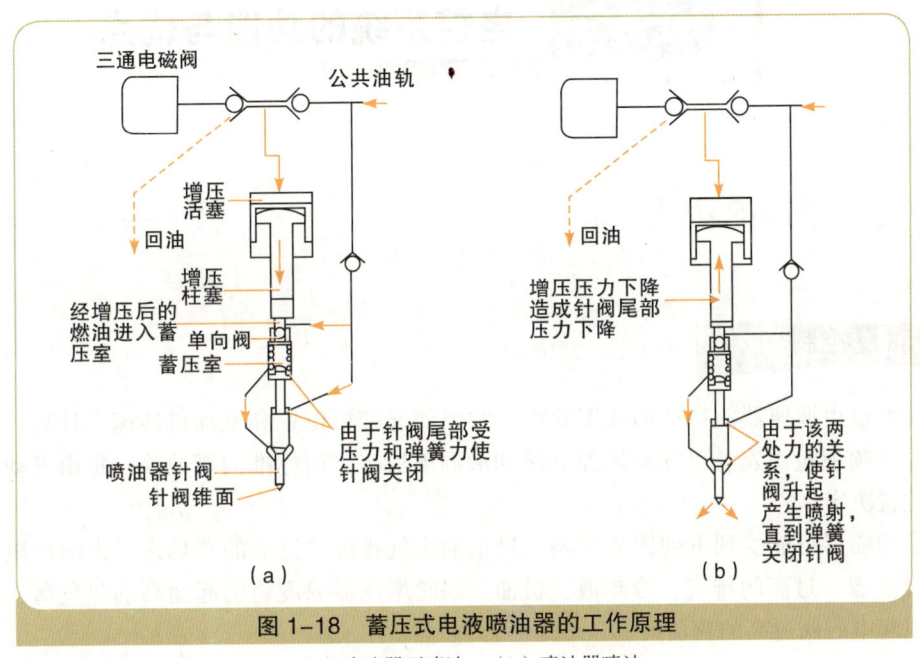

图 1-18　蓄压式电液喷油器的工作原理

（a）喷油器不喷油；（b）喷油器喷油

任务三　电控系统的功能与优点

一、电控系统的功能

1. 喷油量控制

基本喷油量由调速器的特性曲线图获得，它由加速踏板位置和发动机转速来计算。在发动机起动时，燃油喷射量由发动机起动转速和冷却液温度决定。而标准的燃油喷射量由发动机转速和加速踏板位置决定。

燃油量的喷射可能受到下列因素影响：过量的废气排放，过多的碳烟，过大的扭矩或超高转速引起机械过载，过高的排气、冷却液、机油、涡轮增压器温度将引起超高的热负荷，如果触发时间过长引起电磁阀过高的热负荷。

为了避免这些负面影响，许多输入变量（如进气量、发动机转速、冷却液温度）被用于生成这些限制图形，结果最高的燃油喷射量和最大的发动机扭矩被限制。

2. 怠速控制

柴油发动机怠速运转时，发电机、空调压缩机、动力转向油泵等装置的工作状态变化将引起发动机负荷的变化，从而导致发动机转速的变化。柴油发动机电控系统通过反馈控制系统控制喷油量，把怠速控制在所设定的目标转速值上。

3. 喷油正时控制

主喷射起始时刻由燃油喷射量和发动机转速来计算，预喷射时间间隔也由燃油喷射量和发动机转速来计算。喷油正时控制示意如图1-19所示。

4. 燃油喷射压力控制

起动时的燃油喷射压力由发动机转速、燃油喷射量、冷却液温度计算。正常状态下的燃油喷射压力由发动机转速和燃油喷射量计算。

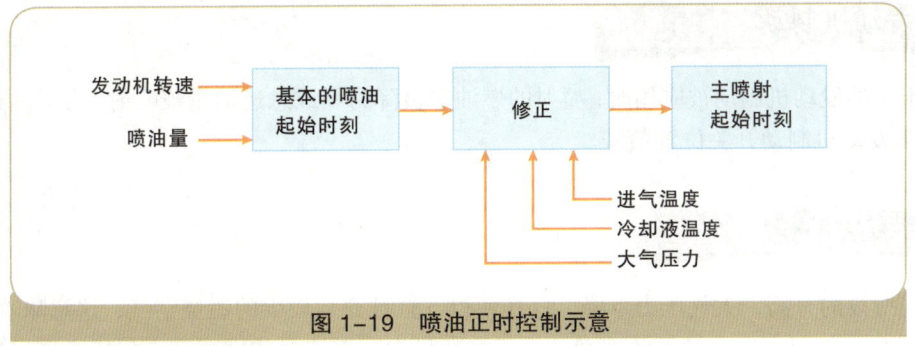

图 1-19 喷油正时控制示意

5. 发动机转速控制

（1）最高转速控制：最高转速控制保证发动机不会在超速下运行，为了避免发动机被损坏，发动机制造厂规定了仅仅可以在非常短的时间内超过的最高转速。

超过额定功率工作点，最高转速调速器持续减小喷射的燃油量，直到在燃油喷射完全停止时刚刚在最高转速点之上。为了防止发动机发生喘振，引导功能用于保证燃油喷射的急剧减小也不是突然的，正常工作点与最高发动机转速点越接近，其实现越困难。

（2）中间转速控制：中间转速控制用于带有功率取力（如起重机）的商用汽车和轻型货车或特殊车辆（如具有发电设备的救护车）。由于具有这种操作控制，发动机可以被调节到与负荷无关的中间转速。

6. 巡航控制

巡航控制允许车辆以恒速行驶，它控制车辆速度保持在驾驶员选择的车速。驾驶员通过操纵一个手柄或按压方向盘的按钮设定到需要的车速后，不需要踩下加速踏板，喷射的燃油量就可以增加或减少直至汽车达到设定的速度。

7. 主动喘振衰减

突然的发动机扭矩变化冲击车辆的传动机构，会引起振动。这些振动周期性地变化会对汽车传动机构造成损害，并引起操纵人员或乘坐人员的不适。主动喘振衰减用于减小在加速过程中的这些变化。

8. 平稳运转控制

如图 1-20 所示，在多缸柴油发动机工作时，即使喷油量控制指令值一致，但由于各缸机械性能的差异，也会引起发动机转速的波动。柴油发动机电控系统通过各缸在做功冲程中转速的变化自动修正各缸喷油量指令控制值，来降低发动机转速的波动，使发动机平稳运转。

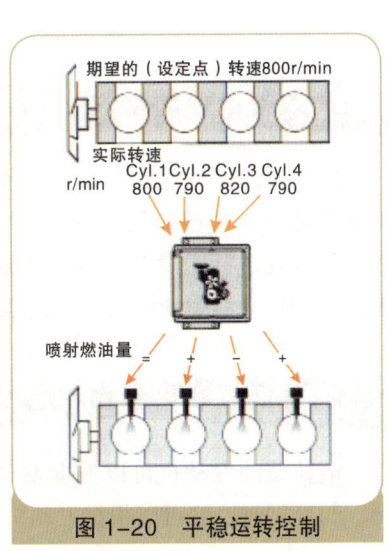

图 1-20 平稳运转控制

9. 发动机制动

当卡车的发动机制动被应用时，喷射的燃油量被降为零或怠速油量被喷射，为了达到这个目的，ECU 拾取发动机制动开关位置信号。

10. 海拔补偿

随着海拔的升高，大气压力下降，这样使得气缸被充填较少的燃烧空气，这意味着喷油量必须相应地减少，否则会生成过量的碳烟。为了喷油量在高海拔时能减少，大气压力通过装在 ECU 上的大气压力传感器测量，这减少了高海拔度的喷射燃油量。大气压力对增压压力控制和扭矩限制也产生影响。

11. 喷油量补偿

对喷油器供油量补偿而言，在喷油器生产过程中，对每一个喷油器大量的测量参数被监测，该数据以数据矩阵码的形式被粘贴到喷油器上。对内嵌压电喷油器而言，升程响应的数据被包括。这个数据在车辆制造时被输入 ECU，在发动机运行时，这些值被用于补偿计量和开关响应的偏离。

12. 平均供油自适应

实际的喷油量从设定点值的偏离被要求正确适应于废气再循环和增压压力，平均供油的自适应从氧传感器和空气质量传感器接收的信号确定所有缸供油的平均值、修正值，然后从设定点和实际值来计算。

柴油发动机控制系统的功能有很多，它除了主要对燃油喷射、燃烧过程进行严格控制，还对柴油发动机的涡轮增压、废气再循环和尾气排放等实施管理。

二、电控系统的优点

1. 改善低温起动性

传统柴油发动机起动系统的预热需要人工操作，而电控柴油发动机进气预热器由 ECM（电控单元）通过一个连接到蓄电池电源上的继电器控制。进气预热器安装在发动机进气管道中，其预热器特性通过标定设置，用户不能调整。发动机在低温起动时，由 ECM 以最佳的程序代替驾驶员来操作，使柴油发动机低温快捷地起动。

2. 降低氮氧化合物和烟度的排放

电控柴油发动机可以根据发动机的转速和负荷精确地控制喷油量，使之不超过冒烟界限的范围；与此同时，又可以根据发动机的工况调节喷油始点，从而可以降低烟度。在有效地减少和抑制颗粒物和氮氧化合物（NO_x）生成方面，电控柴油发动机采用选择性催化还原（Selective Catalytic Reduction，SCR）技术，可以降低 NO_x 的生成量，或采用颗粒捕捉器（Diesel Particulate Filter，DPF）技术有效地减少颗粒物和降低 NO_x 的排放量。

DPF 的工作原理是用捕集器过滤废气中的颗粒物，然后通过氧化颗粒物来清洁捕集器使之再生。

3. 提高发动机的运转平稳性

传统柴油发动机的机械式调速器的反馈控制响应速度慢，容易导致柴油发动机在负荷变化时的运转速度产生波动，而电控柴油发动机取消了机械式调速器，改用由传感器、电控单元和执行器组成的电子调速器。电控单元根据各种传感器和开关信号决定怠速转速的开始时刻和怠速转速的大小，并决定在该怠速转速下相应的喷油量。电子调速器控制电路响应性好，无论负荷怎样增减，都不会使发动机运转产生波动，从而保证发动机运转平稳。

4. 提高发动机的动力性和经济性

传统柴油发动机燃油供给装置由柱塞、出油阀、喷油器等组成，机械磨损会使喷油量、喷油正时产生较大的误差，而电控柴油发动机的电控单元能根据各种传感器信号来精确计算喷油量和喷油正时，从而提高柴油发动机的动力性和经济性。

5. 控制涡轮增压

废气涡轮增压器采用电子控制，目的是保证柴油发动机在低速时有较高的转矩，又能保证柴油发动机在标定点附近增压压力不致过高，以防止负荷过高而功率下降和涡轮增压器超速。在电控柴油轿车上使用可调增压器，在重型载货汽车上采用连续反馈控制可变喷嘴涡轮增压器，采用电控技术可以对它们进行精确的控制。

6. 电控柴油发动机适应性广

只要改变电控单元的控制程序和数据，即对电控单元重新标定，一种喷油泵就能广泛应用在各种柴油发动机上。柴油发动机的燃油喷射控制可与变速器控制、怠速控制等各种控制系统进行组合实行集中控制，可以缩短柴油发动机电控系统的开发周期，还可以降低成本，从而扩大柴油发动机电控系统的应用范围。

课题小结

1. 带电控系统的柴油发动机与传统柴油发动机的区别在于燃油供给系统不同，前者为电子控制式，后者为机械控制式。
2. 电控柴油发动机技术经历了位置控制、时间控制、时间—压力控制三个阶段。
3. 位置式电控燃油系统主要有电控直列柱塞泵与电控转子分配泵两种控制机构。

课题一 柴油发动机电控系统概述

4. 时间控制式燃油系统主要有电控转子分配泵喷油系统、电控单体式喷油器系统（电控泵喷嘴系统）和电控单体泵系统。

5. 柴油发动机电控系统主要有以下功能：喷油量控制、怠速控制、喷油正时控制、燃油喷射压力控制、发动机转速控制、巡航控制、主动喘振衰减、平稳运转控制、发动机制动、海拔补偿、断缸、喷油量补偿、平均供油自适应。

6. 柴油发动机电控系统具有以下优点：改善低温起动性、降低氮氧化合物和烟度的排放、提高发动机的运转平稳性、提高发动机的动力性和经济性、控制涡轮增压、电控柴油发动机适应性广。

一、填空题

1. 传统柴油发动机起动系统的预热需要_____，而电控柴油发动机进气预热器由_____通过一个连接到蓄电池电源上的_____。
2. 柴油发动机电控燃油系统的分类有：_____、_____、_____和_____。
3. 第一代位置控制式电控燃油系统，主要有_____和_____两种类型。

二、选择题

1. 电控柴油发动机与传统柴油发动机的主要区别在于（　　）。
   A. 进气系统　　B. 燃油供给系统　　C. 排气系统　　D. 起动系统
2. 时间控制式电控燃油喷射系统的分类中，以下（　　）不属于此类。
   A. 电控转子分配泵喷油系统　　　　B. 电控单体式喷油器系统
   C. 电控单体泵系统　　　　　　　　D. 高压共轨系统

三、简答题

1. 简述电控柴油发动机的发展历程。
2. 简述柴油发动机电控系统主要有哪些类型。
3. 简述高压共轨电控燃油喷射系统的组成与原理。
4. 简述柴油发动机电控系统的功能和优点。

课题二 柴油发动机电控系统的工作部件

学习任务

1. 熟悉电控柴油发动机各传感器的特性与原理。
2. 熟悉电控柴油发动机 ECU 的结构、特性与工作原理。
3. 熟悉电控柴油发动机执行器的特性与工作原理。

技能要求

1. 能够对各传感器进行检测并在机体上找出相应的位置。
2. 能够对各执行器进行检测并在机体上找出相应的位置。

任务一 传 感 器

传感器是用于感知和检测发动机及车辆运行状态的感测元件和装置。在柴油发动机电控系统中常用的传感器有压力传感器、温度传感器、位置传感器和转速传感器。另外,在电控系统中还有专门的开关传感器,其用于检测空调、挡位、制动、离合器等开关量的状态信息。这些传感器信号中,有的是模拟输入信号(如压力、温度传感器信号),有的是数字脉冲信号(如霍尔传感器信号),有的是数字信号(如开关状态信号)。所有的传感器信号最终都输送到ECU,作为发动机控制的基本依据。

一、曲轴位置传感器

曲轴位置传感器通常为磁电式传感器,如图2-1所示,它安装在发动机后端的飞轮上方,与飞轮上的58x齿圈共同工作。当飞轮转动时,58x的齿顶和齿槽以不同的距离通过传感器,传感器就感应到磁阻的变化,这个交变的磁阻产生了交变的输出信号(图2-2),ECM利用此信号确定曲轴的转速、旋转角度和加速度,并结合凸轮轴传感器的正时凸轮可以确定一缸上止点(Top Dead Center,TDC)的位置。

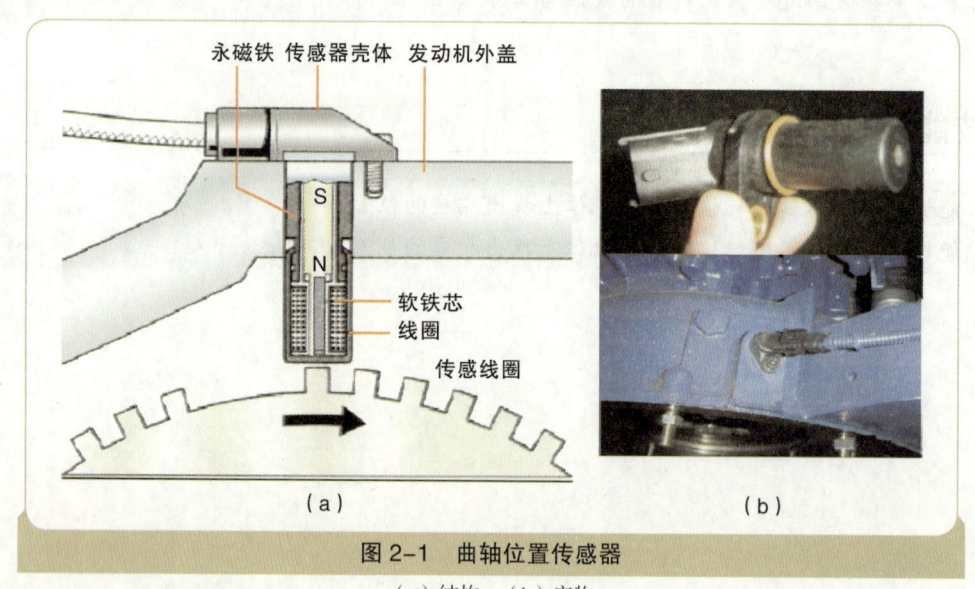

图2-1 曲轴位置传感器
(a)结构;(b)实物

检测曲轴位置传感器的方法有:
(1)测量传感器电阻值为770~950 Ω。
(2)测量传感器在输出电压时显示随转速变化的交流电压。
(3)用示波器判断信号的完整性(指信号触发装置的损坏造成的信号残缺)。

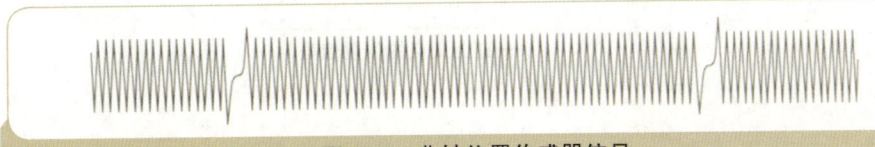

图 2-2　曲轴位置传感器信号

二、凸轮轴位置传感器

凸轮轴位置传感器分为霍尔效应式和与曲轴位置传感器相同的电磁感应式凸轮轴位置传感器，如图 2-3 所示。它安装在高压油泵上，用于检测高压油泵驱动轴（凸轮轴）上信号盘的位置，信号盘对应着发动机的特定位置，信号盘的凸齿数比气缸数多一个，因此传感器的信号数也比气缸数多一个（气缸数 +1）。ECU 通过该传感器测得的数字电压信号来确定发动机工作的气缸数，并实施喷油控制。

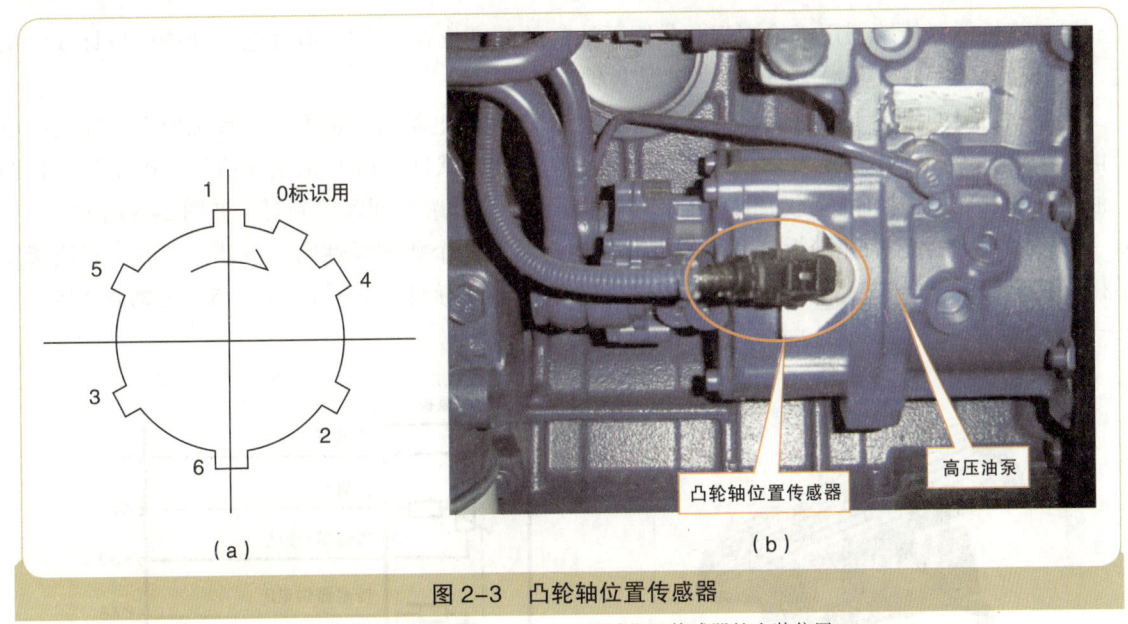

图 2-3　凸轮轴位置传感器

（a）凸轮轴信号盘；（b）凸轮轴位置传感器的安装位置

电磁感应式凸轮轴位置传感器的检测方法与曲轴位置传感器的检测方法相同，有三根线，其中一根为屏蔽线，用于抗干扰。

霍尔效应式凸轮轴位置传感器虽然也是三根线，但一根为 +5 V 的参考电源，另一根为信号 +，还有一根是信号参考地线。

为了方便理解，通常把霍尔元件当成一个电子开关。ECU 根据收到的数字脉冲信号电压值的高低状态来判断信号所表示的内容。通过电压情况可以判断其信号的输出情况，但因该信号除了判断凸轮是否运转，还要判断信号的相位关系，所以判断凸轮轴信号与曲轴信号的相对相位关系也是很重要的。凸轮轴位置传感器信号（G 信号）与曲轴位置传感器信号（NE 信号）的对应关系如图 2-4 所示。图中凸轮轴位置传感器信号波形中多出的一个数字脉冲为发动机 ECU 确定一缸上止点的辅助信号。

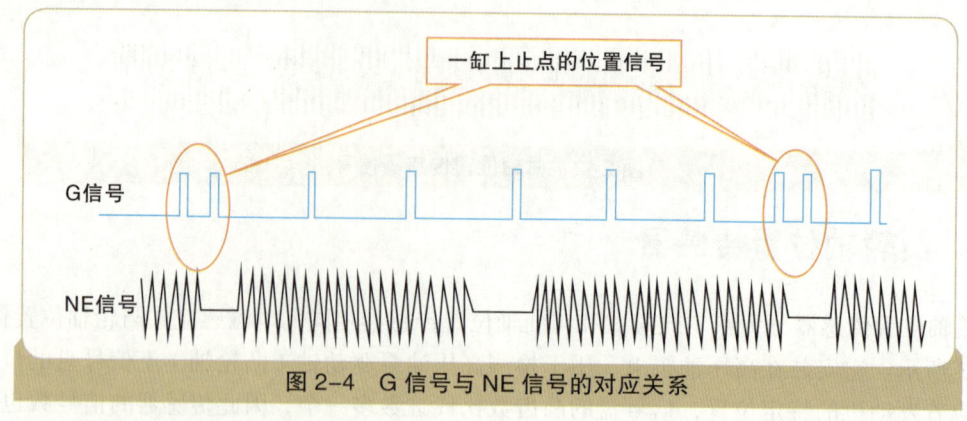

图2-4　G信号与NE信号的对应关系

三、加速踏板位置传感器

加速踏板位置传感器用于检测驾驶员踩下油门的深度位置，它具有冗余设计的电位计线性结构，安装在驾驶室内，其滑动端子由加速踏板轴带动。

当加速踏板的位置不同时，该传感器所反应给ECU的电阻信号也不同，系统根据它输出的电压信号值及其变化速率判定发动机的实时负载和动态变化状况，ECU依据该信号来确定扭矩控制（油量控制）、怠速控制（高、低怠速）、减速断油控制和跛行回家控制等，如图2-5所示。

如图2-6所示，加速踏板位置传感器元件内部具有两个相同线性的电位计，它的电路连接所示接线端子如下：1—（+5）V、2—（+5）V、3—传感器1接地、4—信号1+、5—传感器2接地、6—信号2+。

图2-5　加速踏板

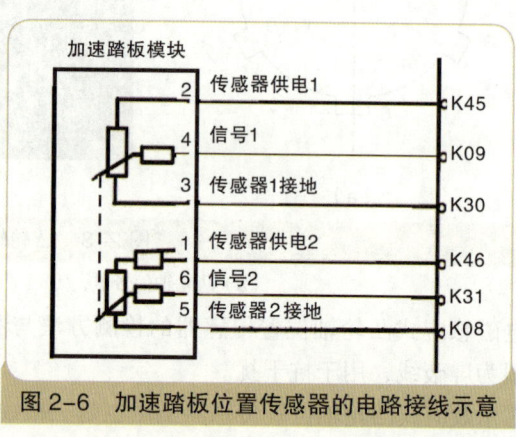

图2-6　加速踏板位置传感器的电路接线示意

检测方法：

检测传感器的信号输出电阻，由于是滑动电位计，因此电阻值的输出是连续变化的。如果踩下加速踏板检测时，电阻值有突然跳动的现象，则说明该传感器有故障。

四、进气压力及温度传感器

进气压力及温度传感器是将进气压力传感器与进气温度传感器组合在一体，安装在进气管上（图2-7），用于测量压力在0.5~3 bar[①]的进气管的绝对压力和进气温度。

---

① 1 bar=1×10³Pa。

进气压力传感器由一个密封的弹性硅芯片和相应的桥式电路组成,是一个半导体压敏电阻式压力传感器。一个标准的 5 V 电压施加在电桥的一端;当压力的变化致使硅芯片变形时,阻值随之变化,电桥的另一端输出与输入压力成正比的 0~5 V 信号。ECU 根据该信号计算进气量、限制冒烟、增压器保护、进气温度过热保护和高原补偿。

进气温度传感器是一个有着负温度系数的热敏电阻,其使用范围为 –30~150 ℃。它将温度信号转化为电压信号(当温度升高时,输出电压减小,温度和电压呈反比非线性关系),然后传递给 ECU,由其进行相关比较,运算后控制执行器的动作。进气温度传感器主要用于测量进气管中的进气温度,从而进一步精确控制燃油喷射量。

图 2-7 进气压力及温度传感器

进气压力及温度传感器的电路接线示意如图 2-8 所示。

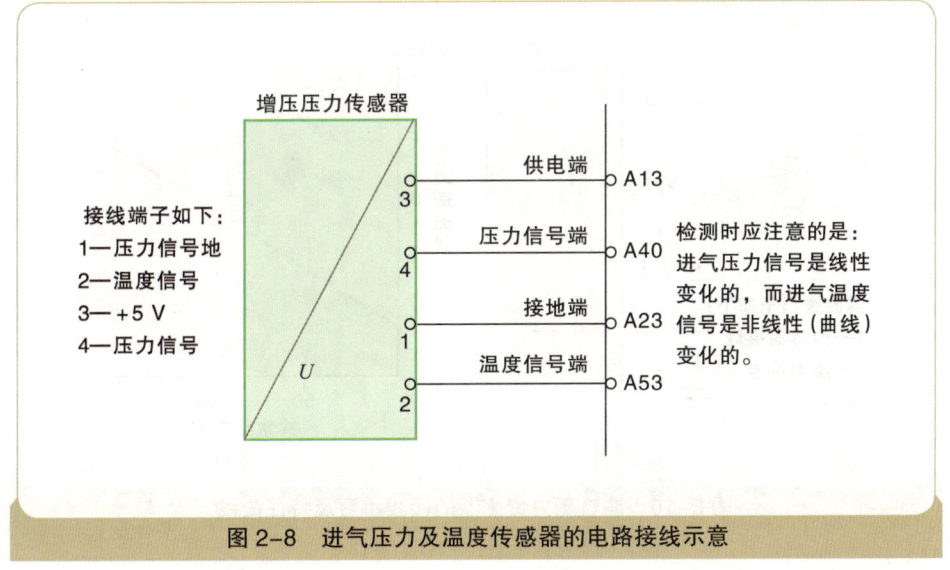

图 2-8 进气压力及温度传感器的电路接线示意

五、油轨压力传感器

油轨压力传感器的作用是实时测定共轨管中的实际压力信号,把轨道内的燃油压力转换成电压信号传递给 ECU,由 ECU 对压力控制阀(PCV)或进油计量阀实施反馈控制,通过对供油量的增减来调节油压,将其稳定在目标值。

油轨压力传感器的实物外形及结构示意如图 2-9 所示。油轨压力传感器安装在共轨管上,由一个密封的弹性硅芯片和相应的桥式电路组成,一个标准的 5 V 电压施加在电桥的一端,当压力的变化使硅芯片变形时,阻值随之变化,电桥的另一端输出与油轨压力成正比的 0~5 V 信号。

油轨压力传感器的接线示意及特性曲线如图 2-10 所示。在检测共轨压力时,通常只能通过诊断仪来读取油轨高压数据,它的输出特性与油轨压力成正比。

课题二 柴油发动机电控系统的工作部件

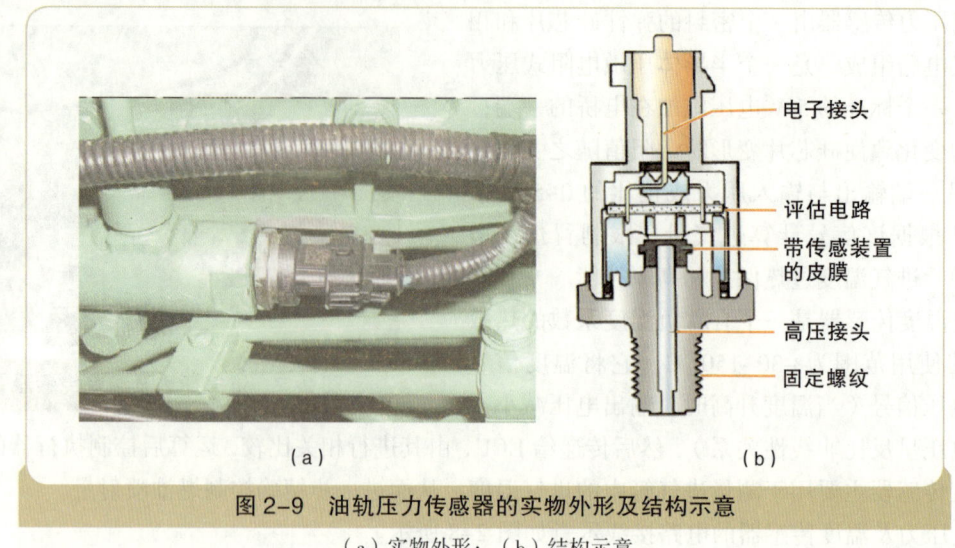

图 2-9 油轨压力传感器的实物外形及结构示意
（a）实物外形；（b）结构示意

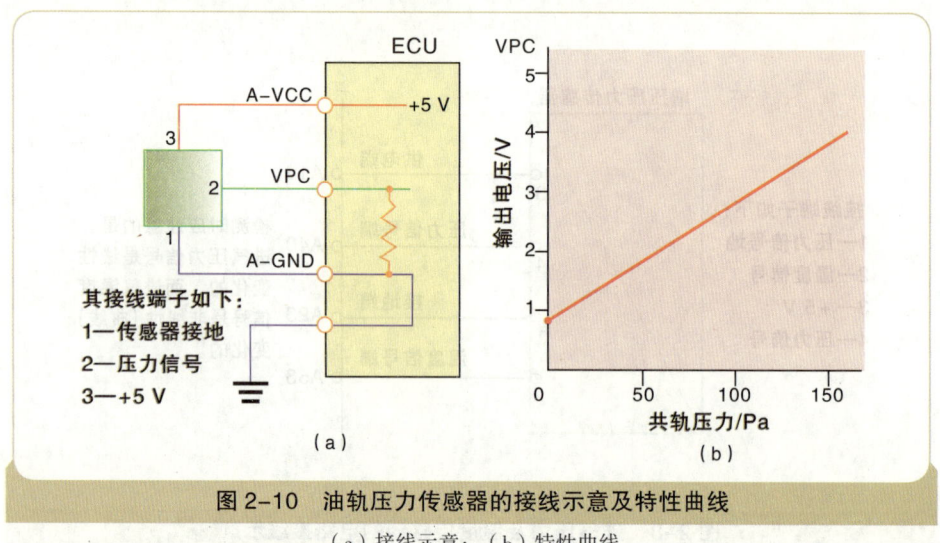

图 2-10 油轨压力传感器的接线示意及特性曲线
（a）接线示意；（b）特性曲线

六、冷却液温度传感器

冷却液温度传感器主要用于测量发动机冷却液的温度（或者说是检测发动机的工作温度），从而进一步精确控制燃油喷射量。ECU 根据不同的温度为发动机提供最佳的控制方案。

冷却液温度传感器的实物外形及结构示意如图 2-11 所示。它安装在发动机的出水口处，它其实就是一个有着高灵敏度负温度系数的热敏电阻（NTC），电阻阻值随温度下降而增大。冷却液温度传感器把温度信号转化为电压信号（当温度升高时，输出电压减小，温度和电压呈反比非线性关系），然后传递给 ECU。

冷却液温度传感器的接线示意和特性曲线如图 2-12 所示，传感器有两根线，一根连接至 ECU 内部一个加有 5 V 电压的上拉电阻，另一根为传感器接地。它对冷却液温度测量的范围为 −40~130 ℃。

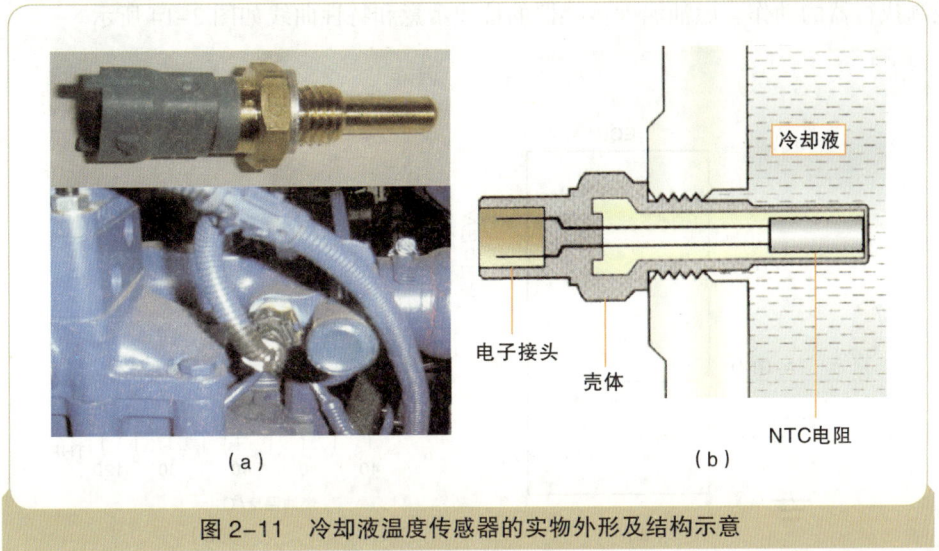

图 2-11 冷却液温度传感器的实物外形及结构示意

（a）实物外形；（b）结构示意

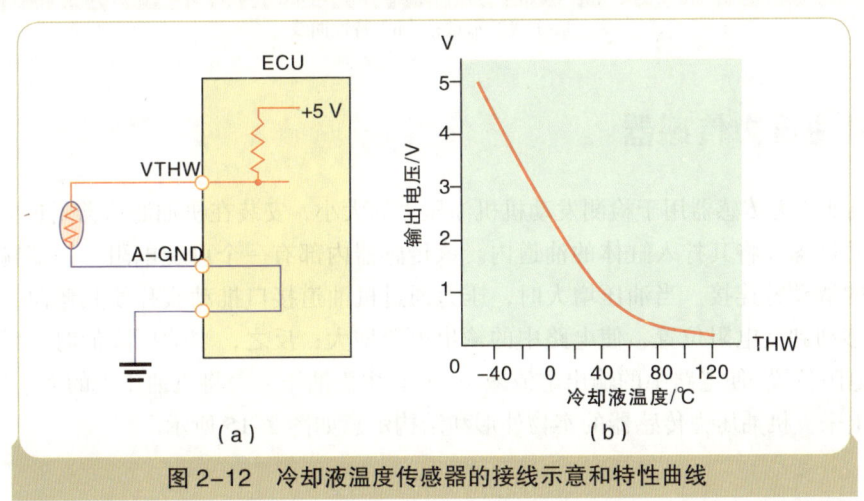

图 2-12 冷却液温度传感器的接线示意和特性曲线

（a）接线示意；（b）特性曲线

七、燃油温度传感器

如图 2-13 所示，燃油温度传感器安装在气缸盖的回油处，主要用来测定回流的燃油温度。同冷却液温度一样，它也是一个负温度系数的热敏电阻，其测量范围为 −40~130 ℃。

燃油温度传感器把温度信号转化为电压信号（当燃油温度升高时，输出电压减小，二者之间为反比非线性关系），然后传递给 ECU，由其进行相关比较，

图 2-13 燃油温度传感器

运算后控制执行器的动作。燃油温度传感器的接线示意和特性曲线如图2-14所示。

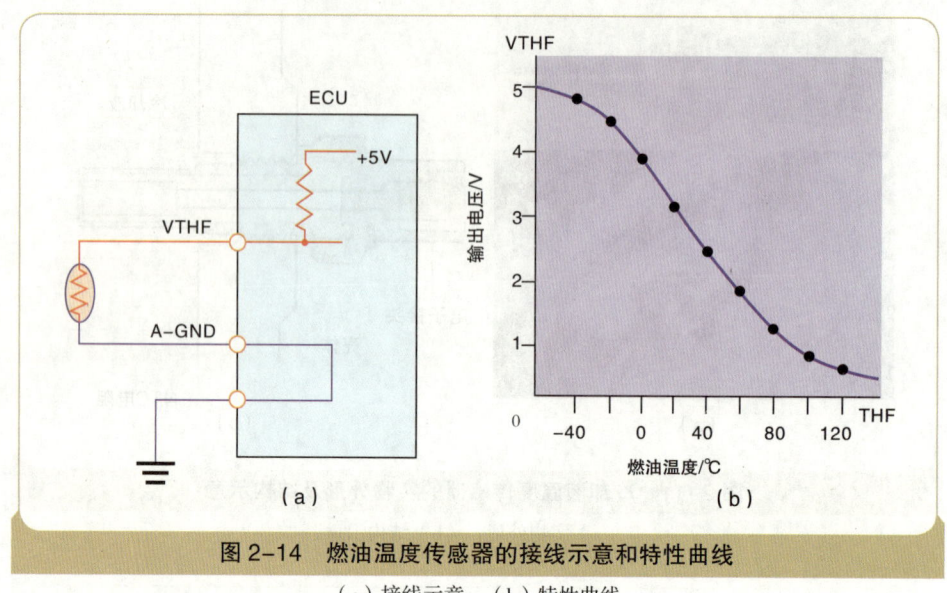

图2-14 燃油温度传感器的接线示意和特性曲线
（a）接线示意；（b）特性曲线

八、机油压力传感器

发动机机油压力传感器用于检测发动机机油压力的大小，安装在机油滤清器附近的机油输送通道上，一般通过螺纹将其拧入缸体的油道内。该传感器内部有一个可变电阻，一端输出信号，另一端与搭铁的滑动臂连接。当油压增大时，压力通过机油道接口推动膜片使其弯曲，弯曲的膜片推动滑动臂移动到低电阻位置，使电路中的输出电流增大；反之，当油压降低时，膜片推动滑动臂移动到高电阻位置，使电路中的输出电流减小，并利用机油压力表将机油压力的大小通过指针（指示灯）指示出来。机油压力传感器的实物外形和结构示意如图2-15所示。

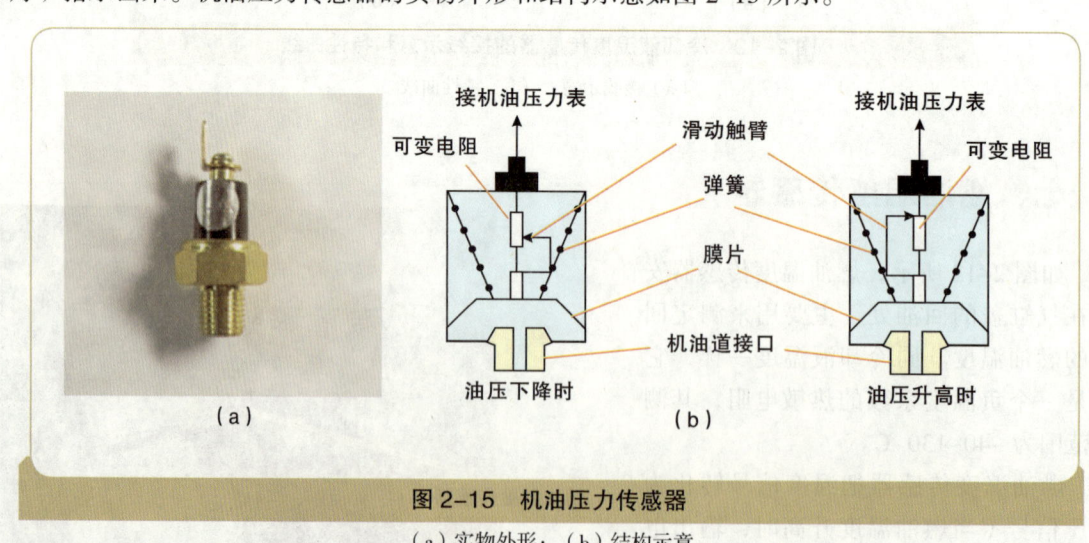

图2-15 机油压力传感器
（a）实物外形；（b）结构示意

九、车速传感器

如图 2-16 所示,车速传感器安装在变速器的输出轴上,它向 ECU 提供车速信号,减速断油功能、巡航控制和最高车速限制功能都以该信号为判断依据。根据 ECU 传感器输入接口的类型,该传感器可能是霍尔效应式,也可能是磁电感应式,但一般车上普遍采用的是磁电感应式车速传感器。

十、离合器开关

如图 2-17 所示,离合器开关安装在离合器踏板的上方,当驾驶员踩下离合器踏板时,离合器开关闭合。于是,由 ECU 提供的高电位接地,电位被拉低,变成低电位,ECU 便检测到该数字信号的变化。ECU 主要利用离合器开关为车辆巡航控制提供信号。

图 2-16 车速传感器

图 2-17 离合器开关

十一、制动开关

如图 2-18 所示,制动开关安装在制动踏板的上方,主要为车辆巡航控制系统和发动机转速控制提供制动信号。例如,当汽车的巡航控制系统起动,汽车正在以某一设定的速度行驶时,驾驶员踏下制动踏板后,制动开关将闭合,ECU 检测到制动信号后将取消汽车的巡航控制。

十二、A/C 请求开关

A/C 请求开关,也称为空调开关,是驾驶员要求进行空调工作的输入信号,用于控制 A/C 继电器工作,同时控制发动机提升转速。如图 2-19 所示,A/C 请求开关位于空调控制面板上,当开关被按下时,ECU 输出的高电位接地,ECU 检测到空调开关的请求信号,并提升发动机的怠速转速。

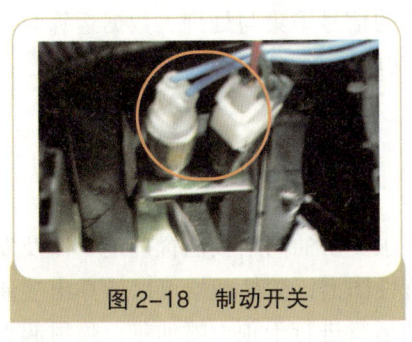

图 2-18 制动开关

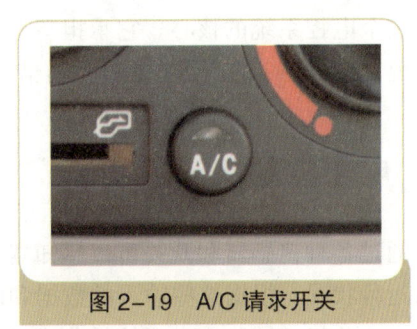

图 2-19 A/C 请求开关

任务二 电子控制单元

一、电子控制单元的结构

电子控制单元（ECU）是一个单片微型计算机（Single Chip Microcomputer），简称单片机。它的结构组成示意如图2-20所示，它是将中央处理器（CPU）、程序存储器（FLASH）、数据存储器（RAM）、定时器/计数器，以及输入/输出（I/O）接口电路等主要计算机部件，集成在一块电路芯片上所形成的芯片机的微型计算机。

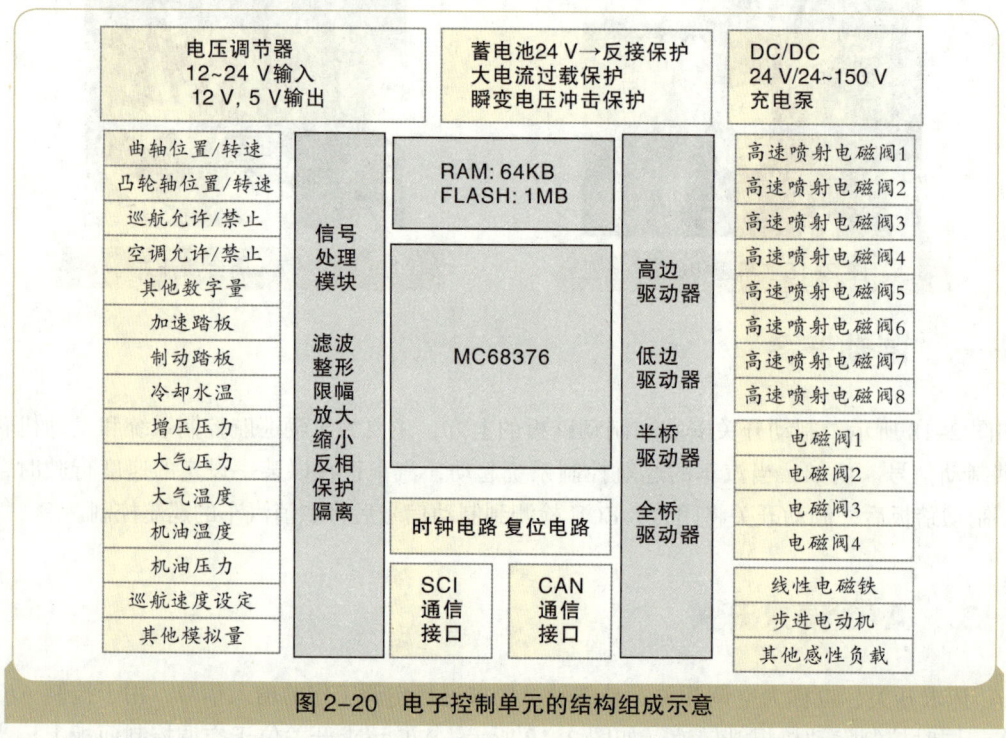

图2-20 电子控制单元的结构组成示意

如图2-21所示为BOSCH（博世）和DENSO（电装）共轨柴油发动机的电子控制单元，它们一般安装在发动机上，充当整个柴油发动机电控系统的"计算机与控制中心"，它是电控系统的"大脑"，是这个电控系统的核心。它承担整个电控系统的信号采集与处理、数据运算与分析、控制策略的实现、控制指令的产生、数据的通信与交换等功能。

二、电子控制单元的功能

ECU通过各种传感器和开关可以感知驾驶者的要求（由油门踏板位置确定）以及发动机和整车的瞬时运行状况。根据这些输入的数据和已存的特性图谱，微处理器可以计算出喷油的持续时间和开启点，并将其转化成时间信号曲线对发动机的运行进行干预。喷油量、喷射起点、喷射持续时间和喷射压力由 ECU 计算出来，借助输出信号触发驱动级，驱动级提供适当的功率给执行元件，用于控制共轨压力、喷油器元件。此外，ECU 还有其他控制功能（如空调的开启、电热塞的起动等）。ECU 的主要功能如图 2-22 所示，其他功能如图 2-23 所示。

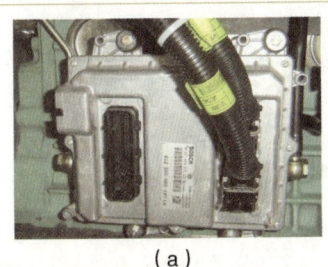
（a）

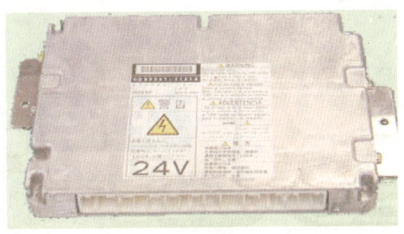
（b）

图 2-21　柴油发动机电子控制单元

（a）BOSCH（博世）共轨柴油机ECU；（b）DENSO（电装）共轨柴油机ECU

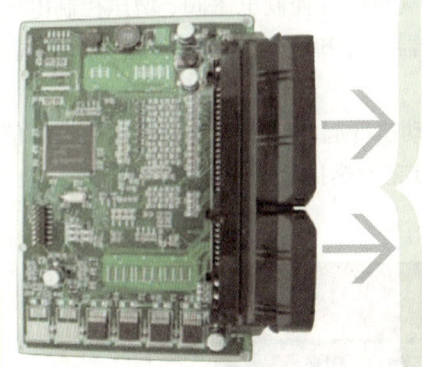

喷油方式控制——多次喷射（现用的为主喷射和预喷射两次）

喷油量控制——预喷射量自学习控制、减速断油控制

喷油正时控制——主喷正时、预喷正时、正时补偿

轨压控制——正常和快速轨压控制、轨压建立、喷油器泄压控制、轨压跛行回家控制

扭矩控制——瞬态扭矩、加速扭矩、低速扭矩补偿、最大扭矩控制、瞬态冒烟控制、增压器保护控制

过热保护、各缸平衡控制、EGR控制、VGT控制、辅助启动控制（电动机和预热塞）、系统状态管理、电源管理、故障诊断

图 2-22　ECU 的主要功能

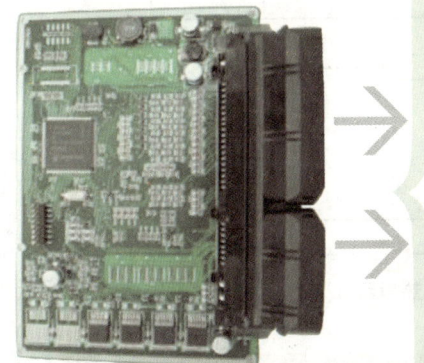

挡位计算——根据车速和发动机转速计算挡位（有车速传感器），用于挂挡急速控制，改善驾驶性

车速计算及输出——供仪表和最高车速限制使用

急速和驱动急速控制——通过对急速时喷油系统循环供喷油量的控制来控制急速转速

空调控制——根据空调负载调节发动机急速转速，根据车辆对动力性的需求和发动机的工作状况对空调压缩机进行开/关控制

故障诊断——在线诊断并存储/输出故障码，具有跛行回家功能

CAN通信——整车其他控制器和仪表之间的通信

离合器开关——改善驾驶舒适性

制动开关——用于判断油门合理性

图 2-23　ECU 的其他功能

任务三 执 行 器

执行器受 ECU 控制，是具体执行某项功能的装置。一般是由 ECU 控制执行器电磁线圈的搭铁回路（如电控直列柱塞泵和转子分配泵中的线性电磁铁、电控单体泵和泵喷嘴中的电磁阀、电控共轨系统中的 PCV 阀和喷油器电磁阀），也有的是由 ECU 控制的某些电子电路。

在柴油发动机电控系统中，执行器主要有：齿杆或油量控制套筒驱动执行器、预行程控制套驱动执行器、正时活塞行程驱动执行器、油量控制电磁阀、废气再循环控制电磁阀、增压控制电磁阀、冷启动预热塞继电器、空调压缩机继电器、冷却风扇继电器、冷却液加热装置继电器、进气阀板继电器、自诊断显示与报警装置、仪表显示器等。

图 2-24 所示为电控柴油发动机的预热控制系统。当发动机冷起动时，ECU 发出预热控制信号，使预热塞控制继电器工作，接通预热塞的供电电路，同时点亮预热指示灯。

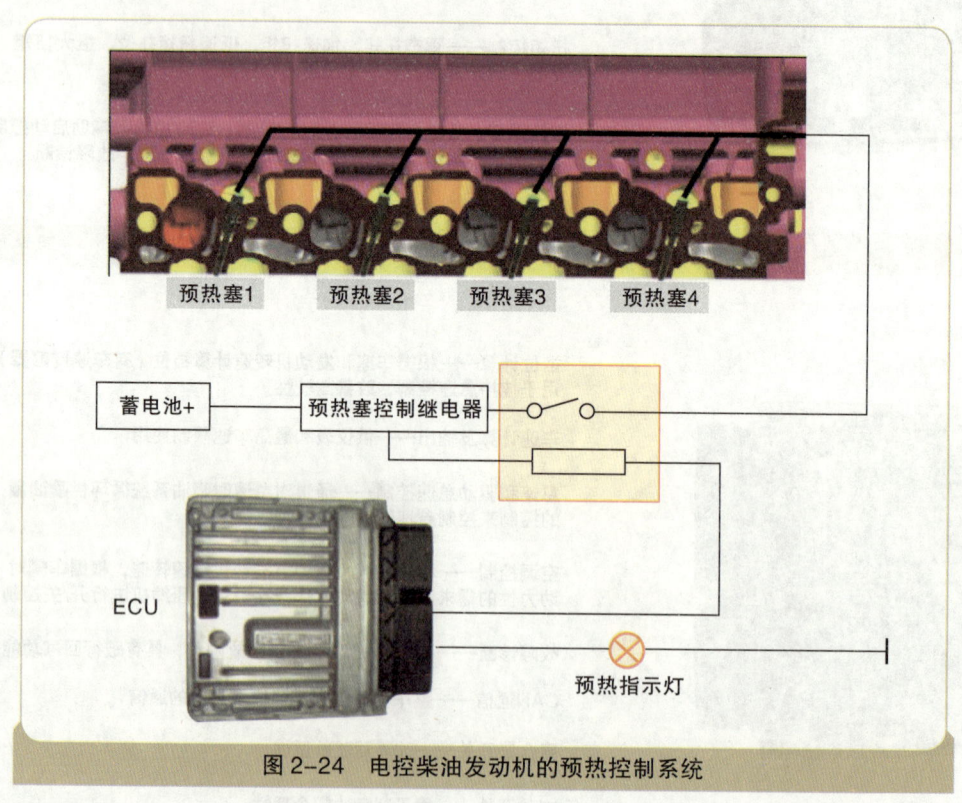

图 2-24 电控柴油发动机的预热控制系统

课题小结

1. 传感器是用于感知和检测发动机及车辆运行状态的感测元件和装置。
2. 曲轴位置传感器通常安装在发动机后端的飞轮上方,为磁电式传感器。
3. 凸轮轴位置传感器安装在高压油泵上,分为霍尔效应式或电磁感应式传感器。
4. 加速踏板位置传感器用于检测驾驶员踩下油门的深度位置,它具有冗余设计的电位计线性结构,安装在驾驶室内,其滑动端子由加速踏板轴带动。
5. 进气压力与温度传感器合为一体,安装在进气管上,进气压力传感器由密封的弹性硅芯片与相应的桥式电路组成,进气温度传感器是一个有着负温度系数的热敏电阻。
6. 油轨压力传感器安装在共轨管上,由一个密封的弹性硅芯片和相应的桥式电路组成。
7. 冷却液温度传感器安装在发动机的出水口处,是一个有着高灵敏度负温度系数的热敏电阻。
8. 燃油温度传感器安装在气缸盖的回油处,是一个负温度系数的热敏电阻。
9. 机油压力传感器安装在机油滤清器附近的机油输送通道上。
10. 车速传感器安装在变速器的输出轴上,用于向ECU提供车速信号。
11. 离合器开关安装在离合器踏板的上方,当驾驶员踩下离合器踏板时,离合器开关闭合。
12. 制动开关安装在制动踏板的上方,主要为车辆巡航控制系统和发动机转速控制提供制动信号。
13. A/C请求开关,也称为空调开关,是驾驶员要求进行空调工作的输入信号,用于控制A/C继电器工作,同时控制发动机提升转速。
14. ECU即电子控制单元,由中央处理器、程序存储器、数据存储器、定时器/计数器及输入/输出接口电路等组成。
15. 执行器受ECU的控制,是具体执行某项功能的装置。

思考与练习

一、填空题

1. 在柴油发动机电控系统中,常用的传感器有_____、_____、_____、_____、_____、_____、_____、_____、_____、_____和_____。
2. 冷却液温度传感器与进气温度传感器都是_____的热敏电阻。

二、简答题

1. 柴油发动机电控系统中的传感器有什么作用?常见的传感器有哪些?
2. 柴油发动机电控系统中的执行器有什么作用?常见的执行器有哪些?
3. 电子控制单元(ECU)由哪几部分组成?

课题三
直列柱塞泵与电控分配泵

学习任务

1. 掌握直列柱塞泵的结构与组成。
2. 掌握直列柱塞泵的工作原理。
3. 掌握电控分配泵的结构与组成。
4. 掌握电控分配泵的工作原理。

技能要求

1. 能够描述直列柱塞泵系统的构造特点。
2. 能够描述电控分配泵系统的构造特点。
3. 能够描述电控分配泵的泵油过程。

任务一　直列柱塞泵的组成与原理

一、直列柱塞式喷油泵的结构

柱塞式喷油泵如图 3-1 所示，它的泵油主要是由两对精密配合的喷油耦件完成的：一对是柱塞耦件，由柱塞和柱塞套组成；另一对是出油阀和出油阀座。其中，柱塞上加工有斜槽，斜槽与柱塞套筒上泄油口的相对位置决定了喷油量的大小。

柱塞与齿圈连接在一起由齿条带动，而柱塞套是固定的，不能转动。当齿条的位置向右移动时，齿圈转过的角度也加大，于是柱塞上的斜槽与出油阀之间的柱塞行程加大，即有效的喷油高度增大，喷油量也就增多，如图 3-2 所示。

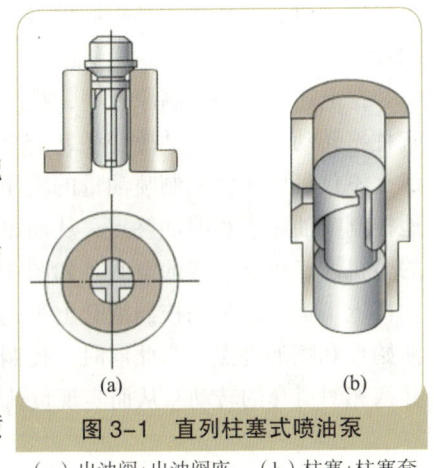

图 3-1　直列柱塞式喷油泵

（a）出油阀+出油阀座；（b）柱塞+柱塞套

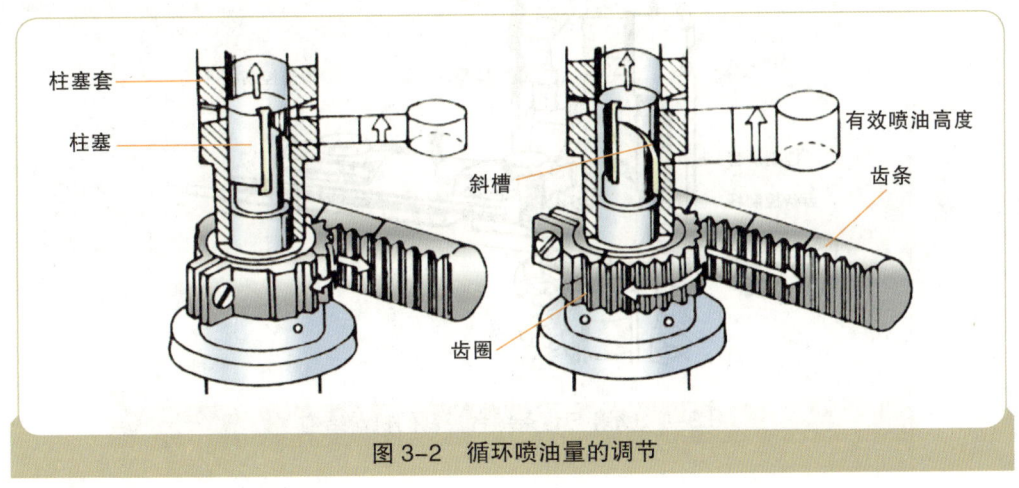

图 3-2　循环喷油量的调节

二、直列柱塞泵的原理

早期的柴油发动机电控燃油喷射系统就是以直列柱塞式喷油泵为基础改造的，在直列泵上实行位置电子控制就是取消传统的机械调速器，将齿条的控制改由一个电子执行器来控制。执行器的类型既有旋转式电动机，也有直线运动的电动机。如图 3-3 所示采用的是直线运动的线性电磁铁作为执行器，直接安装在传统的机械调速器的壳体内，电磁铁直接驱动齿条左右移动来调节柱塞的旋转角度。要想让柴油发动机控制单元对直列泵实行电子控制，还得知道发动机的工作转速。因此，油泵凸轮轴的自由端安装了测速齿盘和转速传感器，用于检测发动机的工作转速。

在图 3-3 所示的位置控制式电控柴油喷射系统中，线性电磁铁决定了齿条的位置。然而，由于弹簧预紧力及执行器本身的因素，在相同的驱动电压下，相同的驱动电流对应的齿条位置可能有所不同。当采用线性电磁铁作为执行器时，需要收到齿条位置的反馈信息才能知道当前齿条的准确位置，这对于车用发动机来说是必需的，而有些用于电站的柴油发动机可以例外。因为发电机要输出稳定的功率，所以其动力源的转速必须是固定的。柴油发动机喷射电控系统将发动机转速作为闭环控制信号，而不要求精确控制齿条的位置。

在上述的喷油控制原理中，柱塞套是固定的，只有柱塞转动。如果主动改变柱塞套上下方向的位置，那么不仅可以灵活控制喷油量的大小，而且可以灵活地控制喷油始点和喷油终点，从而可以为改善发动机的整机性能提供广阔的空间。如图 3-4 所示，滑套控制杆上下运动，带动控制滑套上下运动，从而改变喷油始点和喷油终点。与此同时，控制齿条仍可以控制柱塞相对滑套的转动，从而实现负荷的调节功能。

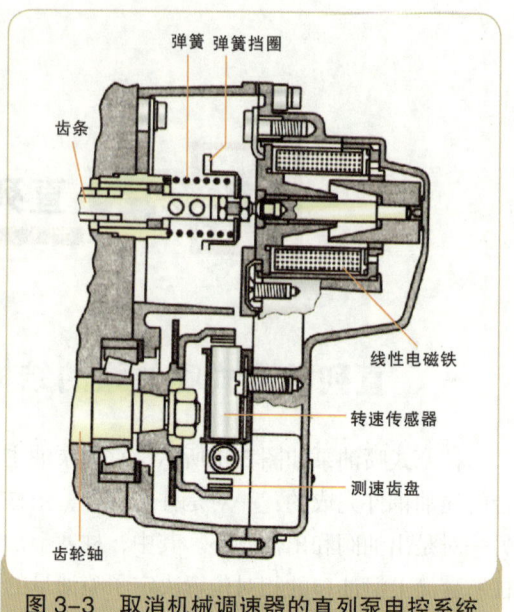

图 3-3 取消机械调速器的直列泵电控系统

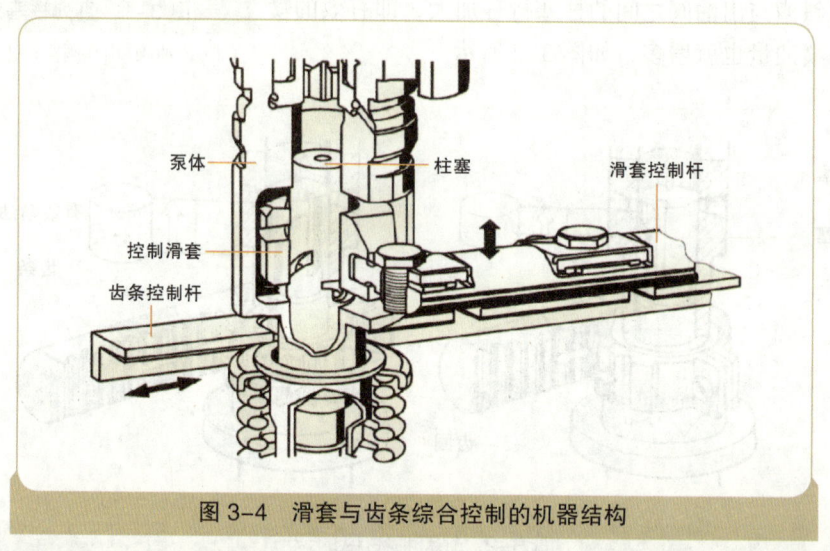

图 3-4 滑套与齿条综合控制的机器结构

四、时间控制式直列泵喷射系统的原理

泵—管—阀—嘴（Pump-Pipe-Valve-Injector，PPVI）式电控燃油喷射系统喷射过程的相位计算必须有一个相位基准。如图 3-5 所示，在凸轮轴末端安装了一个指示凸轮轴相位的转速传感器。当柱塞上行时，如果电磁阀通电，则高低压之间的连通被隔断，高压建立，燃油经过高压油管自喷油器中喷出。当电磁阀断电后，电磁阀杆在回位弹簧的作用下打开密封端面，接通了高压油路和低压油路，燃油经电磁阀密封锥面迅速泄压，喷射过程随之结束。电磁阀通电开始时刻决定了喷射定时，电磁阀通电时间的长短决定了喷射脉宽，即决定了发动机的喷油量大小。与分配泵上实施时间控制对喷射电磁

阀的要求一样，PPVI式电控燃油喷射系统对电磁阀实施的控制在时间响应上的要求也很高。

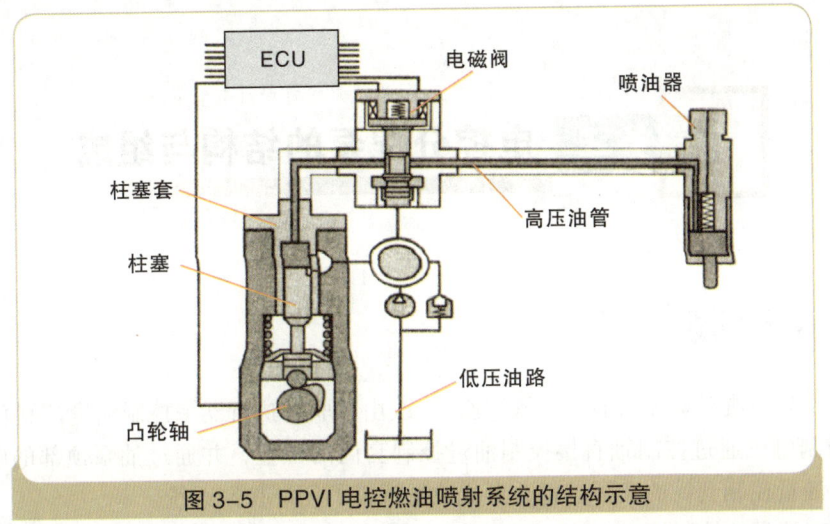

图3-5　PPVI电控燃油喷射系统的结构示意

图3-6所示为电磁阀线圈驱动电路示意，场效应晶体管的M_0为各缸电磁阀共用的高位驱动器，低位场效应晶体管的$M_1 \sim M_6$为对应各缸电磁阀的选缸驱动器，只有当M_0和$M_1 \sim M_6$中的一个都导通时，对应缸的电磁阀线圈才有电流通过。M_0上的脉宽调制器（PWM）控制信号可以灵活控制线圈电流的大小，其调制频率可达20~25 kHz。从发动机ECU或者信号发生装置输出的0~5 V控制信号A和B经过相位变换后，分别控制高位场效应晶体管M_0和低位场效应晶体管$M_1 \sim M_6$。这种以电流控制电磁阀开启的方式与汽油机喷油器的电压控制是完全不同的。

PPVI系统电磁阀的控制时序如图3-7所示。安装在凸轮轴末端的转速传感器输出两个基准信号：参考脉冲信号用于指示凸轮轴相位；转角脉冲信号用于指示发动机转速及曲轴位置。发动机ECU根据这两个基准信号和发动机上的其他传感器信号来确定喷油脉宽和喷射定时，发出控制脉冲信号A和B，驱动电磁阀控制喷油量和喷油提前角。

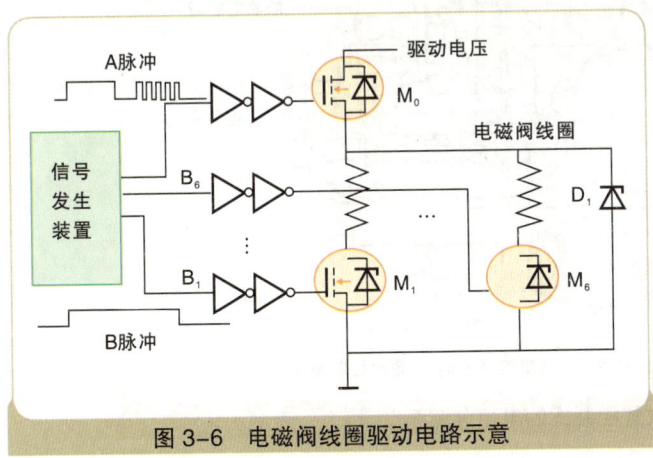

图3-6　电磁阀线圈驱动电路示意

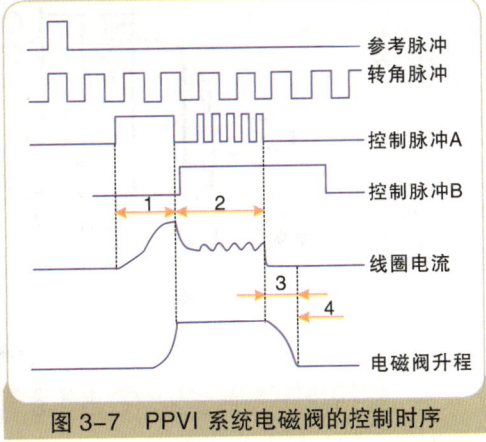

图3-7　PPVI系统电磁阀的控制时序

任务二　电控分配泵的结构与组成

一、电控分配泵

第一代电控柴油喷射系统取消了机械调速器，改由电驱动执行器来控制油量控制套筒。如图3-8所示，油量控制电机通过控制轴直接控制油量控制套筒的位置，并通过油泵顶部的电机旋转角度传感器来测量油量控制套筒的实际位置，形成位置反馈的闭环控制系统。

为了提高喷油量的控制精度，还加装了燃油温度传感器。系统通过油温信号对喷射量进行微调，减少油温对喷油量的影响。

不管是机械式的燃油分配泵，还是位置控制式的电控分配泵，其喷油量大小都是由油量控制套筒的位置决定的。由图3-8可知，第一代位置控制式的电控系统取消了传统复杂的飞锤—弹簧—杠杆调速系统，利用油量控制套筒的位置信号来实现对油量的灵活控制，发动机在不同工况下的喷油量由ECM根据燃油温度和发动机本身的状况来决定。

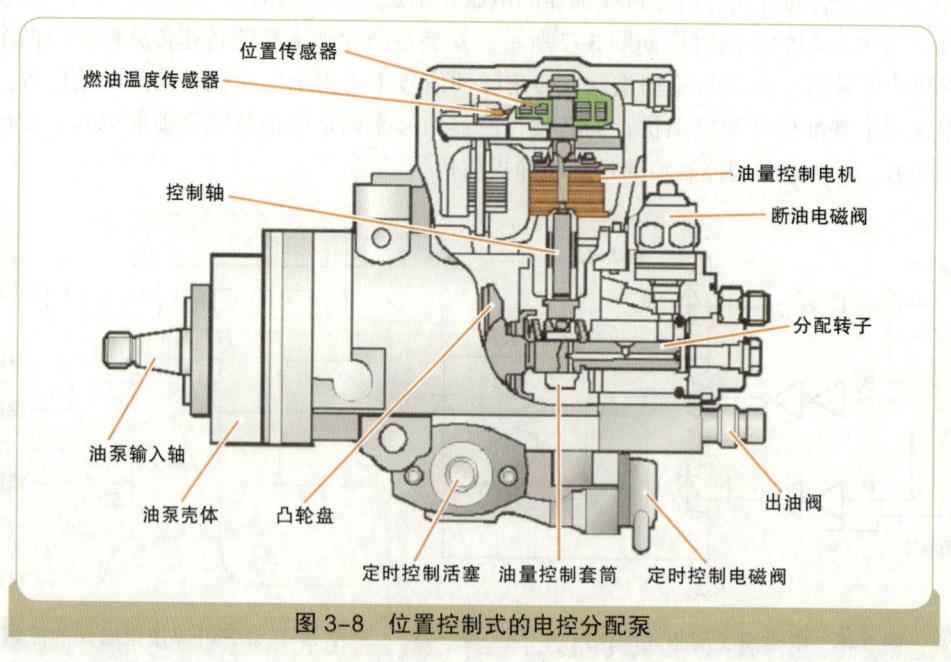

图3-8　位置控制式的电控分配泵

二、分配泵的燃油流向

分配泵的燃油供给（喷射）如图3-9所示，油箱内的柴油经燃油滤清器过滤后到达分配泵，分配泵内有低压油泵，低压油泵一般采用叶片泵或齿轮泵。燃油被低压油泵加压到1 MPa左右，然后输入到高压油泵体内。高压油泵能否进油是由断油电磁阀控制的。断油电磁阀打开后，燃油进入柱塞（分配转子）腔，在分配转子的作用下变成高压燃油，且分配到发动机工作缸的喷油器，由喷油嘴完成喷油动作。

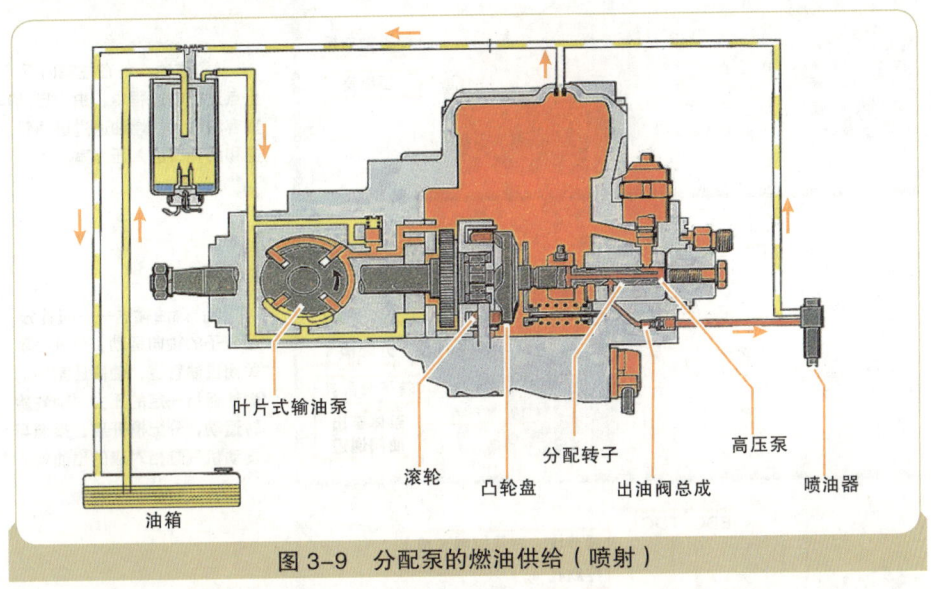

图 3-9 分配泵的燃油供给（喷射）

喷油器以及分配泵的燃油将回流到燃油箱。图 3-9 所示的燃油流向中，喷油器和分配泵的燃油回流是经滤清器接口后才返回油箱的。如图 3-10 所示，当燃油温度超过 31 ℃时，双金属片膨胀，控制阀关闭，管 1 和管 2 相通，即从喷油泵来的燃油全部流回油箱；如图 3-11 所示，当燃油温度低于 15 ℃时，双金属片收缩，控制阀打开，部分从喷油泵来的燃油经滤清器后供给喷油泵。这样就避免了当燃油温度过低时，从喷油泵返回的燃油仍全部流向油箱进行冷却，因而有利于提高燃油的温度，使发动机气缸内形成良好的燃烧状态。

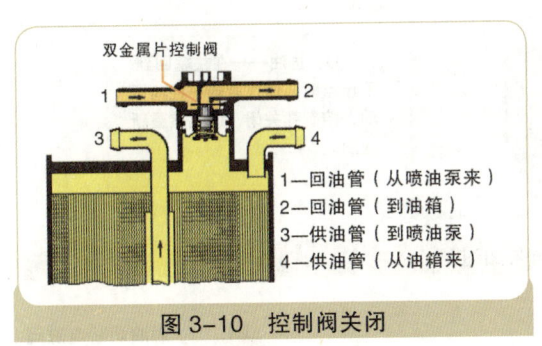

图 3-10 控制阀关闭

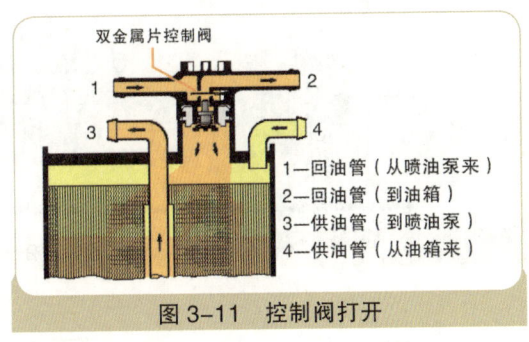

图 3-11 控制阀打开

三、分配泵的泵油过程

经前面的图文描述可以知道：分配泵泵出的高压燃油是在分配柱塞内形成的。分配转子的作用不仅仅是泵油，还有其他功能也是由它来完成的，整个工作过程如图 3-12 所示。

在进油过程和泵油过程中，分配转子柱塞腔与喷油器高压管路的连通情况分别如图 3-13 和图 3-14 所示。只有当燃油切断电磁阀打开时，低压燃油才能经过柱塞腔内的进油孔进入压缩室（柱塞腔）。

燃油切断电磁阀具有停机功能。如图 3-15 所示，当驾驶员关闭点火开关时，燃油切断电磁阀失电，磁力消失，电磁铁在弹簧的作用下压在阀座上，关闭供油孔，切断了低压燃油进入柱塞压缩室的通道。发动机由于无油供应，喷油嘴不喷油而停机。

课题三 直列柱塞泵与电控分配泵

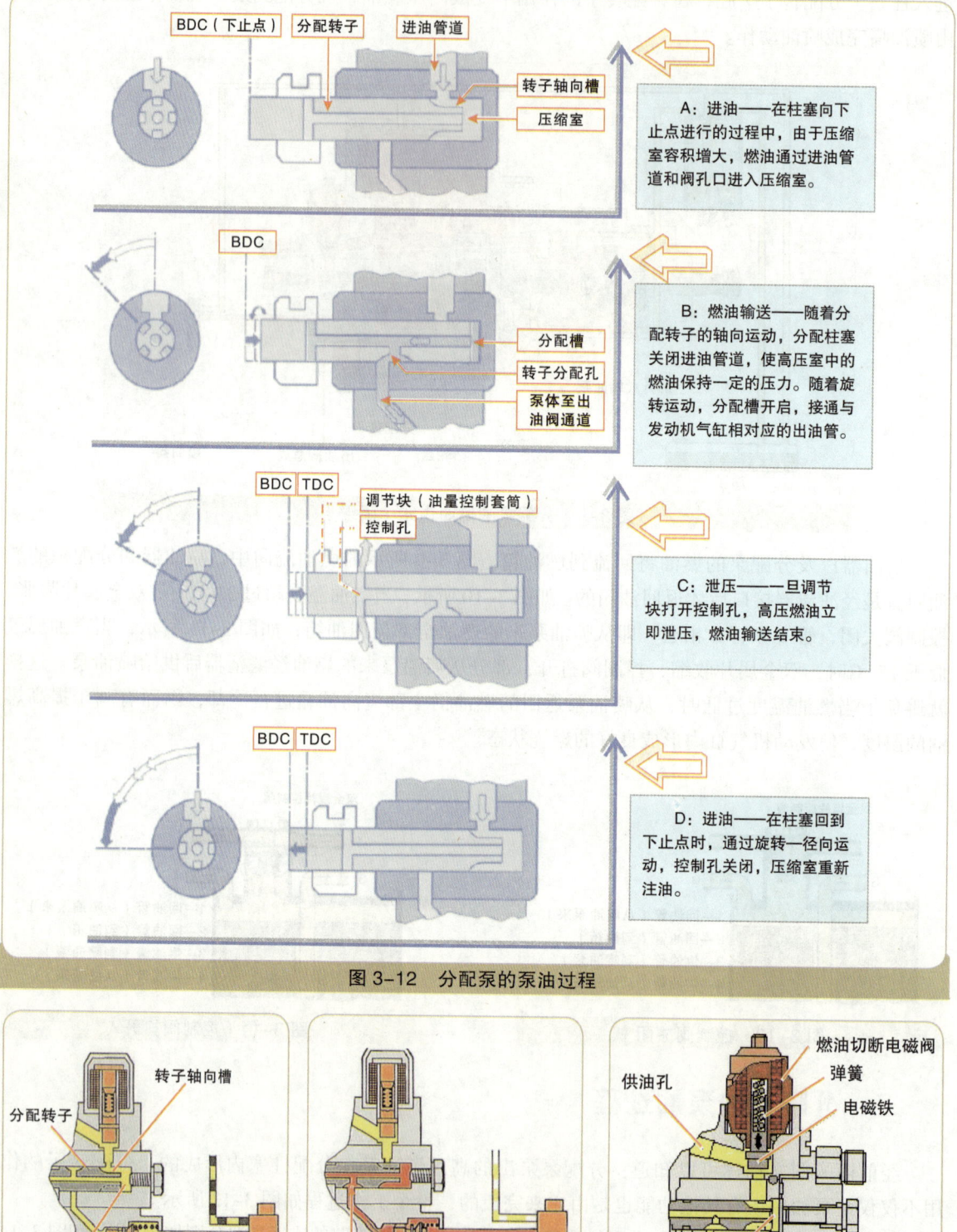

图 3-12 分配泵的泵油过程

图 3-13 进油过程 图 3-14 泵油过程 图 3-15 停机断油示意

四、喷油量的调节

发动机在不同工况下,油量调节电动机对喷油量的控制如图3-16所示。

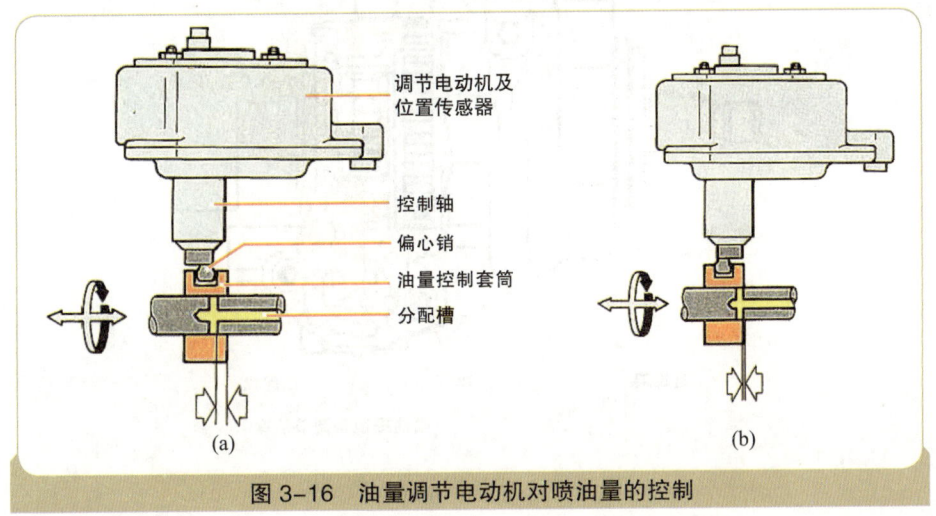

图3-16 油量调节电动机对喷油量的控制
(a)负荷运转状态;(b)怠速运转状态

当柴油发动机处于怠速运转工况时,由于转速较低、负荷小,所需的燃油量也就较小,油量调节电动机带动控制轴转动,在偏心销的偏心距作用下,使油量控制套筒处于图示的最左位置,由于在此位置时分配槽最早泄压,故喷油量是最小的;当柴油发动机的负荷较大时,油量调节电动机带动控制轴转动,使油量控制套筒向右移动一段距离,由于在此位置时分配槽较晚泄压,因而喷油量较大,发动机转速、输出功率和扭矩将增大。

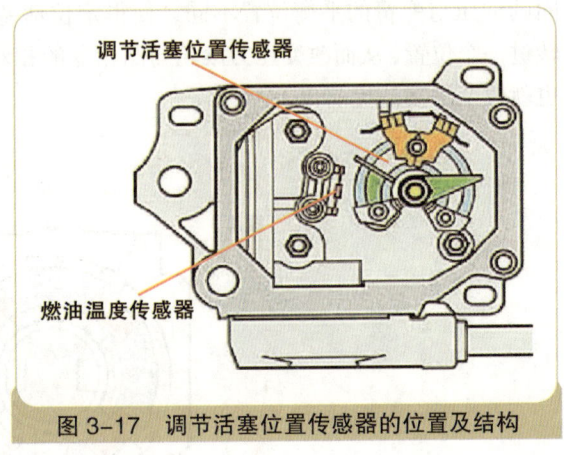

图3-17 调节活塞位置传感器的位置及结构

调节活塞位置传感器的位置及结构如图3-17所示,位置传感器位于油量控制电动机的上部,与燃油温度传感器相邻。该传感器是一个双轨滑动电位计,可以准确测量油量控制轴转过的角度。它将机械位置信号转换成电压信号,发送给发动机控制单元,是发动机喷油量调节的一个反馈信号。

五、喷油提前角的控制

为了促使发动机在不同的转速和负荷下平稳有效地工作及改善发动机的排放,对图3-18中所示的喷油提前角控制机构实施了电子控制,从而达到不同工况下不同定时角度的精确控制。喷油提前控制机构包括滚轮、滚轮架、凸轮盘、传力销、调节活塞,滚轮安装在滚轮架上,凸轮盘由输入轴驱动,而传力销一端与滚轮架相连,另一端与调节活塞相连。活塞的移动将使传力销跟着摆动,于是传力销带动凸轮架相对凸轮盘转动一个角度,从而改变喷油提前角。

课题三 直列柱塞泵与电控分配泵

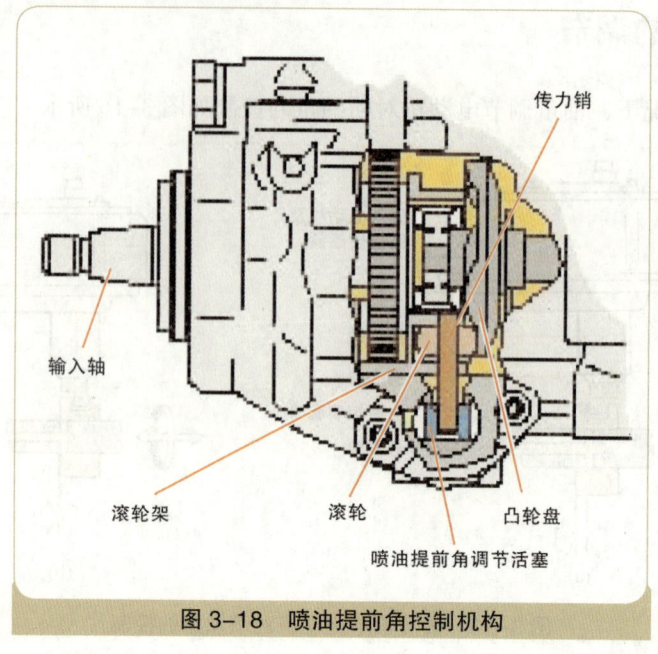

图 3-18 喷油提前角控制机构

喷油提前角控制机构的电子调节原理如图 3-19 所示，利用电磁阀来控制活塞两侧的油压，不同的油压与弹簧的平衡位置不同，使得定位活塞能够左右移动，带动传力销使凸轮架相对凸轮盘转过一个位置，从而改变压力滚轮与凸轮盘的相对位置，将凸轮盘推动分配转子的泵油动作提前了，也就改变了喷油提前角。

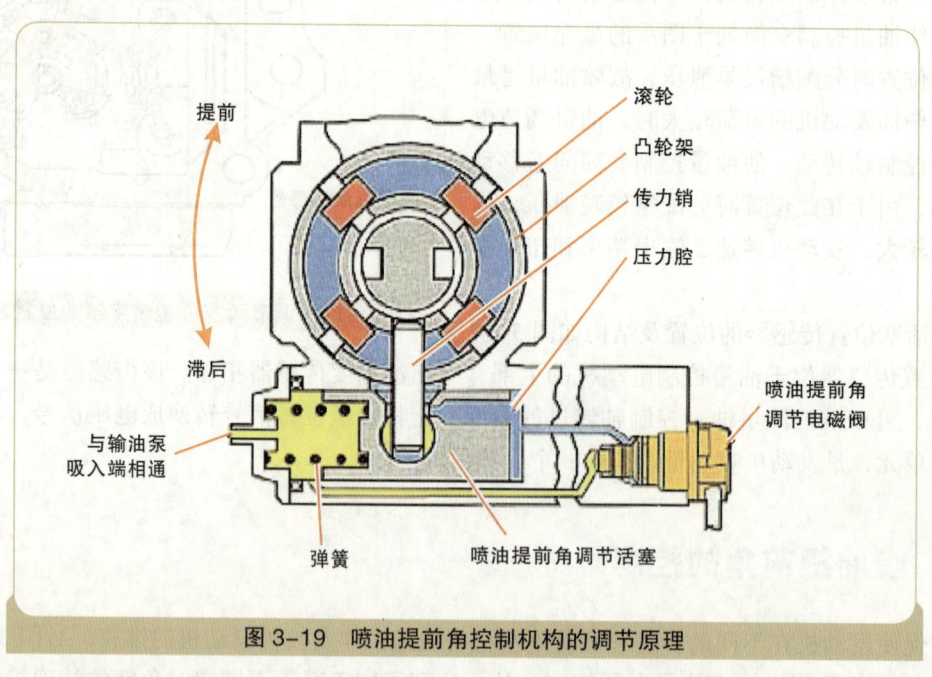

图 3-19 喷油提前角控制机构的调节原理

第一代电控柴油喷射系统除了采用旋转式油量控制电机的执行器，还采用线性电磁铁作为执行器的电控分配泵。线性电磁铁做直线运动，通过杠杆带动油量控制套筒运动，同时直线位置传感器将油量控制套筒的位置反馈给柴油发动机控制单元（ECU），这种类型的电控分配泵结构示意如图 3-20 所示。

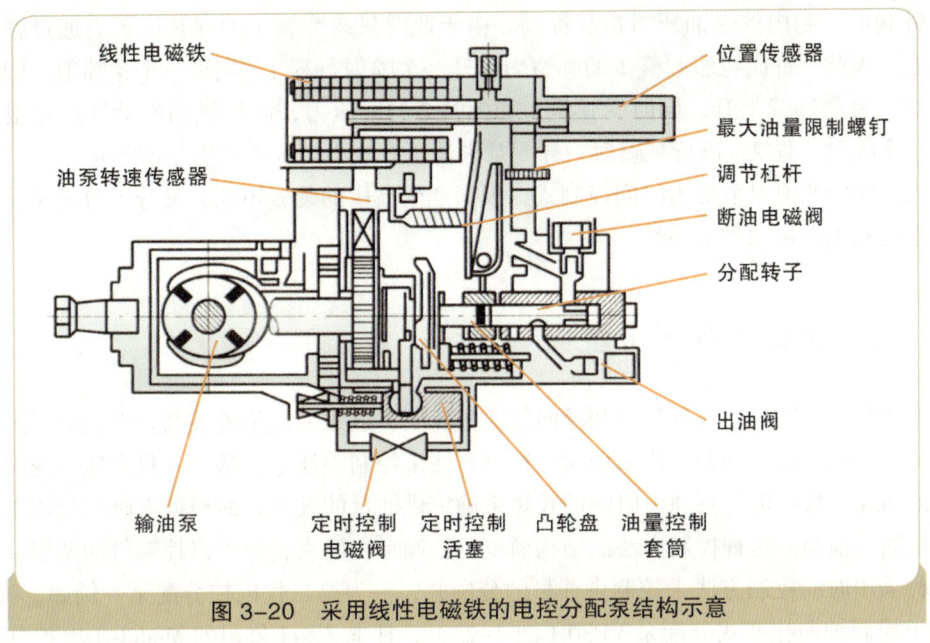

图 3-20 采用线性电磁铁的电控分配泵结构示意

六、SDI 喷油嘴

大众捷达 SDI 发动机的喷油嘴结构如图 3-21 所示,它主要由弹簧 1、弹簧 2、喷嘴针阀和阀体组成。喷油器有一个 5 孔喷嘴,使喷射燃油能被更好地雾化。图 3-21 中的喷射行程 1 和喷射行程 2 表明,这是一个二级弹簧喷油嘴,燃油喷射通过两步完成。SDI 喷油嘴由位置控制式分配泵提供高压燃油,即提供喷射压力,并控制喷油嘴的喷射起始点和喷射持续时间。

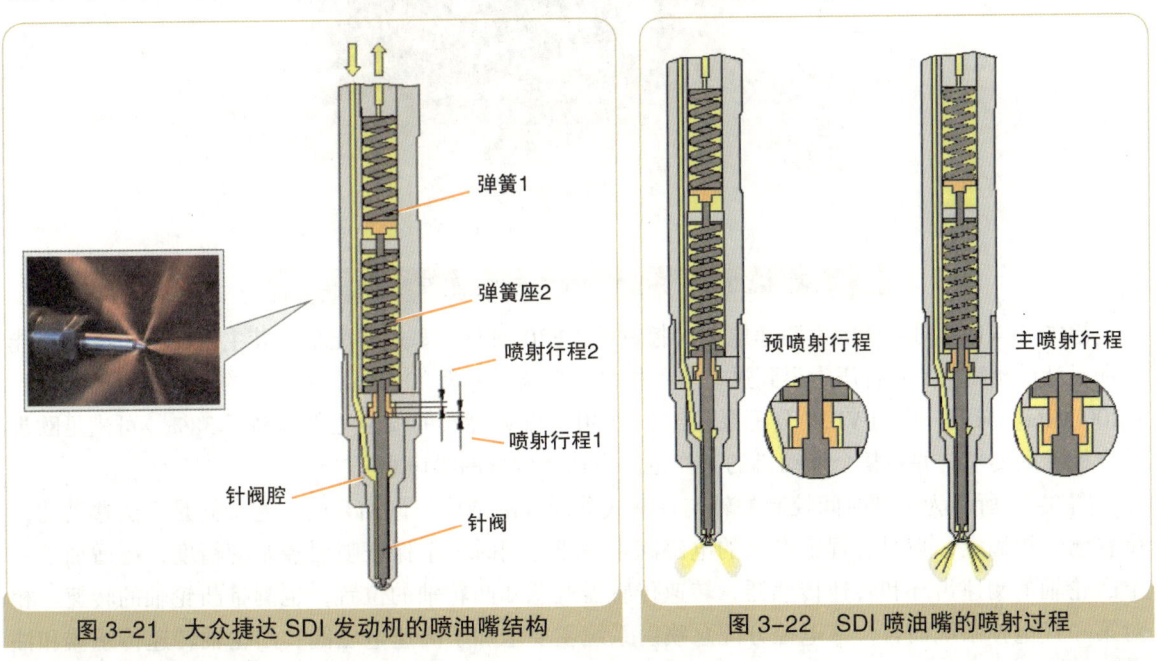

图 3-21 大众捷达 SDI 发动机的喷油嘴结构　　图 3-22 SDI 喷油嘴的喷射过程

图 3-22 所示的 SDI 喷油嘴的喷射过程中,喷射行程 1 为预喷射行程,主喷射行程等于喷射行程 1 与喷射行程 2 之和。当位置控制式分配泵提供喷射燃油时,燃油进入喷油器,然后通过内部

41

通道进入针阀腔，腔内的燃油压力抬起针阀。由于此时只有弹簧1的弹簧压紧力通过弹簧座1作用在针阀上，因此，针阀克服弹簧1的弹簧力上升一个喷射行程1，完成一个预喷射。随着供油压力继续升高，针阀继续上升，同时受弹簧1和弹簧2的下压力，高压燃油推动针阀克服两弹簧阻力再上升一个喷射行程2，进行主喷射。分配泵供油压力减小后，主喷射立即停止。

第二代电控柴油喷射系统为时间控制式，根据产生高压的装置不同，又分为分配泵、直列泵、单体泵和泵喷嘴电控燃油喷射系统。

七、轴向柱塞式电控分配泵

柱塞分配泵分为轴向柱塞分配泵和径向柱塞分配泵。继第一代位置控制式电控分配泵之后，国外分配泵制造厂商又进一步开发出采用时间控制方法来控制供油量，即用一只高速电磁阀直接控制高压油路的通断，根据电磁阀通电时间的长短来确定供油量的大小，而根据电磁阀起作用时间的早晚来控制供油提前角。这种控制方法的结构简单，控制自由度大，并可以控制供油速率，实现预喷射等。这种采用时间控制方法来控制供油量的分配泵，称为第二代电控分配泵。例如，德国Bosch公司的电子控制轴向柱塞式分配泵VP30（图3-23）、日本Zexel公司的Model-1电控分配泵、日本电装公司的ECD-V3电控分配泵和美国Stanadyne公司的DS系列电控分配泵等。

图3-23　电子控制轴向柱塞式分配泵VP30

德国Bosch公司生产的由高速电磁阀控制的VP30轴向柱塞式分配泵，其主要特点是综合性能好和灵活的预喷射，并且压力得到进一步的提高，泵端压力为80 MPa，而嘴端的喷油压力已可达到1 200 MPa。与上一代的VP37分配泵相比，VP30分配泵嘴端的喷油压力提高了38%，可满足欧Ⅲ排放标准的要求，并在整个发动机的工作范围内达到较低的噪声水平。

图3-24所示为一种时间控制的轴向柱塞式分配泵的结构，该油泵的柱塞套筒是无法移动的，位置已经被固定，喷射过程由专门的电磁阀来完成，同时为了保证喷射控制的精度，还增加了一个凸轮轴的测速齿环和转速传感器，转速传感器既感知凸轮轴的位置，也测量凸轮轴的转速。相对第一代电控系统而言，该电控分配泵喷射系统主要增加了高速电磁阀、凸轮轴转速传感器和油泵控制单元，用于燃油喷射的控制。

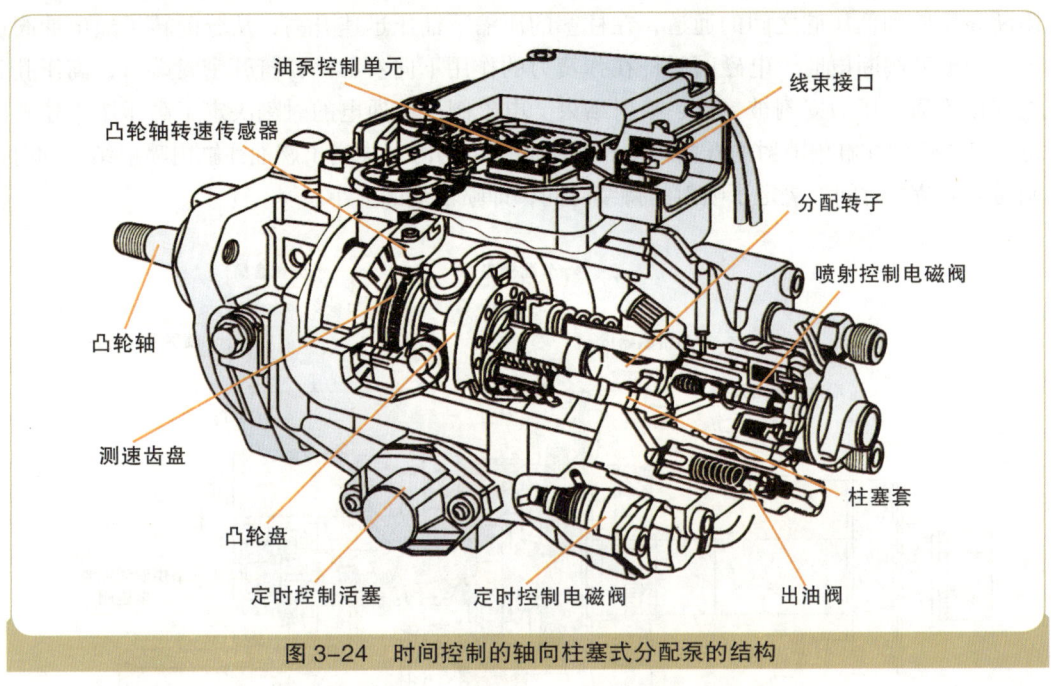

图 3-24 时间控制的轴向柱塞式分配泵的结构

八、径向柱塞式分配泵

随着欧Ⅲ和欧Ⅳ排放标准的实施,要求分配泵的泵端压力提高到 100 MPa 以上,原有的分配泵机械结构已经不能满足上述要求,分配泵的机械结构面临新的变革。虽然德国 Bosch 公司和英国 Lucas 公司等制造厂商的分配泵每年产数百万台,但他们都放弃了原来大批量生产的分配泵的传统结构,花巨资重新开发第三代电控分配泵。

1996 年,德国 Bosch 公司成功地开发出了新型的 VP44 内凸轮电控分配泵,如图 3-25 所示。这是一种时间控制的径向柱塞式分配泵。

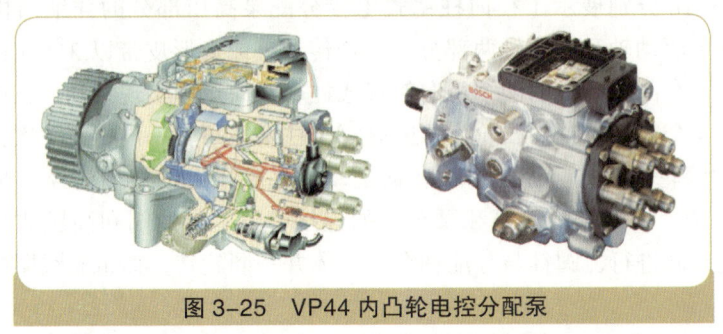

图 3-25 VP44 内凸轮电控分配泵

它采用内凸轮、径向对置式柱塞供油,分配转子旋转分配的结构;采用高速电磁阀直接控制高压供油量。泵端压力为 100 MPa,利用高压油管中形成的压力波效应,可使嘴端的喷油压力达到 180 MPa。供油提前角用高速电磁阀控制,并能控制供油速率和预喷射。

图 3-26 所示为时间控制的径向柱塞式分配泵的结构,定时控制电磁阀调节定时活塞的压力,活塞为达到受力平衡,左右移动带动凸轮环相对分配转子转动,从而改变喷油提前角。时间控制式分配泵的核心部件是高速强力电磁阀,由径向柱塞或者轴向柱塞产生的燃油从分配转子的高压腔经电磁阀阀杆的密封端口流向低压腔。当电磁阀通电时,电磁阀杆向左移动,关闭密封端口,

从而阻断高压腔和低压腔之间的通道，在柱塞的压缩下油压迅速升高，从分配转子经出油阀送往喷油器。当电磁阀断电时，电磁阀阀杆在弹簧力的作用下向右移动，打开密封端口，高压腔和低压腔之间被连通，压力立刻被释放，喷射结束。电磁阀开始通电的时刻决定了高压压力建立的时刻，也决定了燃油往缸内喷射的开始时刻；电磁阀断电的时刻决定了燃油往缸内喷射结束的时刻；电磁阀通电的持续时间，决定了喷射的持续时间，即喷油量的大小。

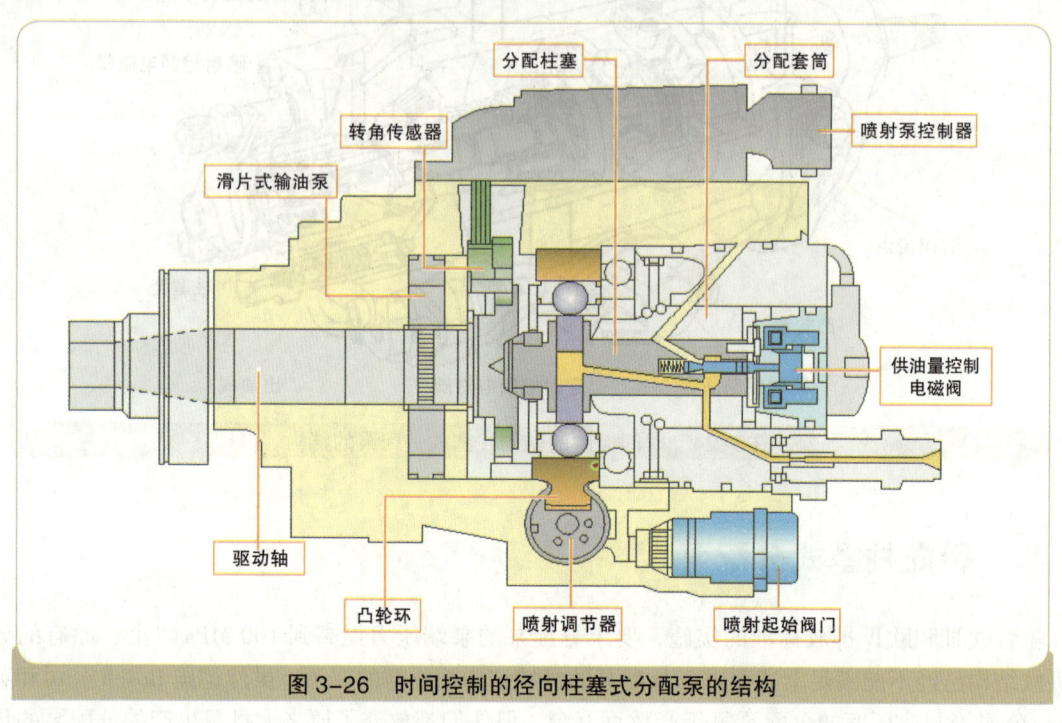

图 3-26　时间控制的径向柱塞式分配泵的结构

九、供油量的控制

图 3-27 和图 3-28 分别展示了径向柱塞式电控分配泵高压部分的详细结构。其工作原理如下：分配泵泵轴分为驱动轴和分配轴两部分，并经传动链或齿形皮带以 2∶1 的减速比由曲轴驱动。泵轴转动带动一个凸轮环中的两个径向对置式柱塞对向运动实现泵油。在四缸发动机用的分配泵凸轮环上，有 4 个对称布置的凸轮齿，因此每个柱塞在每转一周中有 4 次抵达凸轮齿上。凸轮环与柱塞之间的滚轮用来减少摩擦。被径向运动的柱塞压缩的燃油流经一个孔和旋转着的分配轴上的一个出油槽，通过分配套筒和泵头上的连接管道、出油阀和高压油管进入喷油嘴。燃油的计量由一个电磁阀进行，阀针与分配轴合为一体并一同旋转，而带有线圈的磁铁组件是固定不动的。

在图 3-27 的充油过程中，用于控制供油量的电磁阀打开，由于柱塞泵的柱塞此时向外扩张运动，压缩腔的容积迅速变大，低压燃油从分配泵快速进入压缩腔，并占有整个压缩腔。

图 3-28 为柱塞泵的喷射控制过程，喷油电磁阀在喷射泵控制单元的控制下关闭进油通道，柱塞的径向压缩运动为燃油喷射提供了高压燃油。在电磁阀关闭的情况下，燃油一直处于被压缩的状态，并被输送到喷嘴，此时高压喷嘴产生喷油动作。在喷射过程中，如果电磁阀打开，则喷射结束。高速强力电磁阀控制了喷油器的喷射起点和终点。

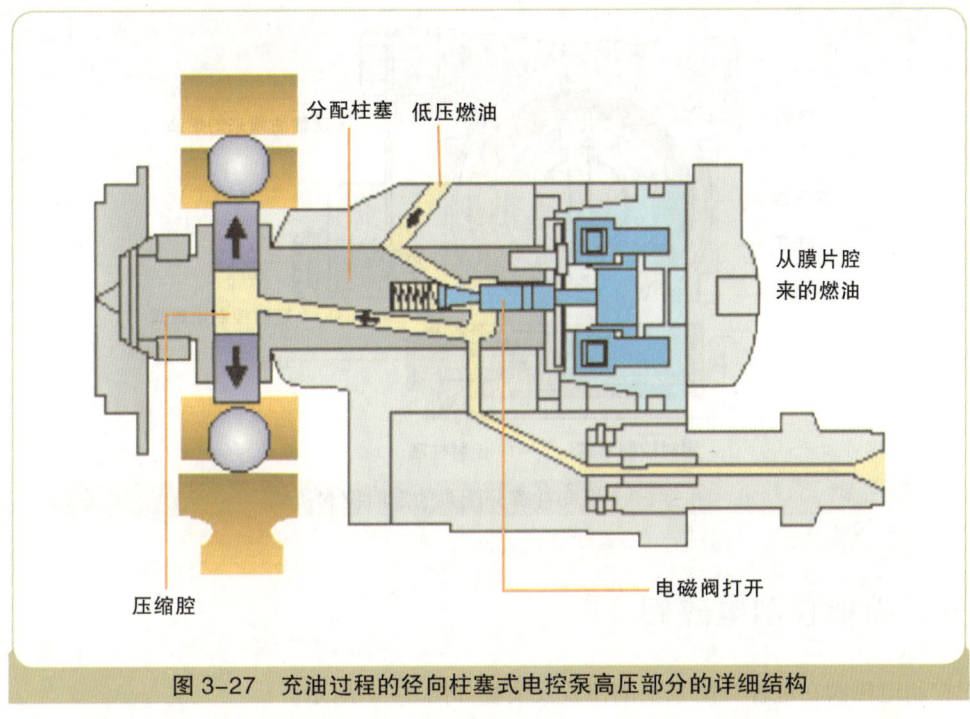

图 3-27 充油过程的径向柱塞式电控泵高压部分的详细结构

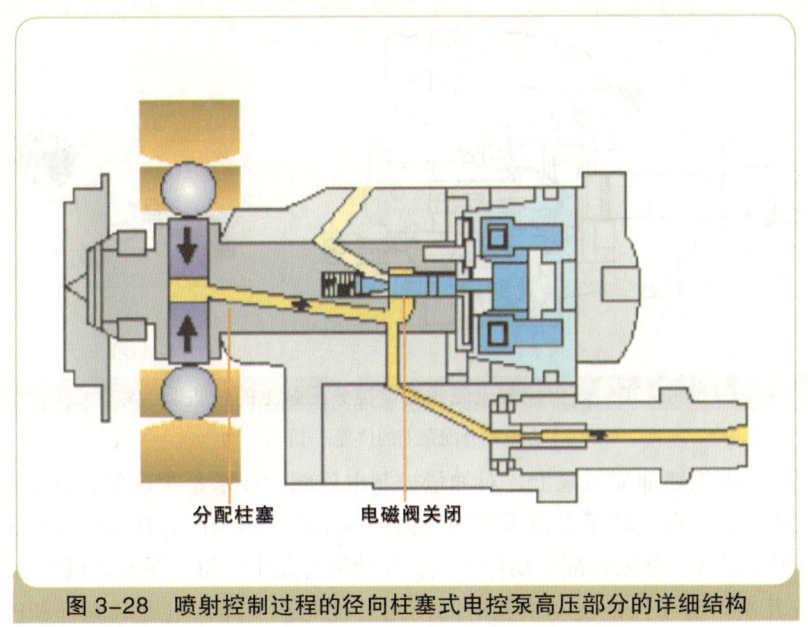

图 3-28 喷射控制过程的径向柱塞式电控泵高压部分的详细结构

十、喷油定时的控制

随着发动机转速的提高，喷射起始的时间会提前，由定时控制机构实现此功能。图 3-29 所示为该径向分配泵的定时控制机构，由定时控制电磁阀打开或关闭从输油泵来的燃油至环腔的通道，在低压燃油的压力和弹簧力作用下，定时控制活塞左右移动，带动凸轮环顺时针或逆时针转动一定角度，从而改变喷油提前角。

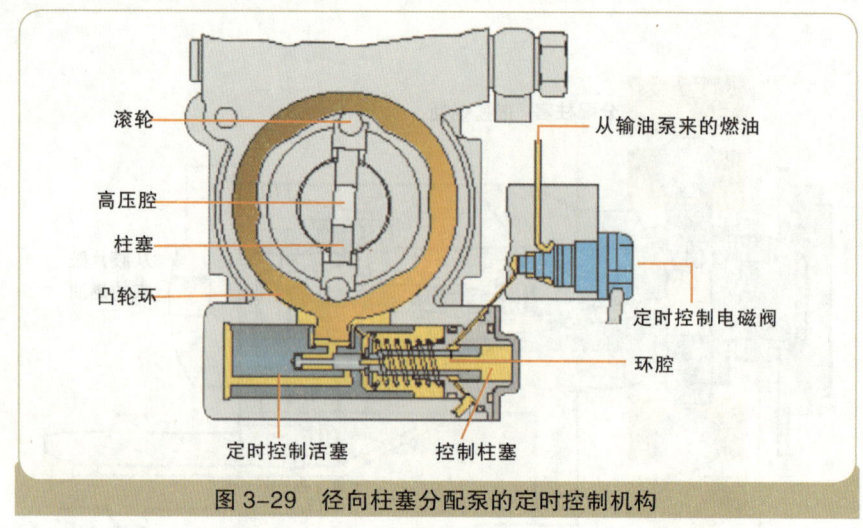

图 3-29　径向柱塞分配泵的定时控制机构

十一、喷射控制电磁阀

喷射控制电磁阀在电控分配泵上的位置及实物如图 3-30 所示。

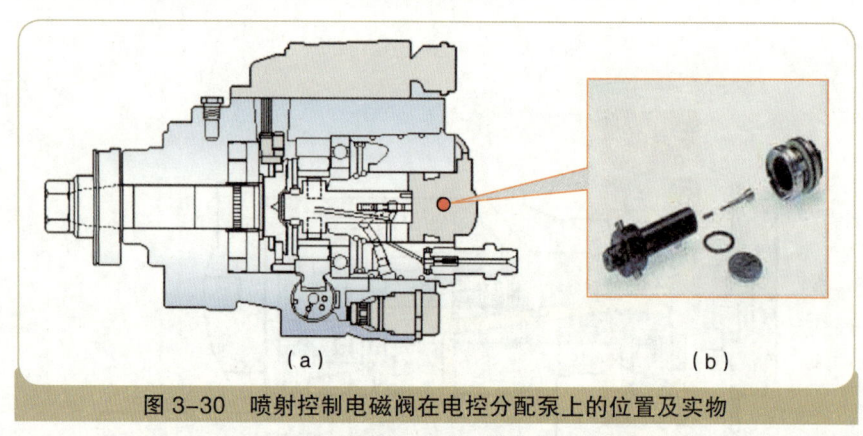

图 3-30　喷射控制电磁阀在电控分配泵上的位置及实物
(a) 在电控分配泵上的位置；(b) 实物

在时间控制式的电控燃油喷射泵上，对油量控制电磁阀的要求是很高的，这主要是由它的工作环境和工作特点决定的。分配转子上高压腔的压力高达 100~160 MPa，这对电磁阀的密封要求是很高的，而且每个喷射过程，电磁阀都要动作一次，发动机有几个气缸，在发动机的一个工作循环内，电磁阀就要开关几次。为了保证发动机长时间使用后性能不下降，电磁阀阀杆和阀座密封面的寿命及可靠性是整个电控喷射系统的关键。

由于是电磁阀控制燃油直接喷到缸内，喷油提前角和喷油脉宽对柴油发动机的动力性能、经济性能和排放性能影响很大，整个电磁阀的性能参数是时间控制式电控柴油喷射系统中的关键，所以必须严格控制喷射的始点（喷油提前角）和喷射时间对应的曲轴角度。为了满足这个要求，电磁阀的响应必须非常快。目前，最快的电磁阀，其动作响应时间已经缩短到 0.25 ms。

为了实现喷射定时（喷油提前角）和喷油脉宽的精确控制，必须有指示发动机凸轮轴或曲轴相位的传感器。在图 3-31 中，凸轮驱动轴上安装了专门指示相位的信号齿盘以及转速传感器（角度编码器），齿盘上还有齿缺，齿缺对应的曲轴相位位置是固定的，这样单片机在控制上能够主动检测到齿缺并进一步确定喷油提前角和喷油脉宽。

由于定时活塞的作用，凸轮轴型线的相位相对于测速齿盘齿缺的相位可以在一定范围内变化，从而实现较大范围的定时控制，这个燃油喷射时序的特点用图3-32来表示更直观。由图可知，在测速齿盘转过的某一角度，电磁阀关闭时，凸轮的有效行程使高压腔内建立起高压，电磁阀阀杆升起喷油。凸轮的泵油曲线在转速传感器拾取的波形图时序内是可以调节的，从而改变喷射提前角。

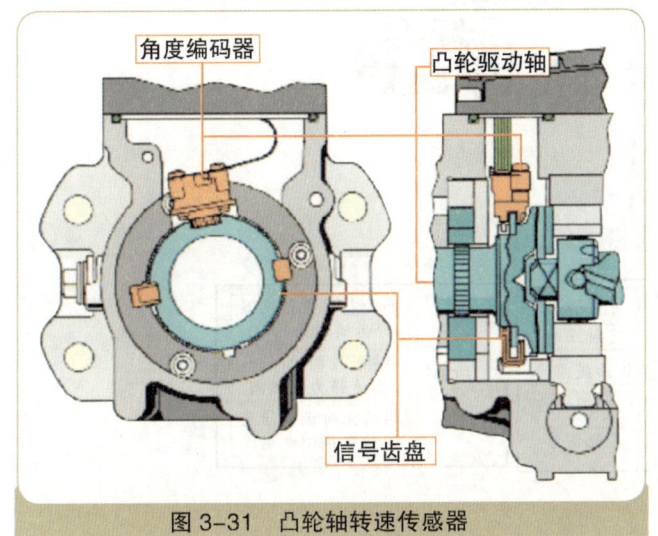

图3-31 凸轮轴转速传感器

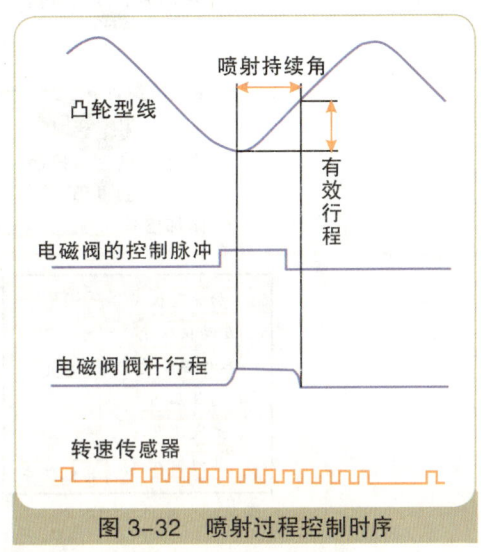

图3-32 喷射过程控制时序

十二、油泵控制单元

由前面的相关图可以看出，在油泵的顶部有一个油泵控制单元（PCU），而PCU是由发动机控制单元（ECU）控制的。PCU和ECU的内部都是一个以单片机为核心的模块，PCU直接安装在喷油泵顶部，而ECU则一般是安装在发动机附近或发动机上。PCU和ECU之间通过控制器局域网（CAN）进行通信。如图3-33所示，ECU根据这些传感器信号确定喷射定时和喷油量的大小，并将这些信息发送给PCU，PCU驱动油泵的电子执行器执行喷射定时和喷油量控制。

在时间控制式的燃油喷射系统中，PCU和ECU的分开便于发动机和燃油喷射系统的独立研发和生产。一般而言，电控分配泵（喷油泵）和发动机不是在同一家工厂生产的，只要两者都有标准的CAN协议接口，电控分配泵就可以与不同型号的发动机匹配，喷油泵PCU不用调整，只需调整ECU内部存储器上存储的MAP图就可以了。

两个喷油泵之间，由于喷射电磁阀在加工和制造上的误差，在相同转速、喷油脉宽和喷射定时条件下喷油量并不完全相同，可以在生产时单独标出每个喷射泵的喷油脉宽应对喷油量的速度特性。这样，同一台发动机可以任意换装其他的喷油泵也不会使发动机性能产生较大的影响。因此，PCU和ECU的独立制造便于同型号喷油泵之间的参数进行一致性调整。

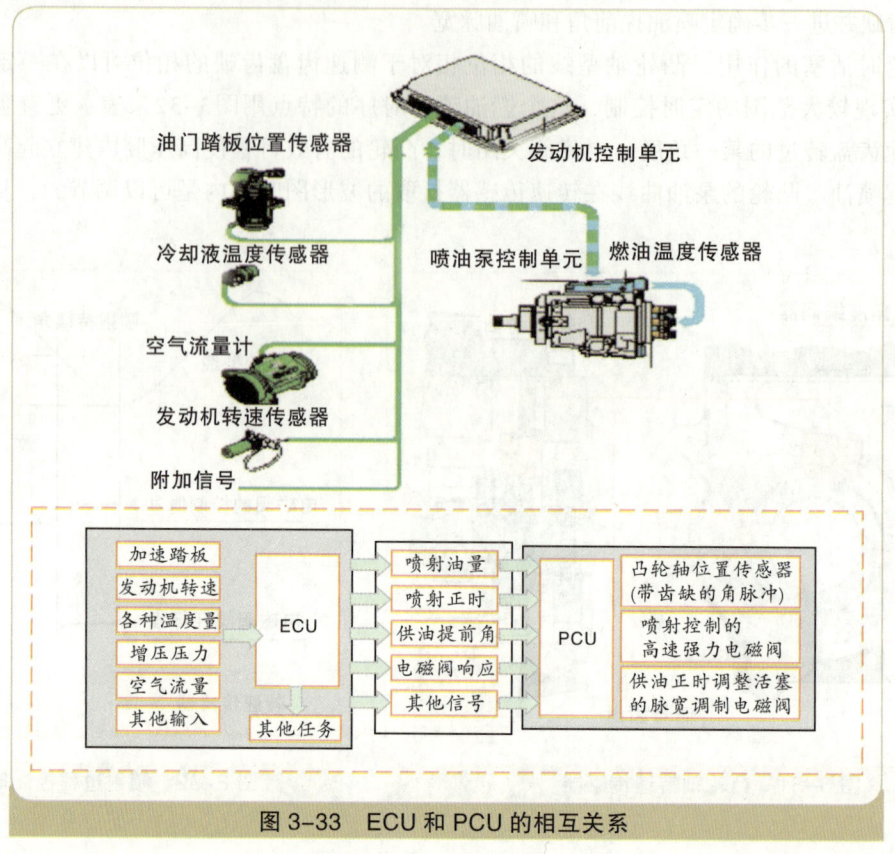

图 3-33 ECU 和 PCU 的相互关系

十三、时间控制式直列泵喷射系统的结构

在传统直列泵上除了实施位置式电控系统外，还可以实施时间控制式的电控系统。如图 3-34 所示，将原来与直列泵相连的机械调速器（调速齿条、齿轮等）取消，在直列喷油泵出油阀和喷油器之间的高压油管路上，安装一个三通电磁阀，得到了 PPVI 式电控燃油喷射系统。同传统的泵—管—嘴的机械式喷油系统相比，发动机各缸都对应安装了一个控制喷射过程的电磁阀。因此，不再需要传统柱塞上的斜槽来控制喷油量，无斜槽柱塞泵的功能只是建立高压，不再具有喷油调节的功能，真正的喷油控制由电磁阀来完成。

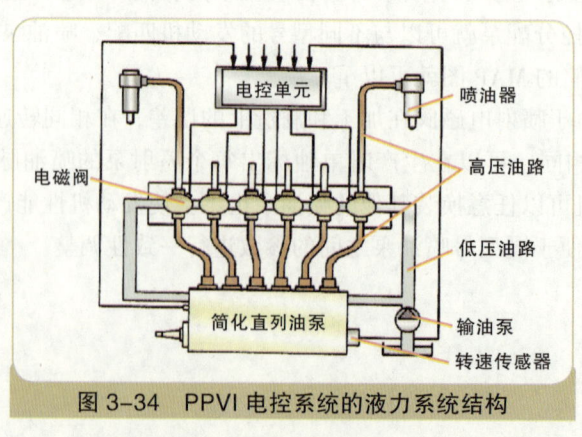

图 3-34 PPVI 电控系统的液力系统结构

PPVI式电控燃油喷射系统电磁阀的基本结构如图3-35所示,该电磁阀采用了多极式电磁铁结构,以使电磁铁在单位面积内产生最大的电磁力;衔铁与电磁铁之间的间隙很小,这是因为在相同通电电流下,两者之间的间距很小时,产生的电磁力可以达到较大值,同时满足电磁阀快速打开和关闭的升程变化要求。电磁阀线圈的匝数、电磁铁与衔铁的正对面积、衔铁的厚度、回位弹簧的刚度和预紧力以及电磁阀密封锥角的角度等都要经过仔细优化设计,以提高电磁阀执行器的喷射控制精度。

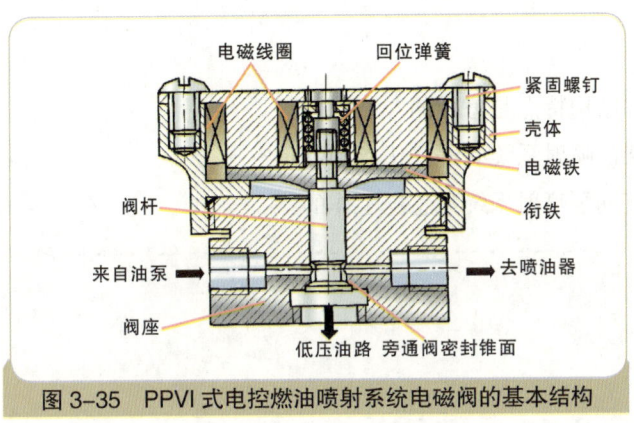

图3-35 PPVI式电控燃油喷射系统电磁阀的基本结构

 课题小结

1. 早期的柴油电控燃油喷射系统是以直列柱塞式喷油泵为基础改造的,在直列泵上实行位置电子控制。就是取消传统的机械调速器,将齿条的控制改由一个电子执行器来控制。

2. 第二代电控柴油喷射系统为时间控制式,根据产生高压装置的不同,又分为分配泵、直列泵、单体泵和泵喷嘴电控燃油喷射系统。

3. 柱塞分配泵分为轴向柱塞分配泵和径向柱塞分配泵。

4. 电控系统主要增加了高速电磁阀、凸轮轴转速传感器和油泵控制单元用于燃油喷射的控制。

一、填空题

1. 最早的柴油发动机电控燃油喷射系统是以_____为基础改造的,其取消了_____,将齿条的控制改由一个_____来控制。

2. PPVI是_____的简写。

3. 不管是机械式燃油分配泵,还是电子控制的位置式分配泵,其喷油量的大小都是由_____决定的。

课题三　直列柱塞泵与电控分配泵

4. 第二代电控柴油喷射系统为_____控制式，根据产生高压装置的不同，又分为_____、_____、_____和_____电控燃油喷射系统。

5. PCU油泵控制单元由_____控制。PCU与ECU的内部都是一个以_____为核心的模块，PCU被直接安装在_____顶部，ECU一般被安装在_____。

二、简答题

1. 电控直列泵的结构特点是怎样的？
2. 位置控制式柴油喷射系统有哪些优点和不足？
3. 时间控制式直列泵喷射系统是怎样工作的？

课题四
电控泵喷嘴燃油喷射系统

学习任务

1. 掌握电控泵喷嘴燃油喷射系统的结构与组成。
2. 掌握电控泵喷嘴燃油喷射系统的工作原理。

技能要求

1. 能够描述电控泵喷嘴系统的结构特点。
2. 能够对电控泵喷嘴系统的故障进行检测与维修。

任务一 电控泵喷嘴燃油喷射系统的结构与组成

图4-1所示为电控泵喷嘴燃油喷射系统（Unit Injector System，UIS）。电控泵喷嘴燃油喷射系统与单体泵的工作原理相似，最大的区别就在于喷油器或喷嘴与油泵的连接上。电控泵喷嘴燃油喷射系统是将产生高压的柱塞泵与喷油器合成一个整体，因此没有高压油管连接。

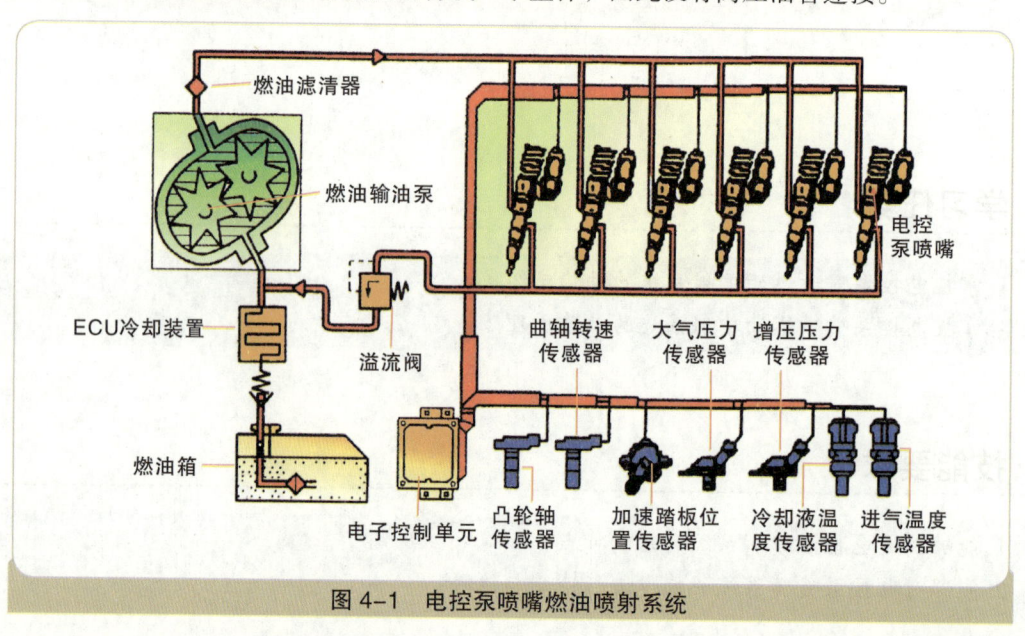

图4-1 电控泵喷嘴燃油喷射系统

图4-2所示为电控泵喷嘴在柴油发动机上的安装形式。由图可知，泵喷嘴直接由顶置的凸轮轴驱动泵油。由于油泵和喷嘴整体安装，所以采用这种喷射系统的发动机结构紧凑，液力系统响应快，能够进行快速高压喷射。上述优点使电控单体泵在轿车的小型高速柴油发动机和车用重型柴油发动机中都得到了广泛应用，如大众宝来的1.9 L TDI发动机就是源自这一柴油喷射技术。

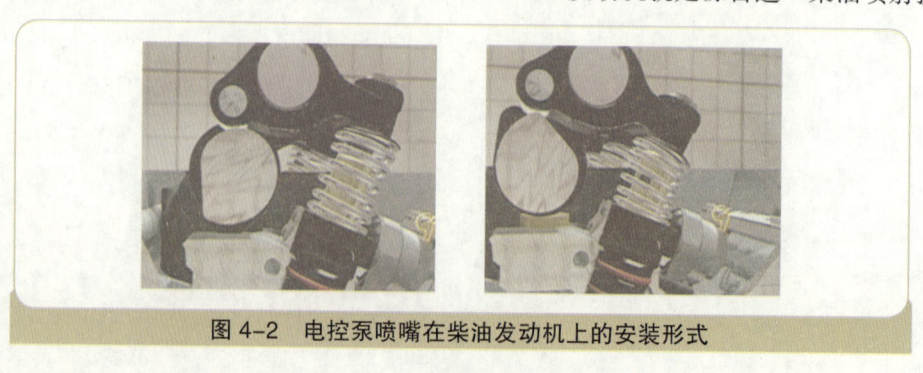

图4-2 电控泵喷嘴在柴油发动机上的安装形式

图 4-3 所示为电控泵喷嘴的驱动形式,泵喷嘴直接安装于发动机气缸盖上,由凸轮轴上的喷射凸轮驱动摇臂,再由摇臂推动油泵工作,凸轮轴上的其他凸轮则用于驱动进排气门。泵喷嘴必须安装到位,若泵喷嘴与缸盖不垂直,紧固螺栓就会松动,引起泵喷嘴或缸盖的损坏。

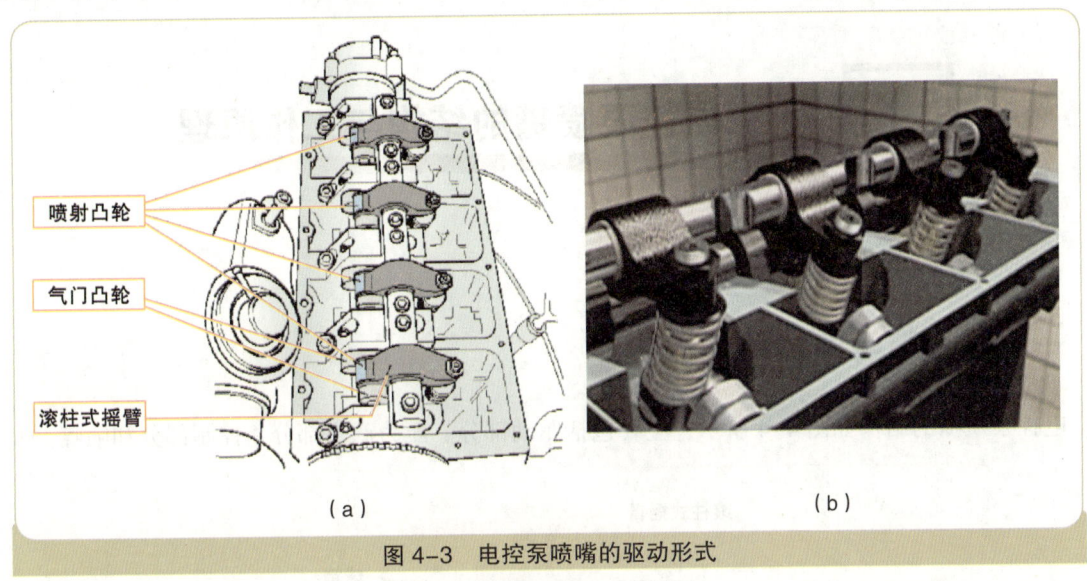

图 4-3 电控泵喷嘴的驱动形式
(a)结构示意;(b)实物外形

这种驱动方式的缺点是:发动机缸盖上往往已经安装有配气系统的凸轮轴和摇臂,如果加上油泵的驱动装置则使发动机气缸盖结构复杂,且对凸轮轴及正时齿带驱动产生不均匀的高压负荷。

任务二　电控泵喷嘴的结构与工作原理

一、电控泵喷嘴的结构

电控泵喷嘴的结构如图 4-4 所示,主要包括驱动部分、压力产生部分、控制部分和喷嘴。

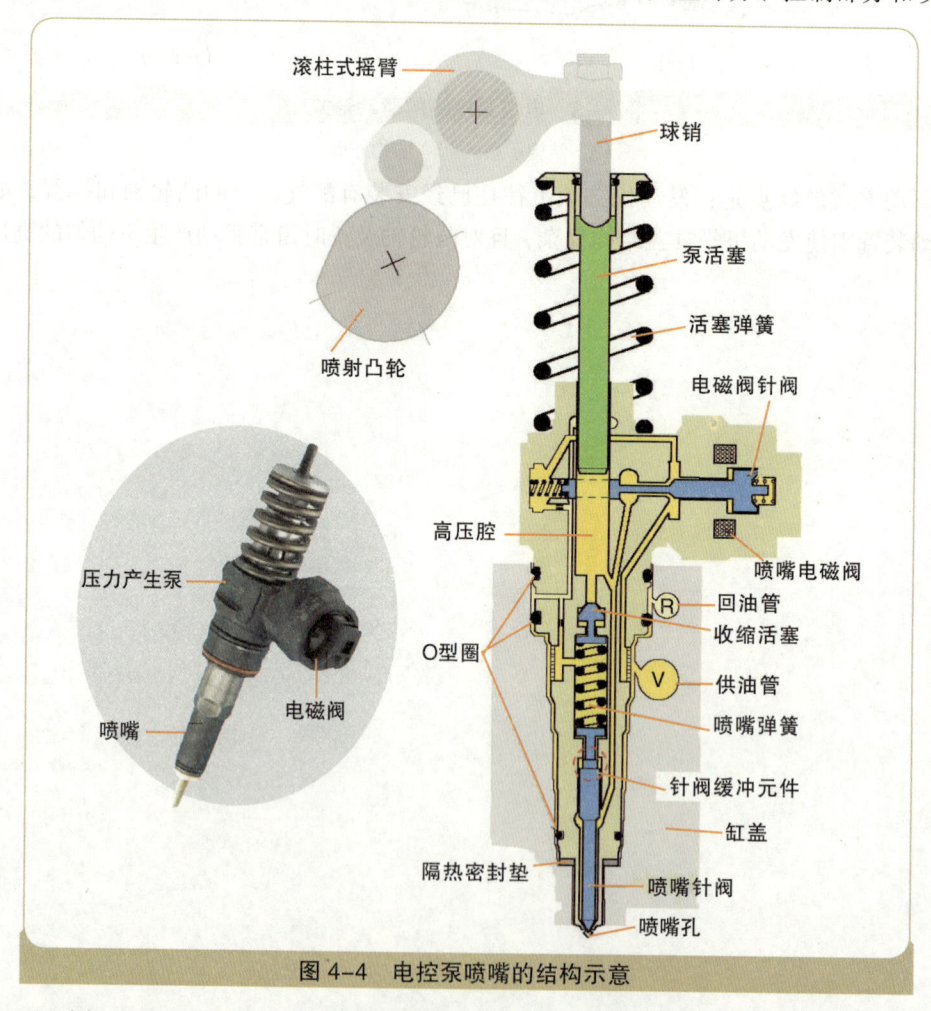

图 4-4　电控泵喷嘴的结构示意

其中,驱动部分是由喷射凸轮、滚柱式摇臂、球销和活塞弹簧等组成;压力产生部分指的是压力产生泵,包括泵活塞、收缩活塞以及由泵活塞、收缩活塞和泵体组成的高压腔;控制部分由喷嘴电磁阀、电磁阀针阀等组成;而喷嘴则是由喷嘴针阀、针阀缓冲元件、喷嘴弹簧和喷嘴孔组成。

电控泵喷嘴不仅起产生高压油的作用,还是一个高压喷油器,因此可以说,泵喷嘴是电控柴油发动机上一个需要被加工得非常精密的部件。

二、电控泵喷嘴的工作原理

为了更容易看懂电控泵喷嘴的喷射过程及原理,人们把电控泵喷嘴简化成三大部分:喷油泵、喷嘴电磁阀和喷嘴。

电控泵喷嘴的基本原理如图 4-5 所示,当喷油泵的柱塞向上运动时,高压腔的容积增大,燃油通过常开的供油通道进入高压腔,这称为充油过程;当柱塞向下压缩时,由于喷嘴电磁阀未通电,溢流通道打开,高压腔内燃油溢流,这叫压缩溢流过程;在柱塞向下压缩燃油的过程中,喷嘴电磁阀突然关闭,使燃油建立高压,喷嘴开启进行喷射,这叫泵油喷射过程;在继续压缩的过程中,喷嘴电磁阀打开,高压燃油迅速泄出,喷嘴瞬间关闭,这叫泄压过程。在整个过程中,喷嘴电磁阀起到了喷射控制的作用。

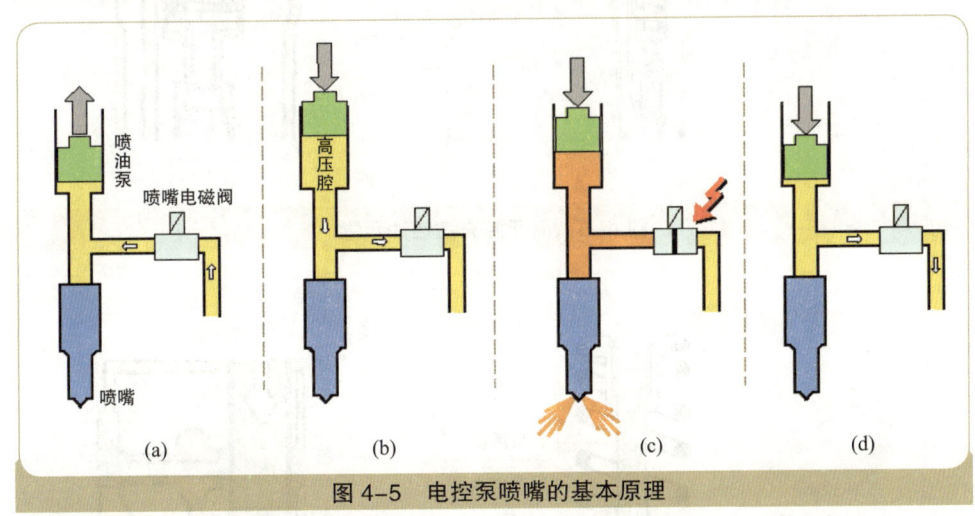

图 4-5 电控泵喷嘴的基本原理

(a)充油过程;(b)压缩溢流过程;(c)泵油喷射过程;(d)泄压过程

电控泵喷嘴的整个工作循环具体如下所述。

1. 高压腔充注燃油

如图 4-6 所示,在供油循环期间,泵活塞在活塞弹簧的作用下向上移动,这样使高压腔的容积扩大。喷嘴电磁阀不动作,电磁阀针阀处于静止位置,供油管到高压腔的通道打开,由输油泵来的燃油流入高压腔。

2. 预喷射循环开始

如图 4-7 所示,喷射凸轮通过滚柱式摇臂的杠杆作用将泵活塞压下,将高压腔内的燃油排出到供油管。发动机控制单元控制喷嘴电磁阀吸合,起动喷射循环。此时,电磁阀针阀被压入阀座内,关闭高压腔与供油管之间的通道,高压腔内开始产生压力。当压力达到 180 bar 时,针阀克服弹簧压力,喷嘴针阀上升,预喷射循环开始。要注意的是,此时预喷射喷出的高压燃油是少量的。

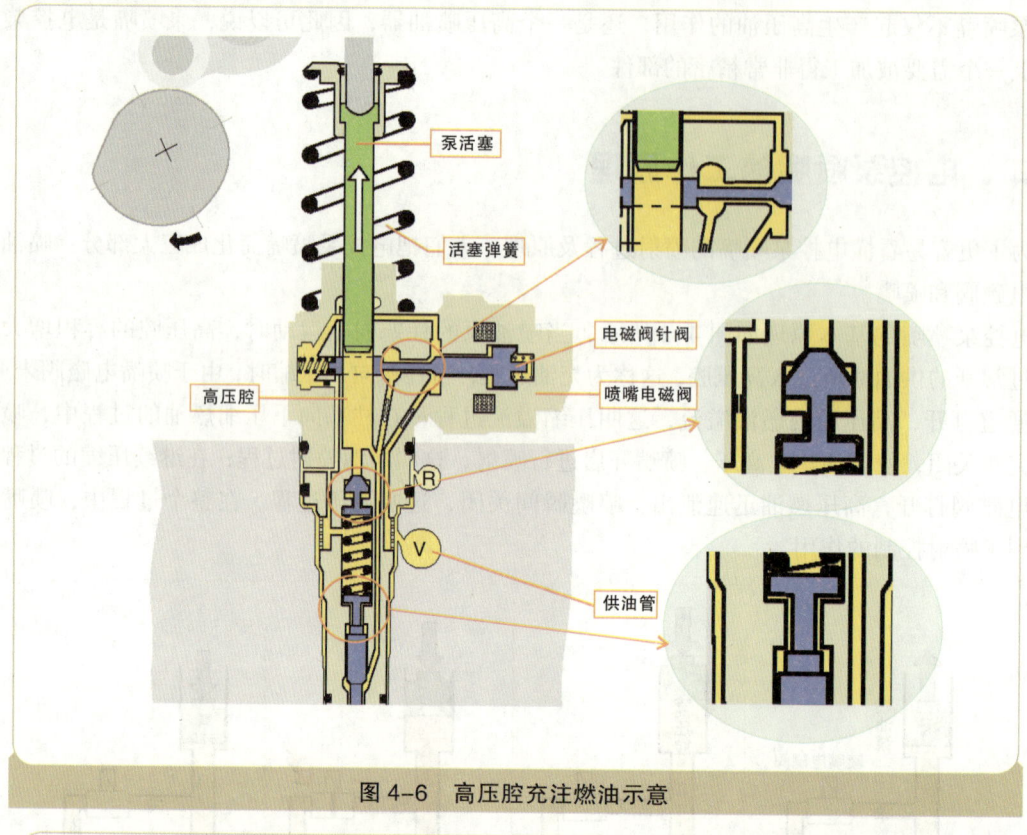

图 4-6 高压腔充注燃油示意

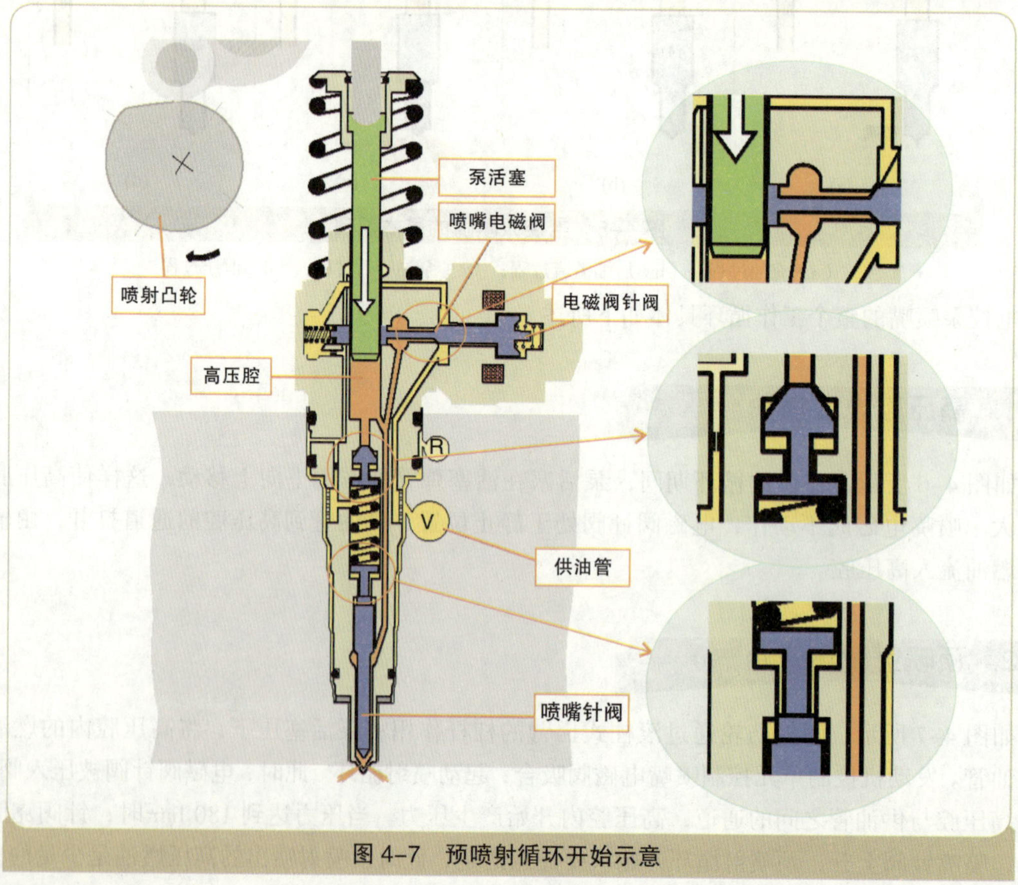

图 4-7 预喷射循环开始示意

预喷射循环中,喷嘴针阀的行程被阻尼垫阻尼,因此可以准确控制预喷射量。如图 4-8 所示,在喷嘴针阀打开的前 1/3 行程中,喷嘴针阀是无阻尼的,泵喷嘴将燃油喷入燃烧室。

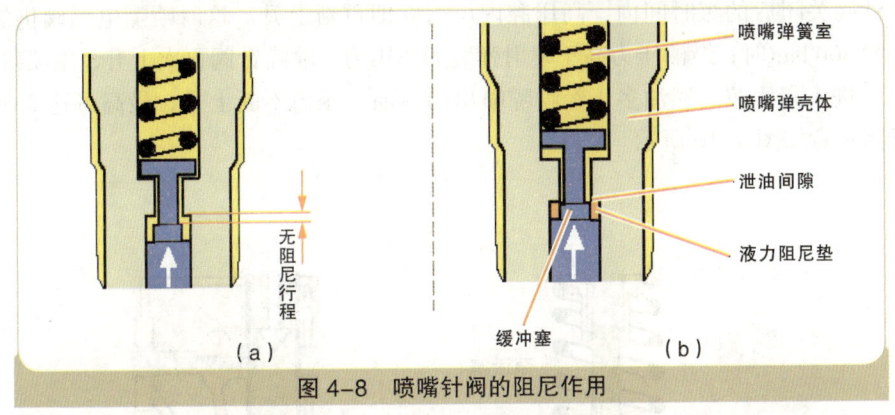

图 4-8 喷嘴针阀的阻尼作用
(a) 无阻尼状态;(b) 有阻尼状态

当缓冲塞堵住喷嘴壳体的内孔时,针阀上部的燃油只能通过极小的泄油间隙排入喷嘴弹簧室,从而形成液力阻尼垫,限定预喷射循环的针阀行程。

3. 预喷射循环结束

如图 4-9 所示,高压腔燃油上升的压力使收缩活塞下移,使高压腔容积扩大,于是压力瞬间下降,这时,施加在喷嘴针阀上的弹簧力和液体压力增加,因此喷嘴针阀关闭,预喷射结束。

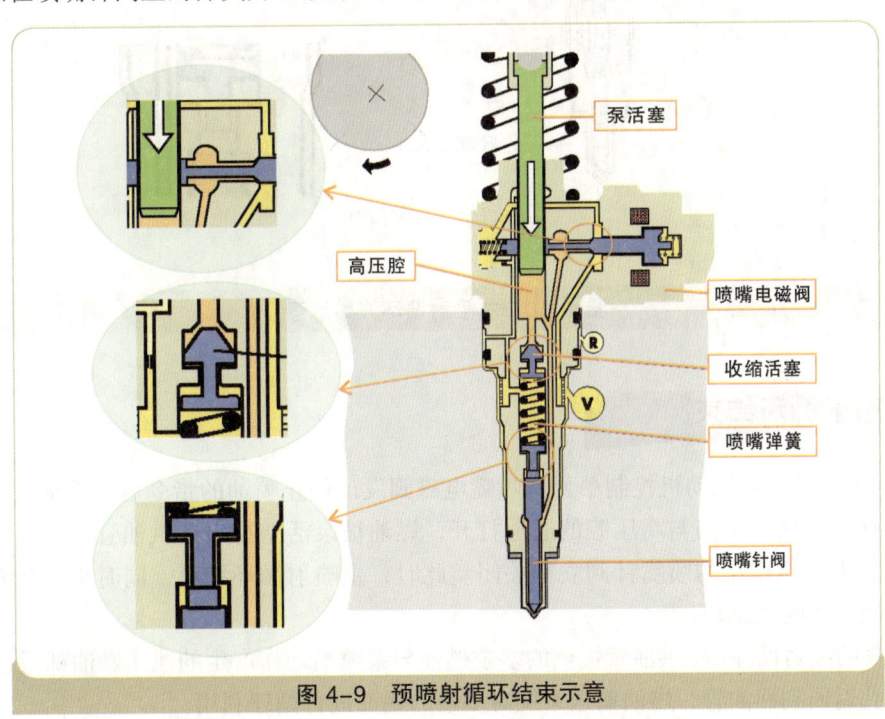

图 4-9 预喷射循环结束示意

收缩活塞下移增加了喷嘴弹簧的压紧程度。若想再次打开喷嘴针阀,油压必须比预喷射过程中的油压高。

4. 主喷射循环开始

在喷嘴针阀关闭后的短时间内,高压腔内压力立即重新上升。这时喷嘴电磁阀仍然关闭,泵活塞下移。约 300 bar 时,燃油压力高于喷射弹簧的作用力,喷嘴针阀再次上升,主喷射循环开始。喷射过程中,进入高压腔的燃油多于经喷嘴喷出的燃油,压力不断上升,最高可达 2 050 bar。主喷射循环开始示意如图 4-10 所示。

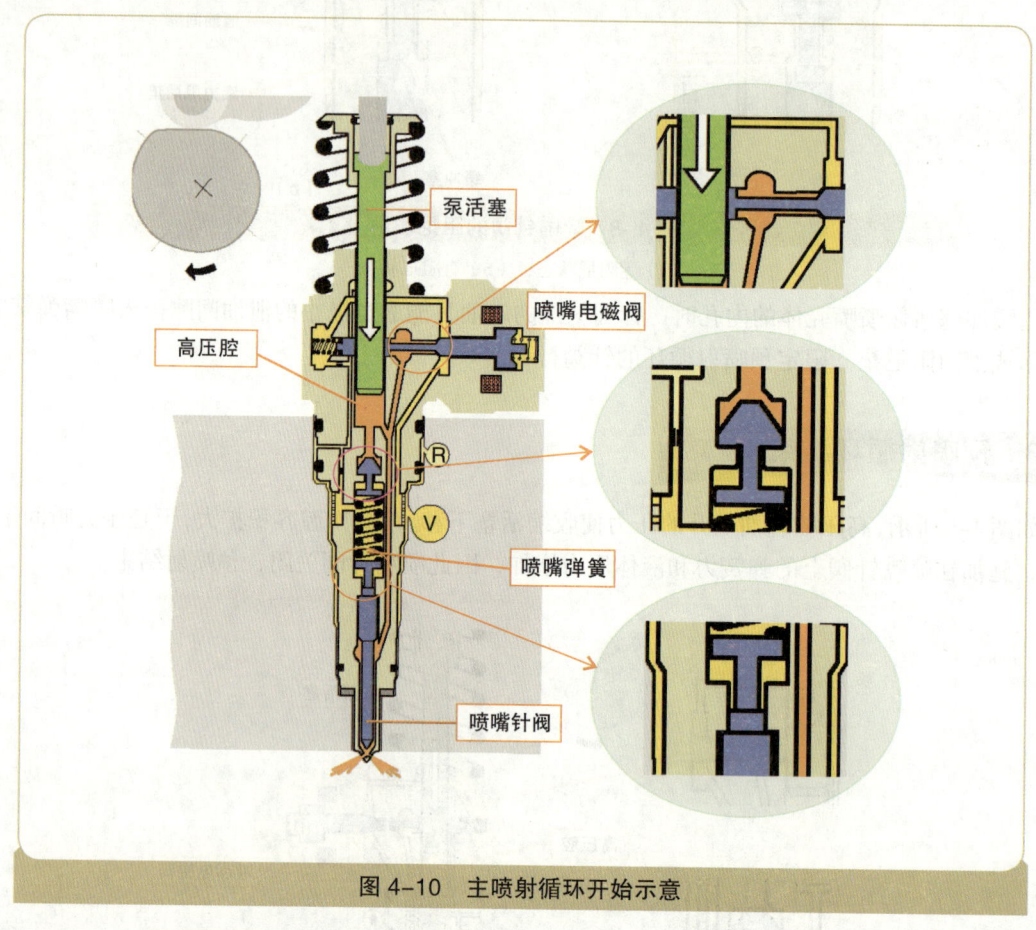

图 4-10 主喷射循环开始示意

5. 主喷射循环结束

如图 4-11 所示,当发动机控制单元向喷嘴电磁阀发出停止喷油的指令后,喷嘴电磁阀断电,电磁阀针阀回位,供油管路与高压腔的通道打开,燃油被泵活塞排出到供油管,高压腔的高压燃油立即泄压,无高压作用的喷嘴针阀立刻关闭。此时,主喷射循环结束,同时也意味着发动机的某一气缸完成一个喷油循环。

在泵喷嘴的喷射循环中,供油管提供的多余燃油与泵喷嘴动作产生的泄压燃油都通过如图 4-12 所示的节流孔返回到回油管,燃油输送系统对多余的燃油进行循环利用。

任务二　电控泵喷嘴的结构与工作原理

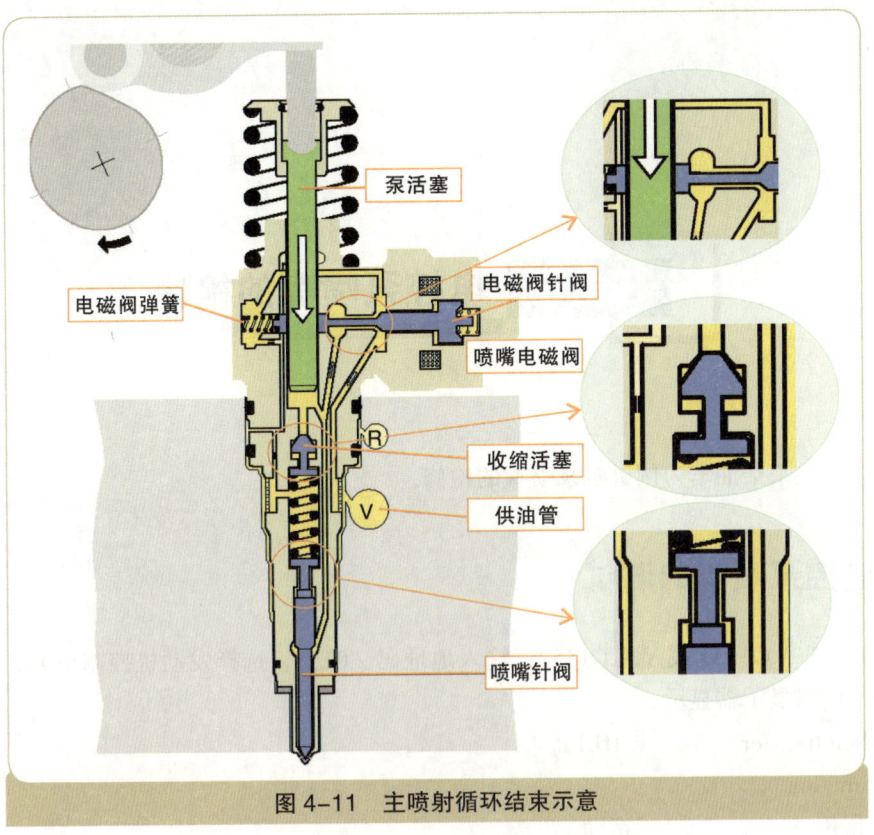

图 4-11　主喷射循环结束示意

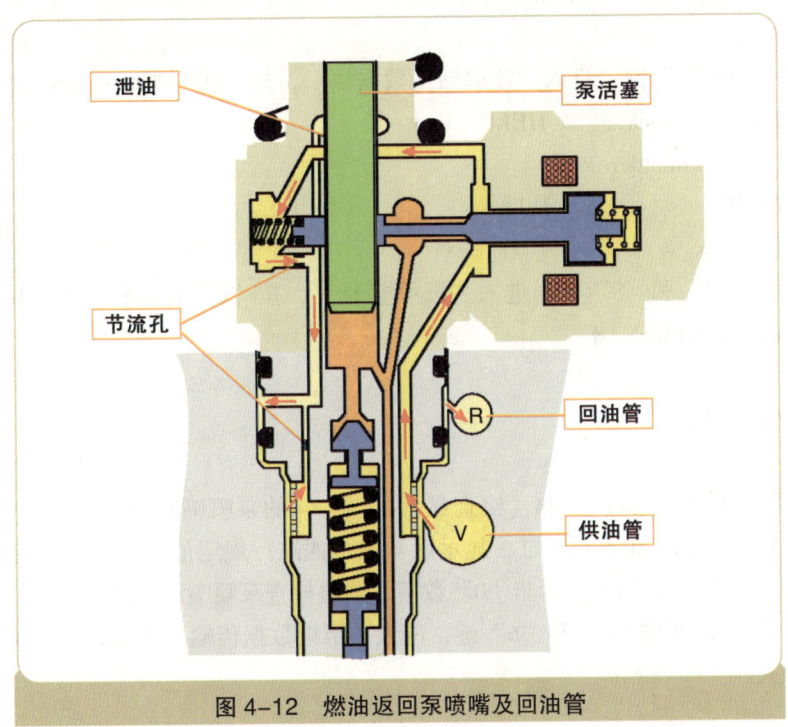

图 4-12　燃油返回泵喷嘴及回油管

59

任务三 电控泵喷嘴的检修

下面以大众宝来柴油车为例讲解泵喷嘴的检修。

一、电控泵喷嘴的测试

（1）连接 V.A.G1551 或 V.A.G1552，输入地址码"01"，选择发动机控制单元，让发动机处在怠速状态，此时显示器显示：

Rapid data transfer   HELP
Select function ××
快速数据传递   帮助
选择功能 ××

（2）按"0"和"8"键，进入"读取测量数据块"，按"Q"键确认输入，则显示器显示：

Read measure value block HELP
Input display group number ××
读取测量数据块 帮助
输入显示组号 ××

（3）按"0""1"和"8"键，进入"显示组18"，按"Q"键确认输入，则显示器显示：

Read measure value block 18
0 0 0 0
读取测量数据块 18
0 0 0 0

（4）发动机至少怠速运转 1 min，检查显示区 1~4 的泵喷嘴状态值：显示区 1 表示一缸，显示区 2 表示二缸，显示区 3 表示三缸，显示区 4 表示四缸。规定值：所有 4 个显示区必须显示表示无故障控制的"0"数字。如果显示非"0"数字，则应检查泵喷嘴的电阻。

（5）按"→"键，再按"0"和"6"键，进入"结束数据传输"功能，按"Q"键确认输入。最后关闭点火开关。

二、泵喷嘴电阻的检查

（1）断开气缸盖处的泵喷嘴插头，如图 4-13 所示。检查气缸盖处插头端子间的泵喷嘴电阻，其中：一缸——端子7和5；二缸——端子7和3；三缸——端子7和2；四缸——端子7和6，标准值约为0.5 Ω。然后，检查电路间及对地是否短路。

（2）检查泵喷嘴阀端子1和2间的电阻，如图4-14所示。标准值约为0.5 Ω，如果未达到规定值，则应更换泵喷嘴。

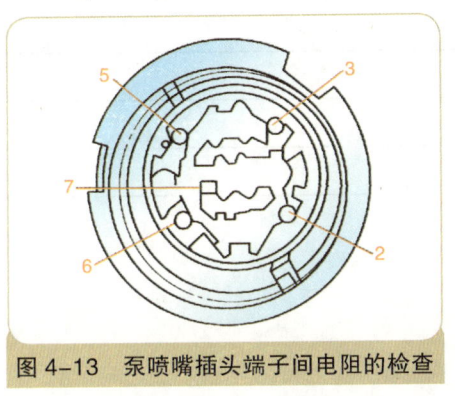

图4-13 泵喷嘴插头端子间电阻的检查

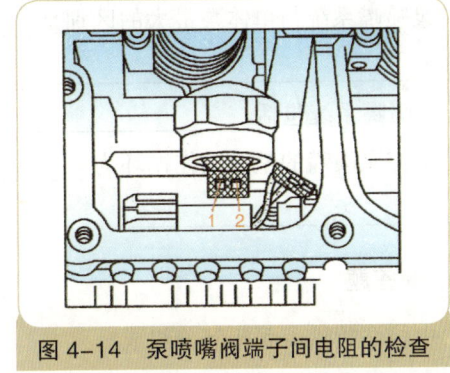

图4-14 泵喷嘴阀端子间电阻的检查

三、控制单元线路的检查

将测试盒V.A.G1598/31连接到发动机控制单元的线束上，但不连接发动机控制单元。

按电路图和图4-15所示检查测试盒端子与泵喷嘴插座端子间的线路是否断路：端子2与插口118、端子3与插口117、端子5与插口116、端子6与插口121、端子7与插口114，线路电阻最大为1.5 Ω。另需检查线路间、对地及对蓄电池正极是否短路，规定值为无穷大。如果在线路中未检测到故障，则应更换柴油直接喷射系统控制单元。

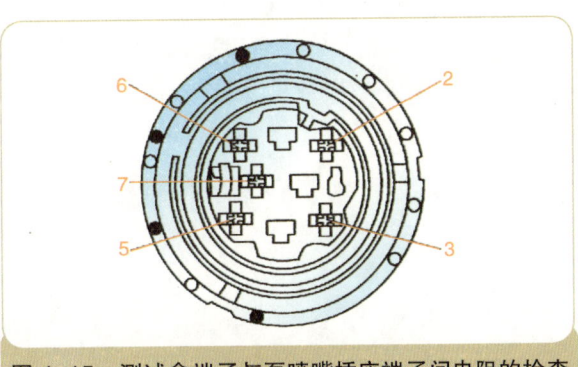

图4-15 测试盒端子与泵喷嘴插座端子间电阻的检查

 课题小结

1. 泵喷嘴系统与单体泵的区别在于喷油器或喷嘴与油泵的连接，泵喷嘴系统将产生高压的柱塞泵与喷油器合为整体，没有高压油管连接。
2. 泵喷嘴系统由驱动部分、压力产生部分、控制部分与喷嘴组成。
3. 泵喷嘴的驱动部分由喷射凸轮、滚柱式摇臂、球销与活塞弹簧等组成。
4. 泵喷嘴的压力产生部分为压力产生泵，包括泵活塞，收缩活塞以及由泵活塞、收缩活塞和泵体组成的高压腔。
5. 泵喷嘴的控制部分由喷嘴电磁阀、电磁阀阀针等组成。
6. 泵喷嘴的喷嘴由喷嘴针阀、针阀缓冲元件、喷嘴弹簧和喷油孔组成。
7. 泵喷嘴的整个工作循环为：高压腔充注燃油、预喷射循环开始、预喷射循环结束、主喷射循环开始和主喷射循环结束。

思考与练习

一、填空题

1. 泵喷嘴系统与单体泵最大的区别是_____
_____。
2. 泵喷嘴系统包括_____、_____、_____和_____。
3. 电控泵喷嘴的整个工作循环为_____、_____、_____、
_____、_____。

二、简答题

1. 电控泵喷嘴由哪些部分组成？
2. 简述电控泵喷嘴的工作原理。

课题五 电控单体泵燃油喷射系统

● 学习任务

1. 掌握电控单体泵燃油喷射系统的结构与组成。
2. 掌握电控单体泵燃油喷射系统的工作原理。

● 技能要求

1. 能够描述电控单体泵的结构特点。
2. 能够对电控单体泵系统的故障进行检测与维修。

任务一 电控单体泵燃油喷射系统的结构与组成

图 5-1 所示为电控单体泵（EUP）时间控制式燃油喷射系统示意。电控单体泵燃油喷射系统是一种能够自由灵活地调整喷油量和喷油正时、具有高喷射压力的新型燃油喷射系统。这就为柴油发动机的燃油喷射过程提供了更为灵活的控制技术，并且大幅度提高了喷油压力，以精确的喷油过程有效地配合高效燃烧控制。采用电控单体泵燃油喷射系统的柴油发动机，不仅提高了功率、扭矩，降低了燃料消耗，而且改善了排放、降低了噪声，有效地满足了日益严格的国家环保法规要求。

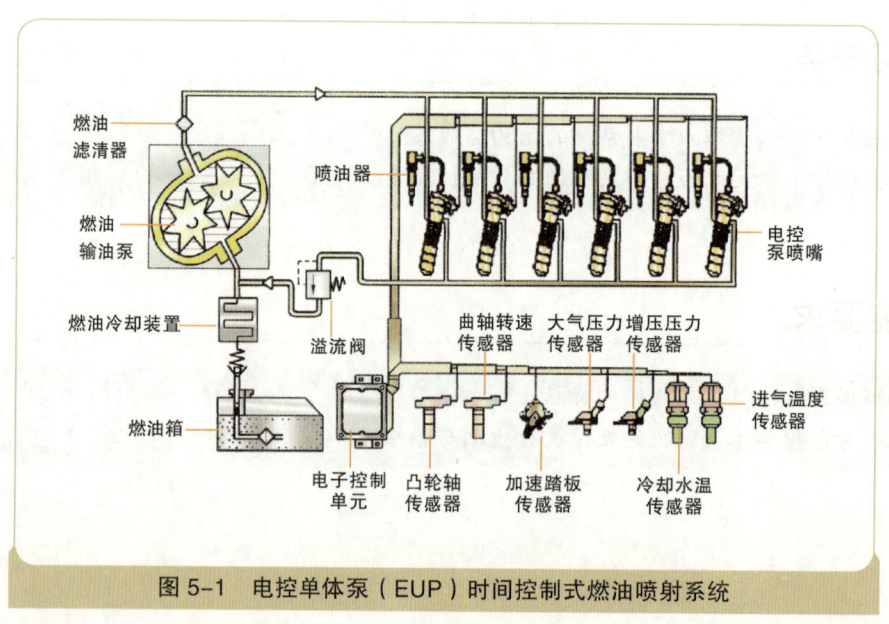

图 5-1 电控单体泵（EUP）时间控制式燃油喷射系统

电控单体泵在发动机上的安装和布置形式分别如图 5-2 和图 5-3 所示，安装电控单体泵一般采用外挂的方式，像安装直列泵那样将各缸的泵体都安装在一个泵体中。电控单体泵采用凸轮轴中置的方式驱动，凸轮轴直接安装在发动机缸体中，支撑刚度好。高压泵和喷油器之间由一小段高压油管连接，位置相互独立，便于布置；电控单体泵本身结构强度好，适于高压喷射。该系统特别适合缸心距较大的大型和重型柴油发动机，除了在柴油汽车上得到了应用，还在坦克、装甲车辆、机车和船用柴油发动机上得到了广泛应用。单体泵燃油系统将成为大功率柴油发动机的理想燃油系统。

任务一　电控单体泵燃油喷射系统的结构与组成

图 5-2　电控单体泵在发动机上的安装

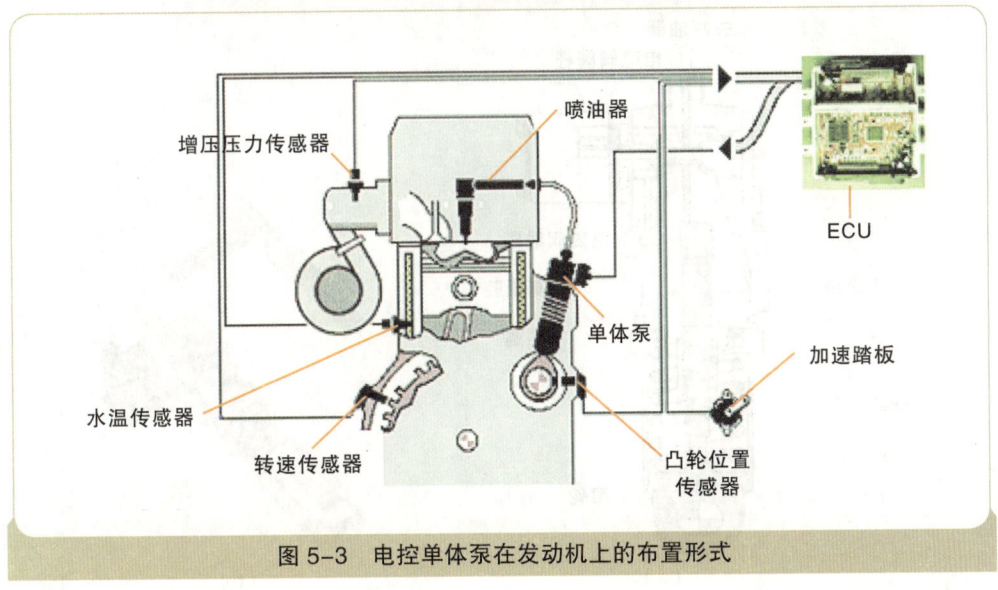

图 5-3　电控单体泵在发动机上的布置形式

任务二　电控单体泵的工作原理

图5-4所示为电控单体泵的结构示意和实物外形。单体泵由喷射电磁阀、锥阀、柱塞、柱塞弹簧、高压腔、低压油路及泵体等组成。喷射电磁阀包括电磁阀线圈及电磁阀阀杆，阀杆与锥阀的锥体连为一体，锥阀接通或断开高压腔与低压油路的通道。

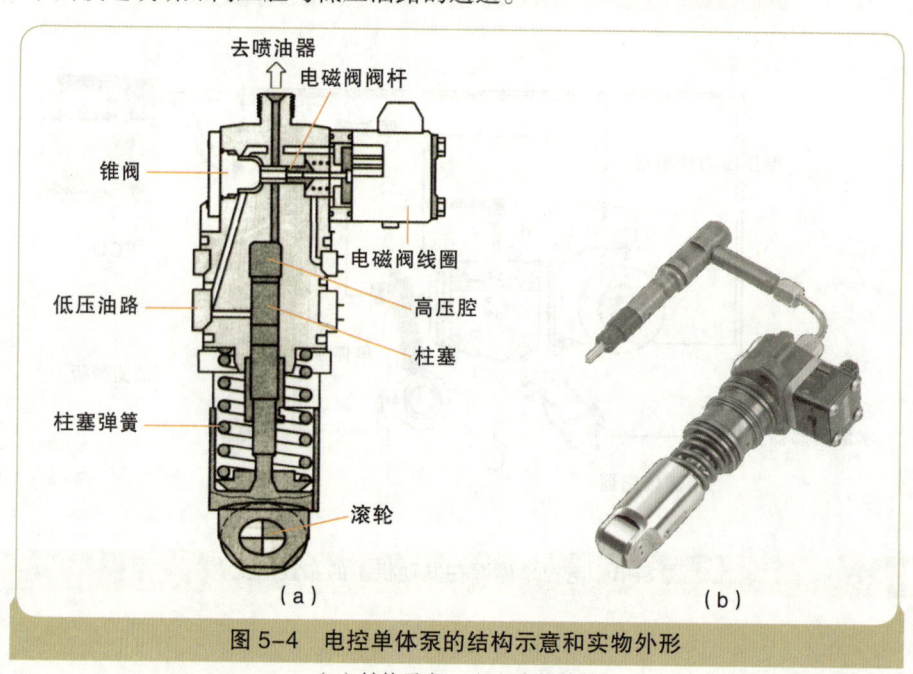

图5-4　电控单体泵的结构示意和实物外形
（a）结构示意；（b）实物外形

电控单体泵喷射系统的工作过程可以分为以下几个阶段：高速电磁溢流阀设在单体泵的出油端，当溢流阀断电时，回油油道打开，单体泵内的柱塞即使已开始泵油，也不能建立高压，只有当溢流阀通电时，回油油道关闭，油压才迅速升高；高压燃油经过一段很短的高压油管进入喷油器使其喷油。当溢流阀断电时，回油油道打开，迅速溢流卸压，喷油停止。电磁溢流阀通电的持续时间决定了循环供油量。电控单体泵的工作步骤具体如下：

一、吸油过程

如图5-5所示，当柱塞下移时，喷射系统内部的压力将低于低压油路的泵油压力。此时，低压系统燃油将通过柱塞套上的进油口进入高压喷射系统。

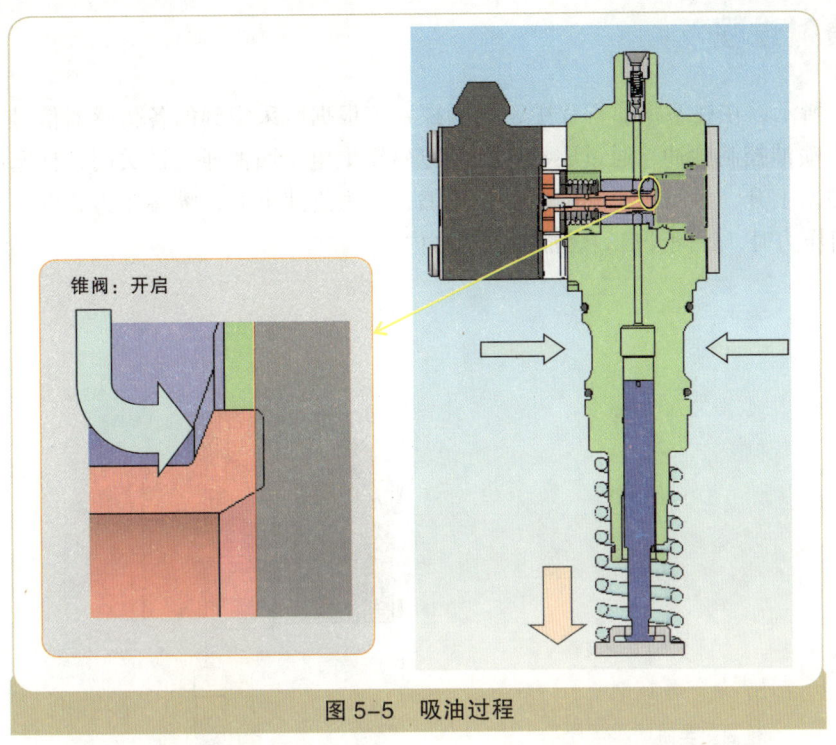

图 5-5 吸油过程

二、旁通过程

如图 5-6 所示，当柱塞上升时，柱塞腔压力上升，只要电磁阀处于断电状态，此时柱塞腔中的压力就与进油压力大体相同，燃油通过回油通路回到燃油箱。受压燃油经控制阀旁通口高速泄流，回到低压系统。

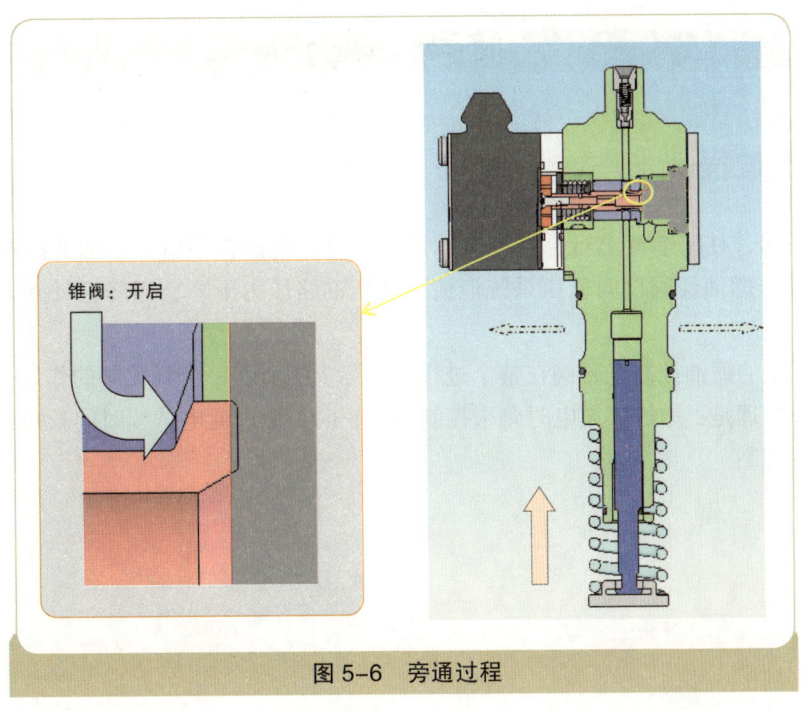

图 5-6 旁通过程

三、喷射过程

如图 5-7 所示，在柱塞供油行程中，当电控系统根据所采集到的各传感器信号，在某一个特定的时刻发出喷油控制脉冲，通过驱动电路使电磁铁上电，回油通道被关闭，柱塞腔形成一封闭容积，随着柱塞上升，封闭容积中的燃油被压缩，压力迅速上升，嘴端压力急剧上升，当此压力高于喷嘴开启压力时，针阀开启，燃油喷入气缸内。

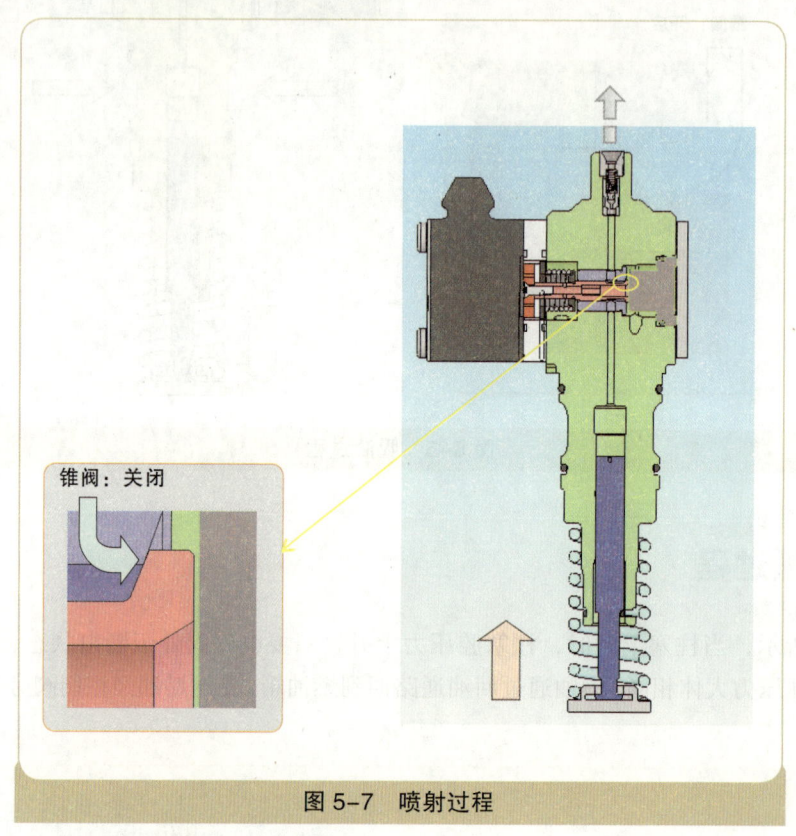

图 5-7 喷射过程

四、泄压过程

如图 5-8 所示，柱塞继续上行，当控制脉冲终止时，电磁铁断电，回油通路接通，燃油经回油通路溢出，高压燃油经阀口向低压系统泄流，高压油路压力下降，当降至针阀开启压力时，喷油结束。

电控单体泵上的喷油控制电磁阀在整个过程中实际上担负着一个开关阀的作用，它一般处于常闭状态。其工作原理是：通过其通电时刻来控制喷油正时，通过通电持续时间长短来计算喷油量，实现对喷油量的控制。

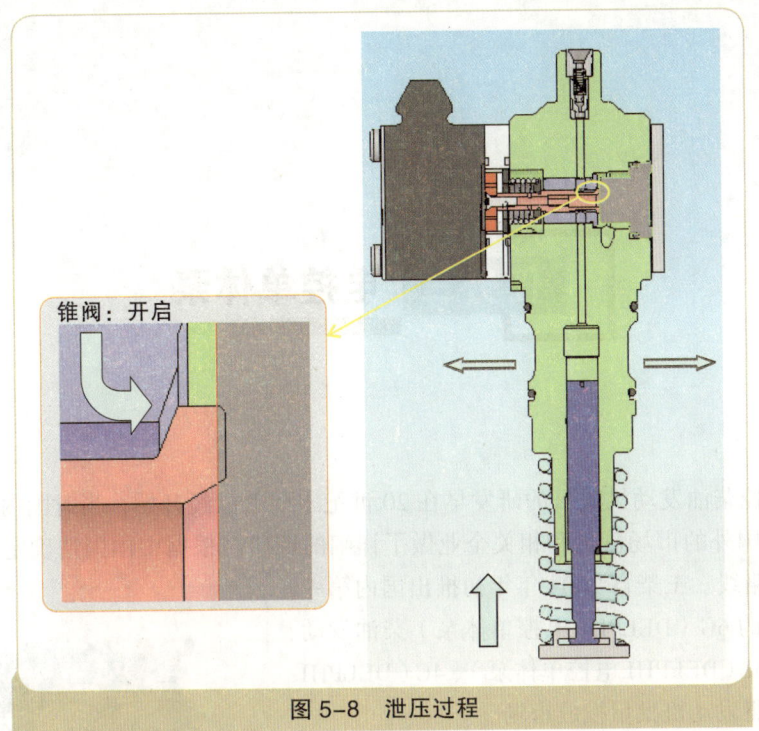

图 5-8 泄压过程

任务三 电控单体泵

玉柴欧Ⅲ电控柴油发动机项目的研发早在20世纪末期就已经开始,当时国内在这方面还是一片空白,玉柴对国外的市场情况和相关企业做了详细的调研,根据中国国情确定了电控单体泵系统(EUP)技术路线。玉柴自2004年年初推出国内第一款具有批量能力的6G(DELPHI电控单体泵)柴油发动机以来,已经有6L(DELPHI电控单体泵)、4G(DELPHI电控单体泵)欧Ⅲ发动机批量投放市场。

玉柴YC4G180-30、YC4G210-30、YC6G240-30、YC6G270-30、YC6L280-30、YC6L310-30、YC6L330-30、YC6L350-30系列柴油发动机采用美国德尔福电控单体泵喷射系统,排放达欧Ⅲ标准,广泛应用在城市公交客车、旅游客车、载货汽车、自卸车和牵引车上。

如图5-9所示为玉柴YC6L-30系列柴油发动机,其主要技术结构参数和性能指标如表5-1所示。

图5-9 YC6L-30系列柴油发动机

表5-1 玉柴YC6L-30系列柴油发动机的主要技术结构参数性能指标

主要技术结构参数			
型号	YC6L280-30	YC6L310-30	YC6L330-30
代号	L3800	L3600	L3700
型式	立式、直式、水冷、四冲程		
缸数-缸径/mm×行程/mm	6-113×140		
进气方式	增压中冷		
供油系统	Delphi电控单体泵		
气缸排量/L	8.424		
主要技术性能指标			
标定功率/kW	206	228	243
标定转速/(r·min^{-1})	2 200		
最大扭矩/(N·m)	1 100	1 200	1 300
最大扭矩转速/(r·min^{-1})	1 000~1 500	1 000~1 500	1 200~1 500
排放标准	欧Ⅲ		
发动机质量/kg	810		

一、燃油供给系统

低压部分主要由燃油箱、油水分离器、手动油泵、输油泵、柴油细滤器、单体泵总成、供油管、调压阀、燃油分配器、燃油温度传感器、回油管等部件组成。低压部分的作用是把燃油从油箱中吸出、过滤,并向单体泵供给 0.4~0.7 MPa 的低压燃油。在进油系统中,要求细滤器的过滤精度为 3~5 μm,电动输油泵的输油流量为 7~9 L/min,供油压力为 0.4~0.7 MPa,在输油泵的出口处,当燃油压力大于 0.4~0.6 MPa 时,安全阀被打开,燃油经回油管流经燃油分配器返回油箱,从而保护电动输油泵不过载。

如图 5-10 所示,高压部分主要由电控单体泵总成、高压油管和喷油器组成。高压部分的作用是将燃油加压、分配和喷射。玉柴欧Ⅲ系列电控柴油发动机的喷射系统最高压力达 180 MPa。

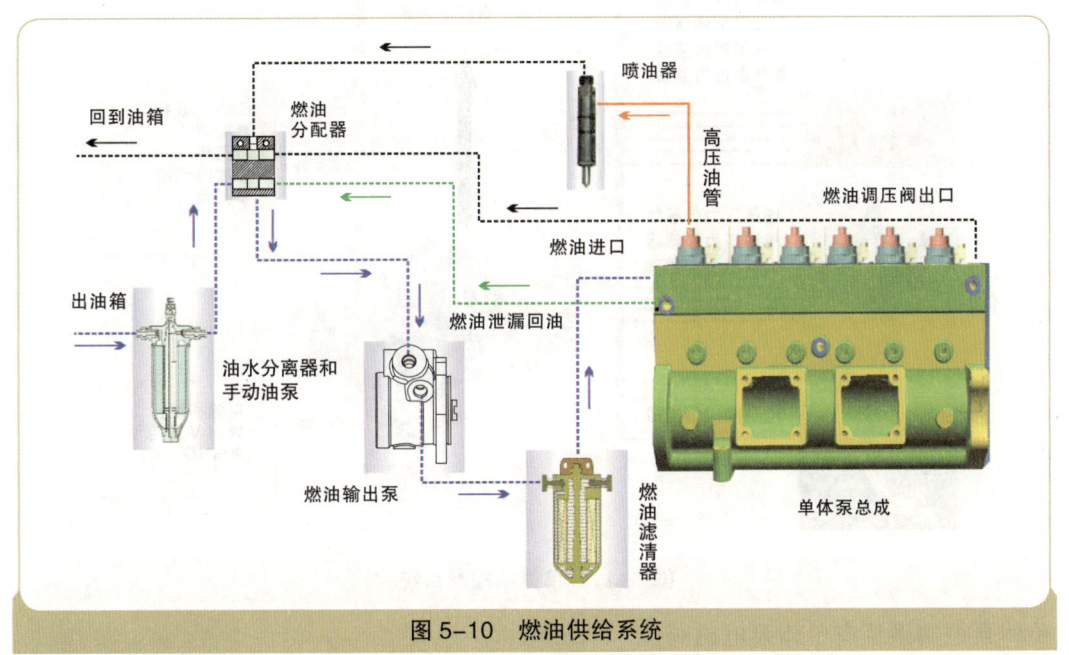

图 5-10 燃油供给系统

单体泵总成各部件的润滑采用柴油发动机机油强制润滑,其润滑路线为:油底壳→机油集滤器→机油泵→机油滤清器→机油冷却器→发动机主油道→单体泵润滑油进口→单体泵总成润滑油道→凸轮轴和滚轮总成→单体泵总成润滑油主回油管→油底壳(或通过单体泵室内部润滑油回油孔经齿轮室回到油底壳)。

二、单体泵控制系统

玉柴电控柴油发动机的电控部分由 ECM、传感器和执行器组成。

ECM 的功用是接收各种传感器和开关等信号,进行运算、分析、比较、判断,根据 ECM 存储的发动机控制程序向执行器(单体泵电磁阀等)发出指令,实现喷油量和喷油正时的控制。ECM 还具有故障诊断功能,当控制系统出现故障时,它会进行识别。当确认为故障时,以故障码的形式进行存储,并使指示灯点亮,提醒驾驶员进行检修。

传感器的作用是采集柴油发动机、车辆运行信息并把这些信息传递给 ECM。欧Ⅲ标准电控柴油发动机传感器有曲轴转速传感器、凸轮轴位置传感器、加速踏板位置传感器、进气压力/温度传感器、燃油温度/压力传感器、冷却液温度传感器。另外，还有空调开关、排气制动开关、怠速控制开关等信号，如图5-11所示。

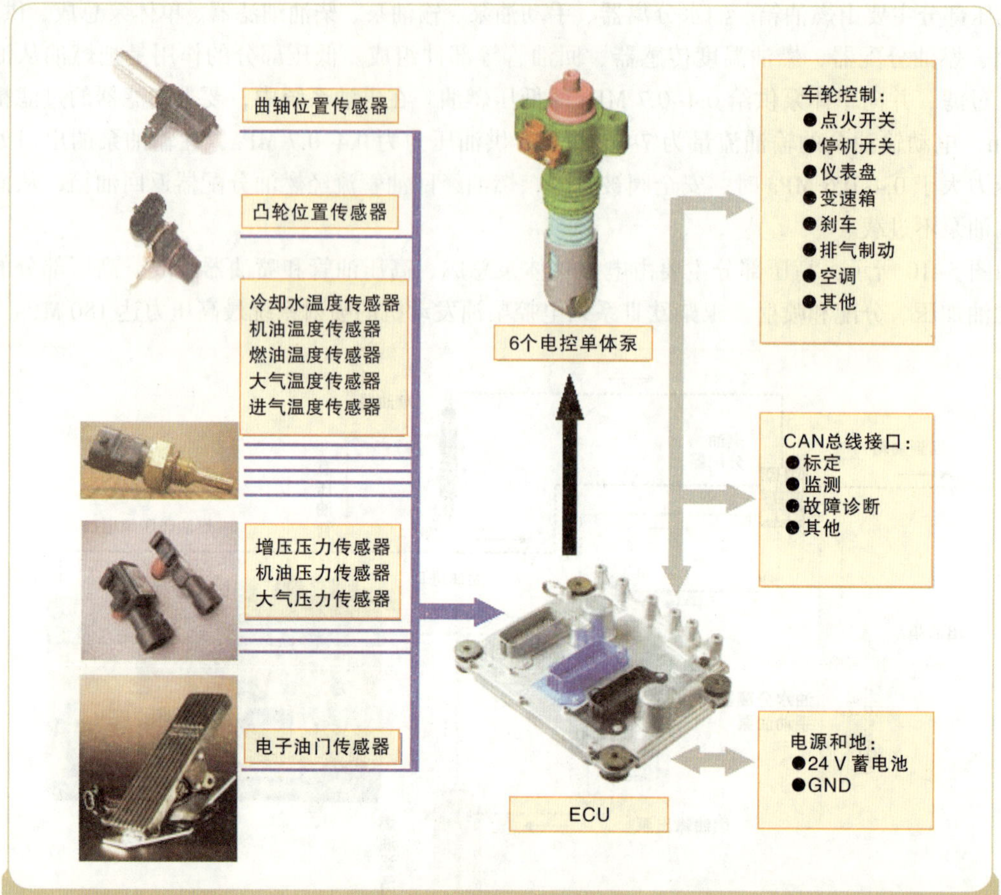

图 5-11 单体泵控制系统

单体泵控制系统有单体泵电磁阀（6个）、排气制动阀、风扇控制、水温过高指示灯、故障指示灯等，如图5-12所示。

德尔福单体泵控制系统ECU可用12 V和24 V供电，ECU采用Power PC微处理器、橡胶绝缘隔垫、可以驱动单阀的燃油喷射系统、国际先进的CAN现场总线通信技术、可选择的燃油冷却功能，内置大气压力和ECU温度传感器，可以满足欧Ⅳ、欧Ⅴ的排放要求。

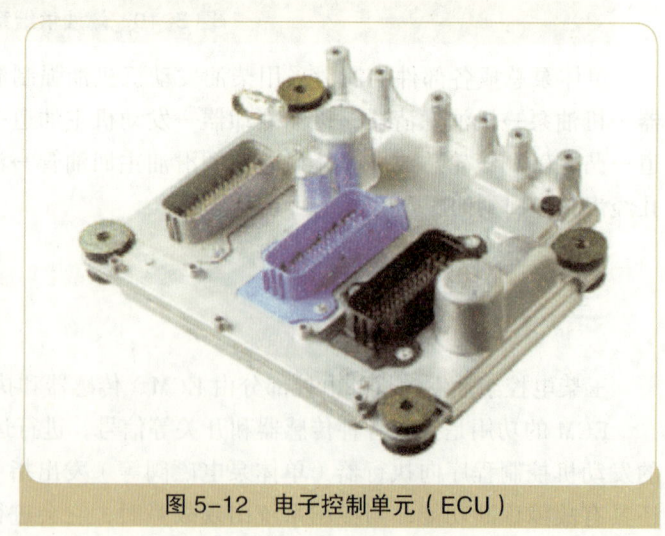

图 5-12 电子控制单元（ECU）

三、电控单体泵总成

如图 5-13 所示为德尔福的电控单体泵总成,它的柱塞直径 × 冲程为 $\phi 11 \text{ mm} \times 16 \text{ mm}$,工作电压为 50 V、采用 Tyco 2pin 接插件、插件上有激光点阵修正码。采用单油槽低压进油,独立泄油,外置燃油滤网,独立的挺柱总成导向定位,高达 2 000 bar 的喷射压力,具有独立的电气控制特性。

安装单体泵挺柱滚轮总成时,应注意导向槽和润滑油道的方向,并应保证与单体泵正确的安装关系。

应使用两个螺栓压紧在单体泵壳体上,单体泵的三道密封胶圈(O 型圈 1、O 型圈 2、O 型圈 3)应完好无损,以保证燃油和润滑油的密封。

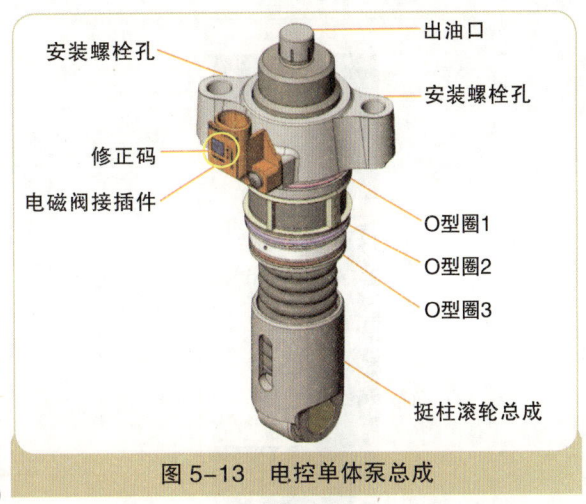

图 5-13 电控单体泵总成

如图 5-14 所示为德尔福电控单体泵的修正代码表。每一个电控单体泵的电磁阀连接到插座上都有唯一的识别码,对单体泵的油量特性进行修正,用来保证各缸喷油控制的精确性,以达到各缸工作的一致性。在使用前,该识别码已输入相应的 ECU。如果更换 ECU 或单体泵,应重新输入识别码。

	A	B	C	D	E	F	G	H	I	J	K	L	M	N	O	P
1	GB	128	CJ	92	JK	56	BM	20	LL	-16	MB	-52	KJ	-88	DK	-124
2	GB	127	CJ	91	JK	55	BM	19	LL	-17	MB	-53	KJ	-89	DK	-125
3	GF	126	CH	90	JD	54	BE	18	LA	-18	MF	-54	KH	-90	DD	-126
4	GF	125	CH	89	JD	53	BE	17	LA	-19	MF	-55	KH	-91	DD	-127
5	GL	124	CB	88	HJ	52	BK	16	LM	-20	ML	-56	KB	-92		
6	GL	123	CB	87	HJ	51	BK	15	LM	-21	ML	-57	KB	-93		
7	GA	122	CF	86	HH	50	BD	14	LE	-22	MA	-58	KF	-94		
8	GA	121	CF	85	HH	49	BD	13	LE	-23	MA	-59	KF	-95		
9	GM	120	CL	84	HB	48	FJ	12	LK	-24	MM	-60	KL	-96		
10	GM	119	CL	83	HB	47	FJ	11	LK	-25	MM	-61	KL	-97		
11	NE	118	CA	82	HF	46	FH	10	LD	-26	ME	-62	KA	-98		
12	NE	117	CA	81	HF	45	FH	9	LD	-27	ME	-63	KA	-99		
13	GK	116	CM	80	HL	44	FB	8	AJ	-28	MK	-64	KM	-100		
14	GK	115	CM	79	HL	43	FB	7	AJ	-29	MK	-65	KM	-101		
15	GD	114	CE	78	HA	42	FF	6	AH	-30	MD	-66	KE	-102		
16	GD	113	CE	77	HA	41	FF	5	AH	-31	MD	-67	KE	-103		
17	NJ	112	CK	76	HM	40	FL	4	AB	-32	EJ	-68	KK	-104		
18	NJ	111	CK	75	HM	39	FL	3	AB	-33	EJ	-69	KK	-105		
19	NH	110	CD	74	HE	38	FA	2	AF	-34	EH	-70	KD	-106		
20	NH	109	CD	73	HE	37	FA	1	AF	-35	EH	-71	KD	-107		
21	NB	108	JJ	72	HK	36	FM	0	AL	-36	EB	-72	DJ	-108		
22	NB	107	JJ	71	HK	35	FM	1	AL	-37	EB	-73	DJ	-109		
23	NF	106	JJ	70	HD	34	FE	-2	AA	-38	EF	-74	DH	-110		
24	NF	105	JH	69	HD	33	FE	-3	AA	-39	EF	-75	DH	-111		
25	NL	104	JB	68	BJ	32	FK	-4	AM	-40	EL	-76	DB	-112		
26	NL	103	JB	67	BJ	31	FK	-5	AM	-41	EL	-77	DB	-113		
27	NA	102	JF	66	BH	30	FD	-6	AE	-42	EA	-78	DF	-114		
28	NA	101	JF	65	BH	29	FD	-7	AE	-43	EA	-79	DF	-115		
29	NM	100	JL	64	BB	28	LJ	-8	AK	-44	EM	-80	DL	-116		
30	NM	99	JL	63	BB	27	LJ	-9	AK	-45	EM	-81	DL	-117		
31	NE	98	JA	62	BF	26	LH	-10	AD	-46	EE	-82	DA	-118		
32	NE	97	JA	61	BF	25	LH	-11	AD	-47	EE	-83	DA	-119		
33	NK	96	JM	60	BL	24	LB	-12	MJ	-48	EK	-84	DM	-120		
34	NK	95	JM	59	BL	23	LB	-13	MJ	-49	EK	-85	DM	-121		
35	ND	94	JE	58	BA	22	LF	-14	MH	-50	ED	-86	DE	-122		
36	ND	93	JE	57	BA	21	LF	-15	MH	-51	ED	-87	DE	-123		

图 5-14 德尔福电控单体泵的修正代码表

课题五 电控单体泵燃油喷射系统

德尔福单体泵的修正代码如图5-15所示,通过查找修正代码对应的时间参数补偿系数表,就可以得到单体泵对应的补偿系数,每个代码对应两个参数,可任选一个。

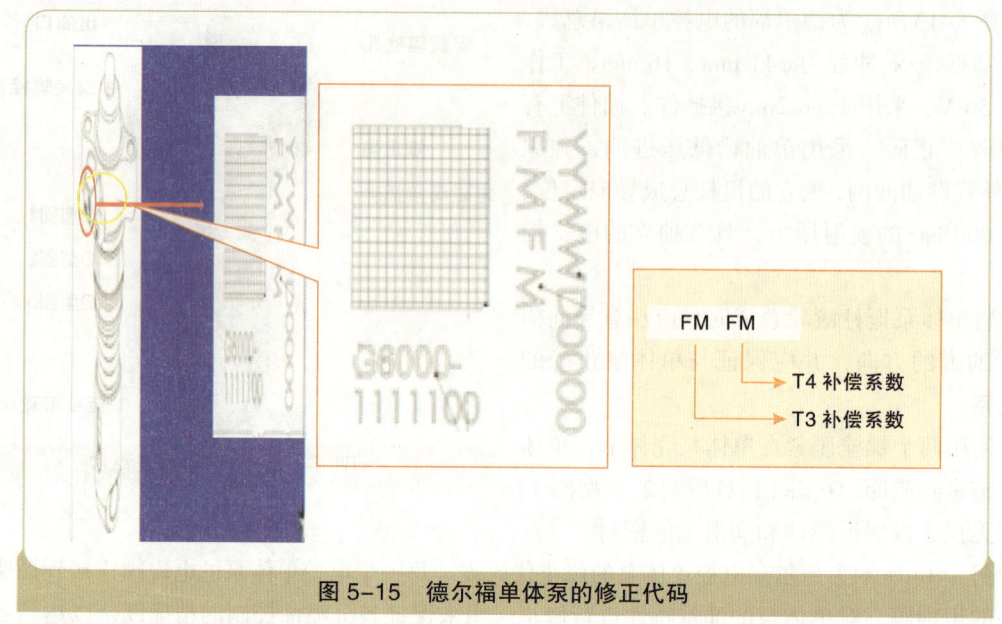

图5-15 德尔福单体泵的修正代码

玉柴电控单体泵系统除了使用德尔福电控单体泵,还使用国产的威特电控单体泵和南岳电控单体泵,如图5-16所示为威特电控单体泵的结构示意。威特电控单体泵有EP1000、WP1000、WP2000等型号,它们的结构和性能参数都不一样。

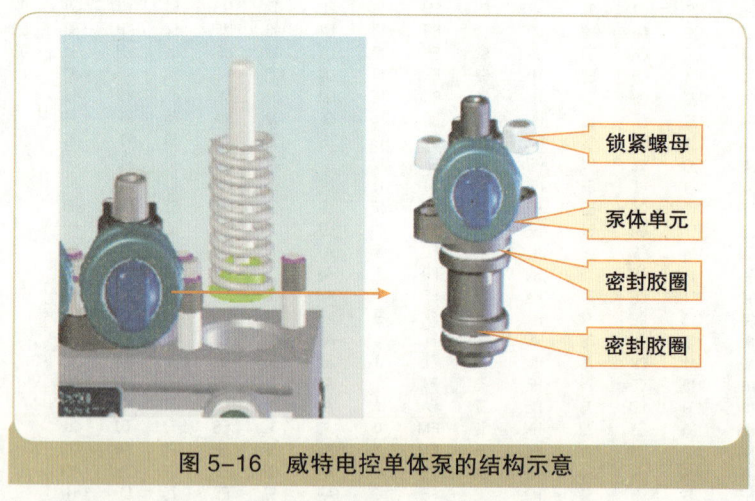

图5-16 威特电控单体泵的结构示意

威特电喷单体泵总成的电磁阀上标有喷油修正码,如图5-17所示。通过软件可以找出代码对应单体泵的参数。

如图5-18所示为南岳电控单体泵的实物外形及结构示意。该单体泵由电磁铁、控制阀芯、柱塞、柱塞套、柱塞弹簧等组成。两密封圈密封低压部分燃油,保持进油压力,电磁阀被4个长螺钉固定在泵体上。

南岳电控单体泵总成如图5-19所示。各缸单体泵安装在一个泵箱内,输油泵也安装在泵箱上,输油泵和单体泵由凸轮轴进行驱动,单体泵的高压泵出油口通过高压管与对应的喷油器相连,图中也标明了单体泵总成上的其他燃油接口及元件位置。

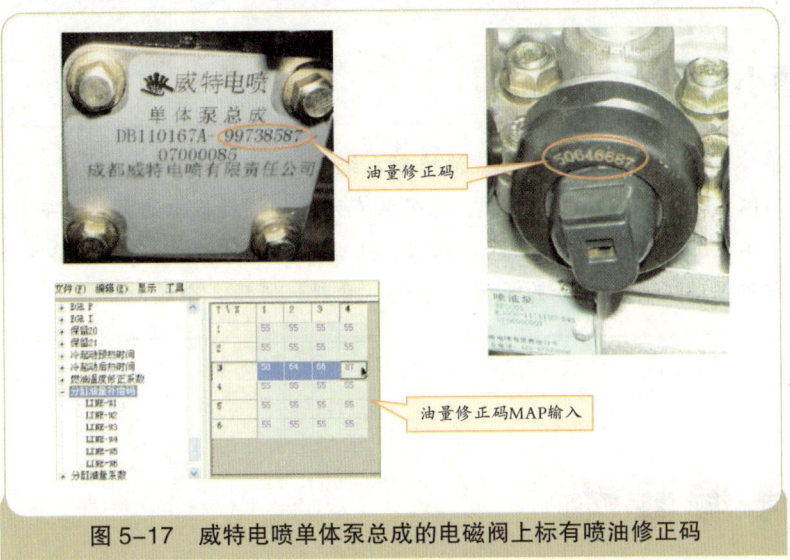

图 5-17　威特电喷单体泵总成的电磁阀上标有喷油修正码

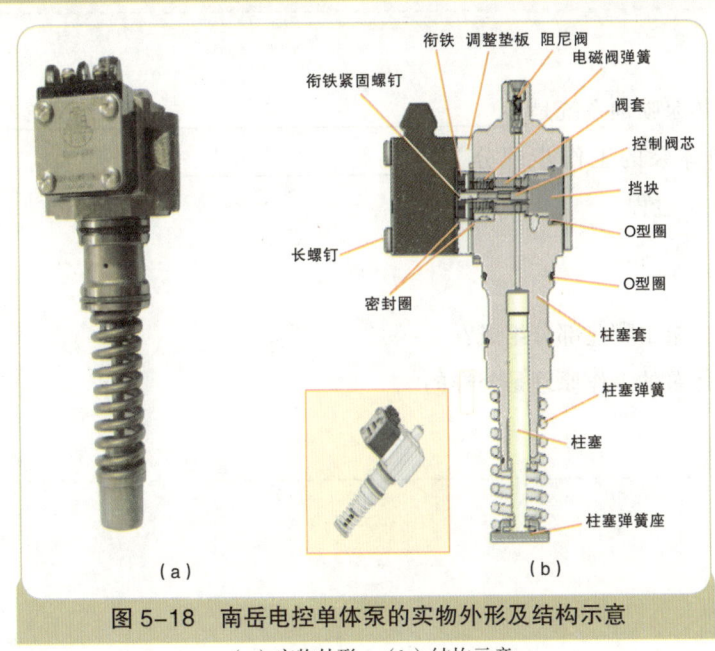

图 5-18　南岳电控单体泵的实物外形及结构示意
（a）实物外形；（b）结构示意

图 5-19　南岳电控单体泵总成

课题五 电控单体泵燃油喷射系统

课题小结

1. 电控单体泵是时间控制式电控柴油喷射系统。
2. 电控单体泵一般采用外挂的方式,像安装直列泵那样将各缸的泵体都安装在一个泵体中。
3. 电控单体泵由喷射电磁阀、锥阀、柱塞、柱塞弹簧、高压腔、低压油路及泵体等组成。
4. 电控单体泵的工作步骤分为吸油、旁通、喷射、泄压4个过程。

思考与练习

一、填空题

1. 电控单体泵喷油系统是_____燃油喷射系统。
2. 电控单体泵的工作步骤分为_____、_____、_____、_____4个过程。

二、简答题

1. 电控单体泵由哪些部分组成?
2. 电控单体泵的工作原理是怎样的?

课题六
电控高压共轨系统

学习任务

1. 掌握电控高压共轨燃油喷射系统的结构与组成。
2. 掌握电控高压共轨燃油喷射系统的工作原理。

技能要求

1. 能够描述电控高压共轨燃油喷射系统的结构特点。
2. 能够对电控高压共轨燃油喷射系统的故障进行检测与维修。

任务一　电控高压共轨系统的结构与组成

高压共轨电喷技术是指在高压油泵、压力传感器和 ECU 组成的闭环系统中，将喷射压力的产生和喷射过程彼此完全分开的一种供油方式。它是由高压油泵将高压燃油输送到公共供油管（油轨），通过公共供油管内的油压实现精确控制，使高压油管的压力大小与发动机的转速无关，长期保持在一个稳定的状态。

柴油发动机共轨式电控燃油喷射技术是一种全新的技术，因为它集成了计算机控制技术、现代传感检测技术以及先进的喷油结构于一身，它不仅能达到较高的喷射压力，实现喷射压力和喷油量的精确控制，而且能实现预喷射和后喷，从而优化喷油特性，降低柴油发动机的噪声和大大减少废气的排放量。

如图 6-1 所示为电控高压共轨系统的结构组成示意，高压共轨式电控发动机系统主要由以下 4 大部分组成：

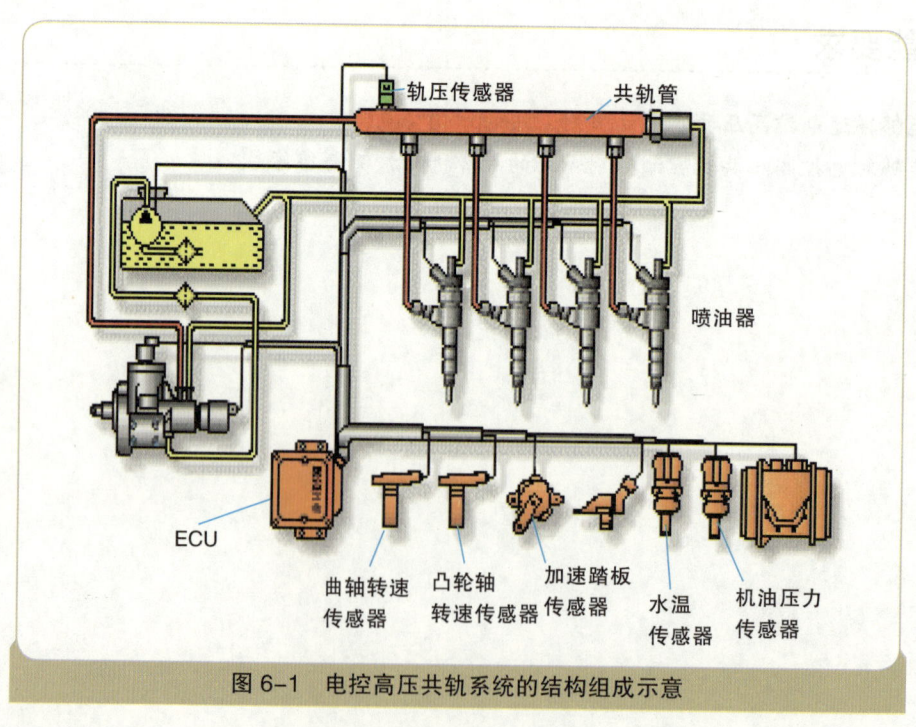

图 6-1　电控高压共轨系统的结构组成示意

1. 低压燃油系统

低压燃油系统包括油箱、油箱内或高压泵内的输油泵、燃油滤清器、低压输送油管和低压回油管。

2. 共轨压力控制系统

共轨压力控制系统包括高压泵、高压油管、共轨压力控制阀（PCV）、共轨管、轨压传感器、安全泄压阀和流量限制阀。

3. 燃油喷射控制系统

燃油喷射控制系统包括带有电磁阀的高压喷油器、凸轮轴转速传感器和带齿缺的曲轴转速传感器。

4. 发动机管理系统

发动机管理系统包括发动机的各个传感器、控制单元（ECU）以及电子执行器。

目前，世界上主要有三大公司在研发和生产柴油高压共轨系统，分别是德国的博世（BOSCH）、日本的电装（DENSO）和美国的德尔福（DELPHI）。

德国的博世公司从推出第一代、第二代柴油高压共轨系统后，现在已经发展到第三代高压电控共轨喷射系统。

任务二 电控高压共轨系统的工作原理

一、博世高压共轨系统

从1997年至今,博世公司已经连续推出了三代共轨系统。前两代共轨系统主要重视喷油压力的提升:第一代是135 MPa;第二代是160 MPa,第三代共轨系统的重心转移到了系统的技术复杂度和精密度上,其压力暂时保持在160 MPa。第三代共轨系统的特殊之处在于它采用了一个紧凑的快速开关式压电直列喷油器,设计一个压电执行器内置于喷油器的轴体上,且非常靠近喷油器的喷嘴针阀。图6-2所示为一台安装了博世高压共轨系统的柴油发动机。

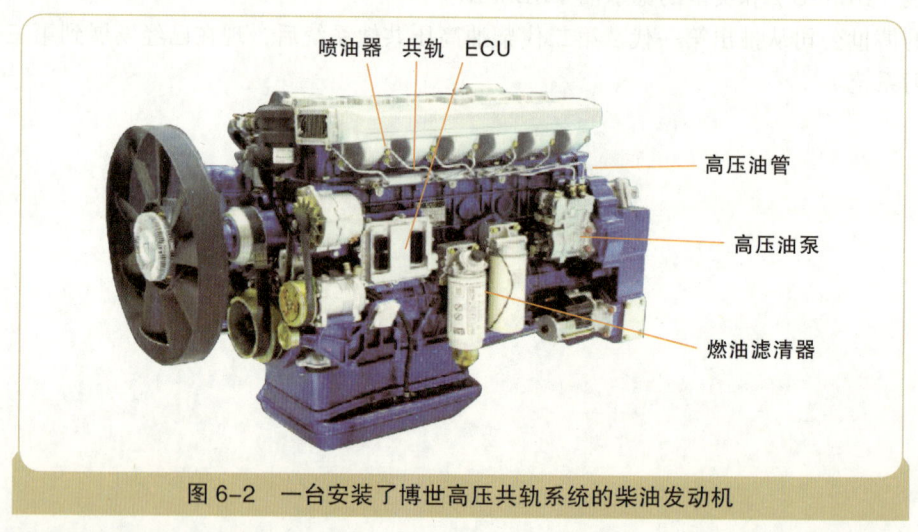

图6-2 一台安装了博世高压共轨系统的柴油发动机

下面详细讲述博世的前两代共轨系统。

博世高压共轨发动机的燃油系统分为低压供油部分和高压供油部分。低压供油部分为高压供油部分提供足够的燃油,主要部件有油箱、燃油滤清器(包括油水分离器、手动输油泵)、低压输油管、回油管、安装于高压油泵上的齿轮式吸油泵或叶片式吸油泵;高压供油部分除了产生高压燃油,还进行燃油分配和燃油压力测量,主要部件有高压油泵(包括流量计量阀)、高压蓄压器(轨道,包括轨压传感器)、喷油器和高压油管。

带博世CP1高压泵的共轨系统原理示意如图6-3所示,带博世CP2高压泵的共轨系统原理示意如图6-4所示。

任务二　电控高压共轨系统的工作原理

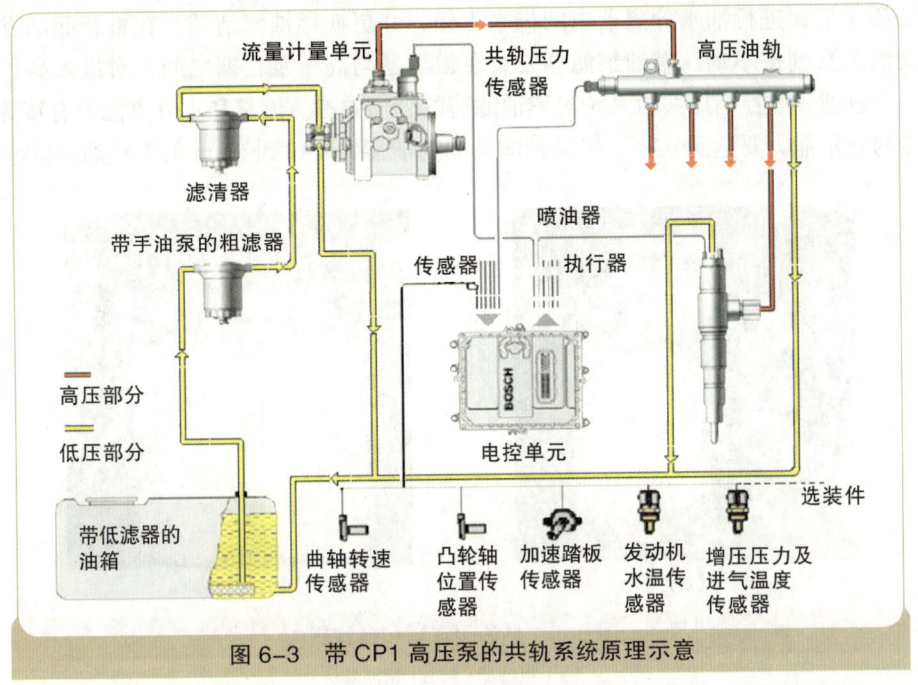

图 6-3　带 CP1 高压泵的共轨系统原理示意

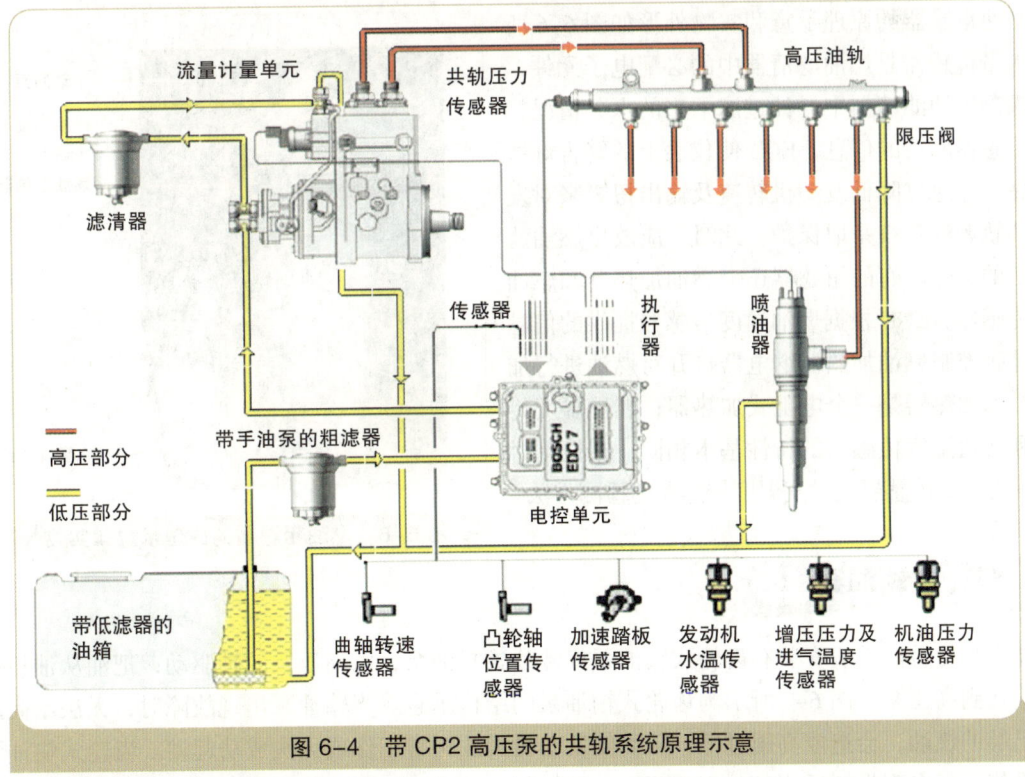

图 6-4　带 CP2 高压泵的共轨系统原理示意

1. 燃油粗滤器和精滤器

柴油发动机上的燃油滤清器分为粗滤器和精滤器，如图 6-5 所示。带手动油泵和油水分离器的燃油粗滤器可以滤去燃油中的污染物、杂质、颗粒物和水分，并可以对分离出来的水量进行监控。手动输油泵是向燃油滤清器内提供燃油的设备，也是保证发动机首次起动的必须使用设备。当发动机的燃油耗尽后，进行油水分离器内的排水工作，并更换燃油滤清器，在重新起动发动机前要先按压手动油泵直到按不动。燃油细滤器安装在粗滤器与高压泵柱塞之间，对进入高压泵柱塞前的燃油进一步过滤。电控高压共轨系统对燃油滤清的分离效率、流量和水分离能力有特殊的要求：燃油粗滤器的滤水能力要达到93%，燃油精滤器的滤清能力要达到5 μm的颗粒滤清效率为95%。

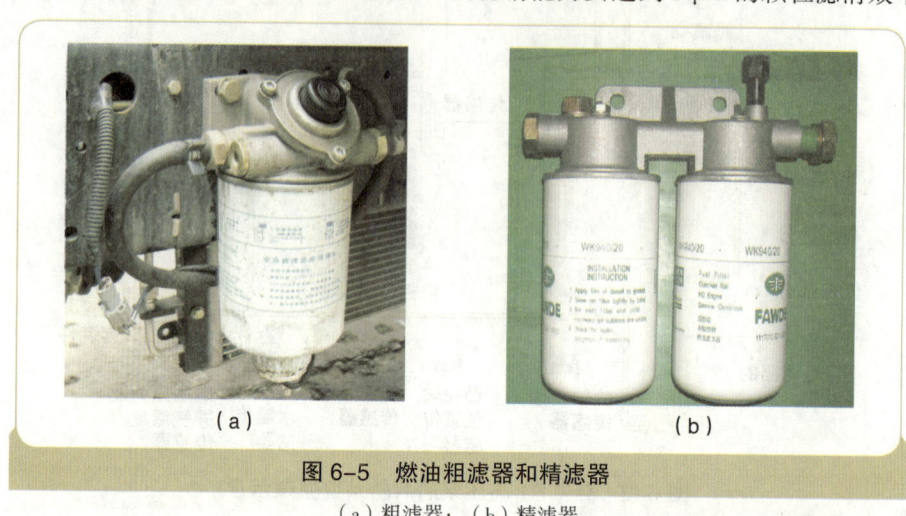

图6-5 燃油粗滤器和精滤器

（a）粗滤器；（b）精滤器

燃油粗滤器的原理示意和实物外形如图6-6所示。水量传感器是燃油滤清器中的必配电子元件，用来探测燃油滤清器中燃油过滤下来的水分情况，根据传感器反馈的信息，ECU使仪表上的警告灯适时点亮，并通过降低发动机转速及输出扭矩来对发动机共轨燃油系统采取保护。此时，应放出燃油滤清器上的水分。有的粗滤器还带燃油加热器和燃油温度传感器。ECU根据燃油温度传感器提供的信息决定是否控制燃油加热器继电器打开对燃油进行加热。燃油加热器是一个电阻式加热器；燃油温度传感器和普通温度传感器的特性基本相同，在检测时可以参考水温传感器或进气温度传感器的检测方法。

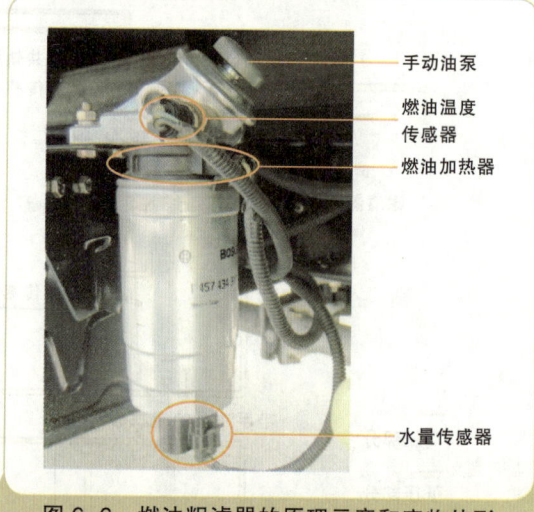

图6-6 燃油粗滤器的原理示意和实物外形

2. 齿轮式输油泵

高压泵的后面一般安装有齿轮式输油泵或叶片式吸油泵，由高压泵的轴驱动，把油从油箱中抽出并输送到高压泵。图6-7所示为齿轮式输油泵的结构示意。当输油泵出现故障时，无法给高压泵提供足够的燃油，会造成高压过低，从而使发动机无法正常工作或无法成功起动。齿轮式输油泵不需要维修，当出现损坏后应将其直接更换。首次起动前或当油箱被抽干时，需为其加注燃油，可以把手动泵直接安装在齿轮式输油泵或低压油管上。吸入负压、输出油压和回油流量是齿轮输出性能的相关参数。因为齿轮式输油泵与高压泵集成在一起，无法测量输出压力；又因为回油流量与发动机其他参数有关（如喷油器的工作性能、发动机转速、高压泵的性能等），所以吸入压力就成了测量齿轮式输油泵最常用的方法。齿轮式输油泵的吸入压力为 -70~-30 kPa（即 0.3~0.7 bar），该压降来自燃油滤清器的过滤阻力。

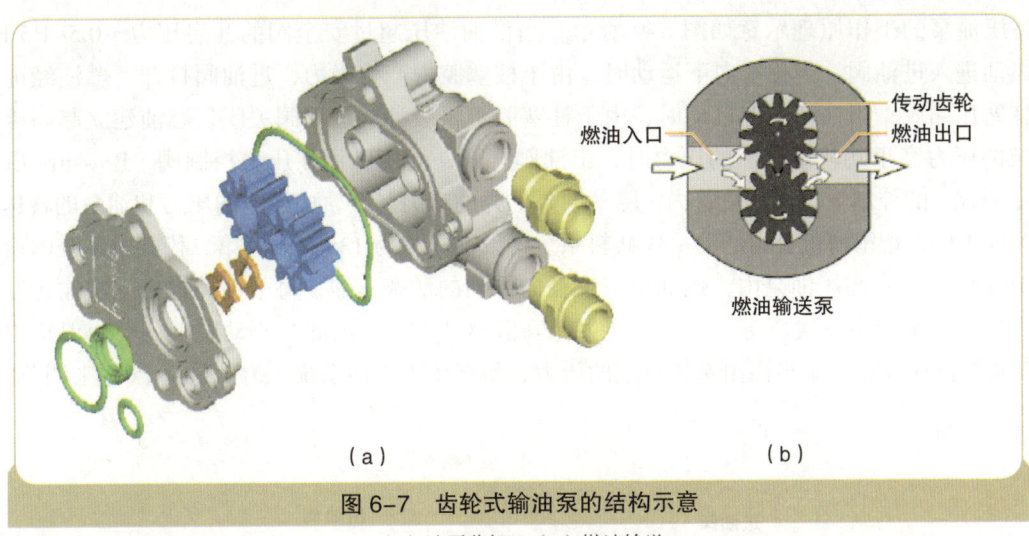

图 6-7 齿轮式输油泵的结构示意
（a）油泵分解；（b）燃油输送

3. 高压油泵

高压油泵的内部结构示意如图 6-8 所示。高压油泵的作用是向共轨系统提供高压燃油。一个高压油泵上有 3 套柱塞组合，由驱动轴带动的偏心轮驱动，3 个柱塞在圆周角上的相位相差 120°。偏心轮驱动平面和柱塞垫块之间为面接触，相对于分配泵的凸轮与滚轮之间的线接触，面接触的接触应力小得多，这有利于产生压力更高的燃油喷射。

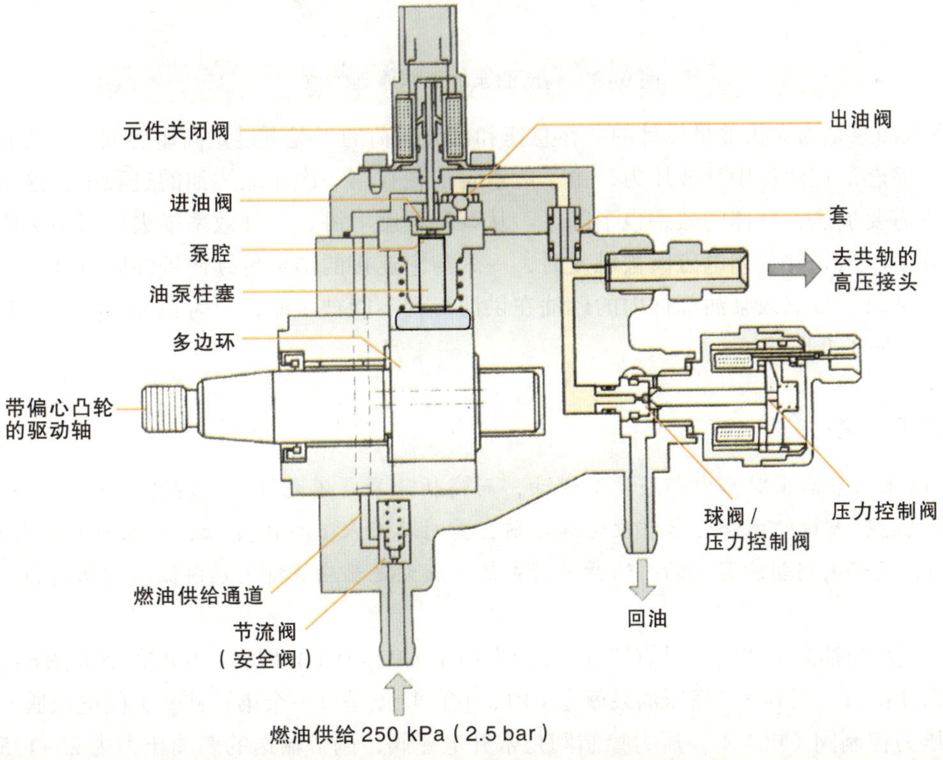

图 6-8 高压油泵的内部结构示意

高压油泵的工作原理示意如图6-9所示。当供油油压超过安全阀的开启压力（0.5~1.5 bar）时，燃油进入进油阀，当柱塞向下运动时，由于柱塞腔内产生吸力，进油阀打开，燃油经进油阀进入柱塞压缩腔；当柱塞向上运动时，由于柱塞腔不再吸油，进油阀关闭，燃油建立起高压，当柱塞腔的压力高于共轨中燃油的压力时，出油阀打开，高压燃油在压力控制阀（Pressure Control Valve，PCV）的控制下进入共轨管内。驱动油泵上升的动力与共轨中设定的压力和油泵的转速（输油量）成正比，德国博世公司的第一代共轨系统的设定压力为135 MPa，第二代共轨系统的设定压力为160 MPa。在高压油泵内，燃油由三个径向排列的活塞压缩，每个循环进行三次输送冲程，由于每次旋转都产生三次压送冲程，只产生低峰值驱动力矩，因此泵驱动装置的受力保持均匀。高压泵将燃油压缩至一个最高由系统设定的压力，最终压力（即系统压力）是由PCV来调节的。

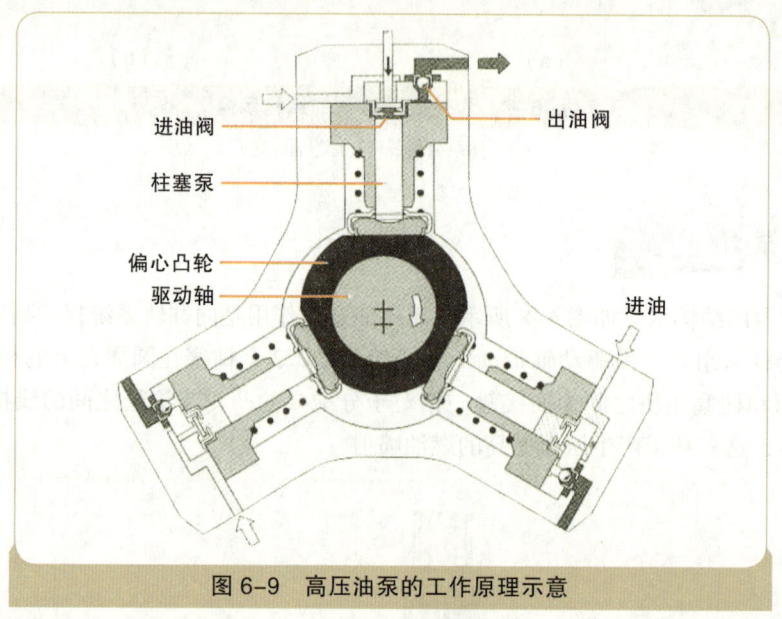

图6-9 高压油泵的工作原理示意

CP1高压油泵是为大供油量设计的，在怠速和部分载荷的工况下过量高压燃油经压力控制阀流回油箱。压缩燃油在油箱中释放压力，由于能量是消耗在第一次压缩燃油的过程中，这个过程不仅对燃油不需要加热，整体的效率也下降了。从某种程度上讲，这种效率损失可以由关闭一个泵油部件来补偿。当元件关闭电磁阀被触发时，一个与它连接的销轴持续使进油阀打开，该泵油部件被断开。结果，被引入泵油部件内的燃油在供油行程不能被压缩，因为在部件腔内没有压力产生，燃油又流回了低压管道。

需要注意的是：

> 新的高压油泵启用时，内部还没有燃油，而高压油泵是不允许"干运转"的。所以，高压油泵在首次运转或排空维修之后首次运转之前，需对其充入15 mL柴油，充油时的最大压力不大于4 bar，最好采用粗滤器上的手油泵进行充油（点火之前应该排出泵内低压回路内的空气）。

德国博世高压油泵常用的型号有三种，分别为CP1、CP2和CP3。博世CP1的外形如图6-10所示，其内部结构和接口见图6-8。高压油泵就是CP1，它的特点是有一个第三柱塞关闭电磁阀和调节共轨压力的压力控制阀（PCV），压力控制阀是常开电磁阀，调节输送的燃油压力为25~135 MPa，即CP1向供油系统提供最高为135 MPa的燃油压力。

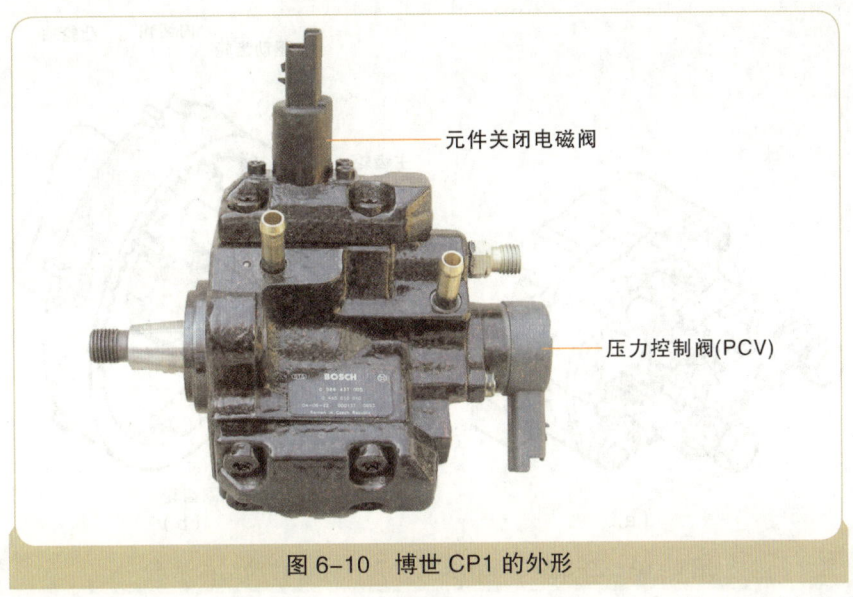

图 6-10 博世 CP1 的外形

博世 CP2 型高压油泵的实物外形及结构示意如图 6-11 所示，CP2 高压油泵由曲轴正时齿轮通过齿轮传动带动凸轮轴旋转，泵内有 2 个直列柱塞泵，因而油泵有两个高压油出口。驱动直列柱塞泵的凸轮轴凸轮有三个凸起，因此驱动轴每转一圈，每个直列柱塞有 3 次泵油动作。CP2 高压油泵上集成了燃油输油泵，并安装了燃油计量阀 M-PROP（用于进油调节），ECU 通过占空比信号对燃油计量阀进行控制，从而实现对共轨压力的调节。

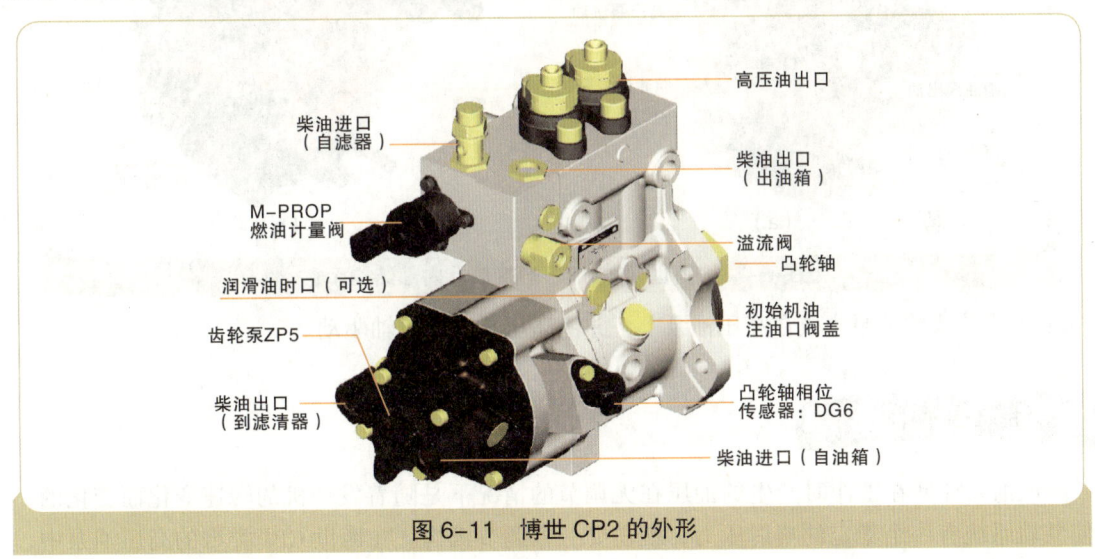

图 6-11 博世 CP2 的外形

CP2 高压油泵上有一个 ZP5 输油泵，其实物外形及内部传动结构示意如图 6-12 所示。ZP5 齿轮式输油泵集成在高压油泵上，并由高压油泵的凸轮轴驱动。输油泵是一个外齿轮啮合泵，它由一个驱动齿轮、一个主齿轮和一个副齿轮组成。内齿轮安装在高压油泵的凸轮轴上，与内齿轮相啮合的外齿轮通过一个轴与齿轮泵相连。

博世 CP3 的外形接口及内部结构示意如图 6-13 所示，其泵油原理与 CP1 相同，燃油在高压油泵内由三个相位相差 120° 的径向活塞压缩。对于 CP3 高压油泵而言，通过一个燃油计量阀控制进入高压油泵的燃油量，从而控制高压油泵的供油量，以便满足共轨压力的要求。此种设计方案能有效地降低动力消耗，同时避免对燃油进行不必要的加热。

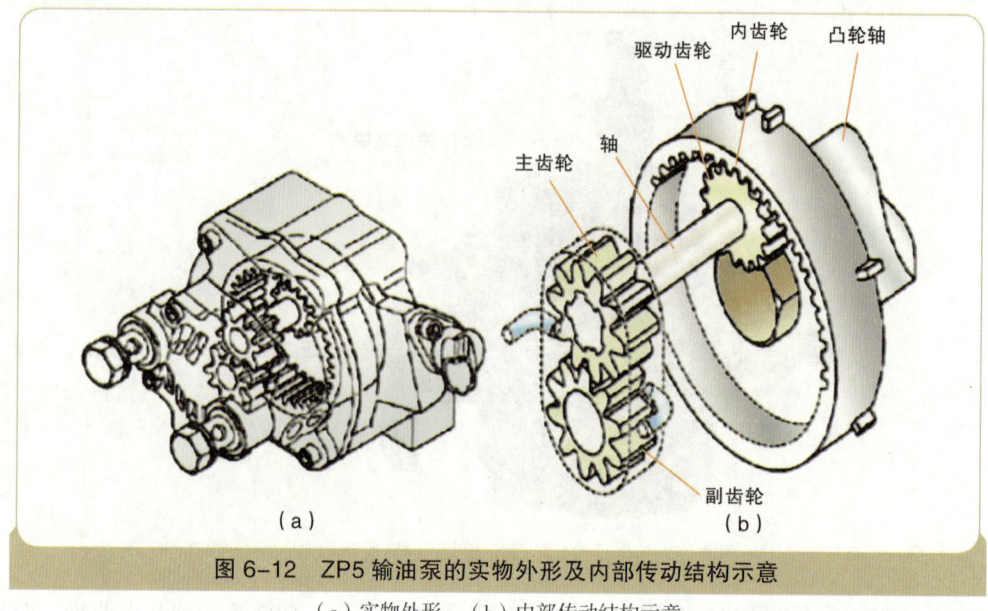

图 6-12　ZP5 输油泵的实物外形及内部传动结构示意

（a）实物外形；（b）内部传动结构示意

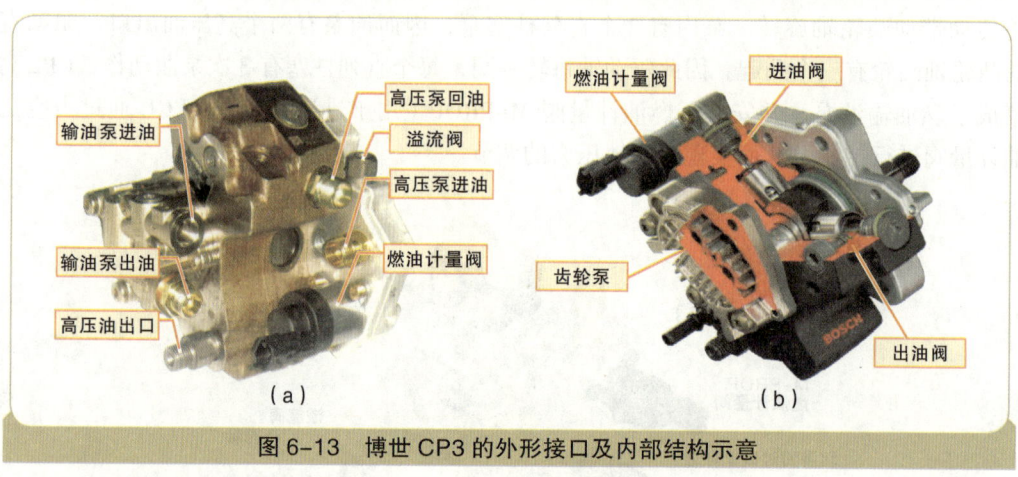

图 6-13　博世 CP3 的外形接口及内部结构示意

ZP18 齿轮式输油泵集成在高压油泵上，并由高压泵的凸轮轴驱动。

4. 压力控制阀

高压油泵柱塞在工作时产生的油压在无调节的情况下是随着发动机的转速变化而变化的，为了使共轨系统有一个稳定的喷射压力，就需要一个调节机构。在博世 CP1 类型的高压油泵中，共轨压力的调节是在压力控制阀（PCV）的作用下完成的。

博世共轨系统中的压力控制阀的位置及结构示意如图 6-14 所示。球阀是高压共轨燃油与低压回油的分界点，球阀的一侧是来自共轨燃油的压力，另一侧是衔铁受弹簧预紧力和电磁阀电磁力的作用。电磁阀产生电磁力的大小与电磁阀线圈中的电流大小有关，当电磁阀无电流通过时，弹簧预紧力使球阀紧压在密封座面上。当共轨腔中的燃油压力超过 10 MPa 时，球阀打开，燃油从 PCV 处回流到低压回路。在 PCV 通电后，电磁阀立刻向衔铁施加电磁力，球阀受到弹簧预紧力和电磁阀电磁力的作用，衔铁作用在球阀上的力决定了共轨中的燃油压力。电磁阀的电磁力可以通过调整电磁阀线圈中电流的大小来控制，线圈相当于一个感性负载，线圈中的平均电流通过发动机控制单元向 PCV 发出脉冲调制信号来实现。

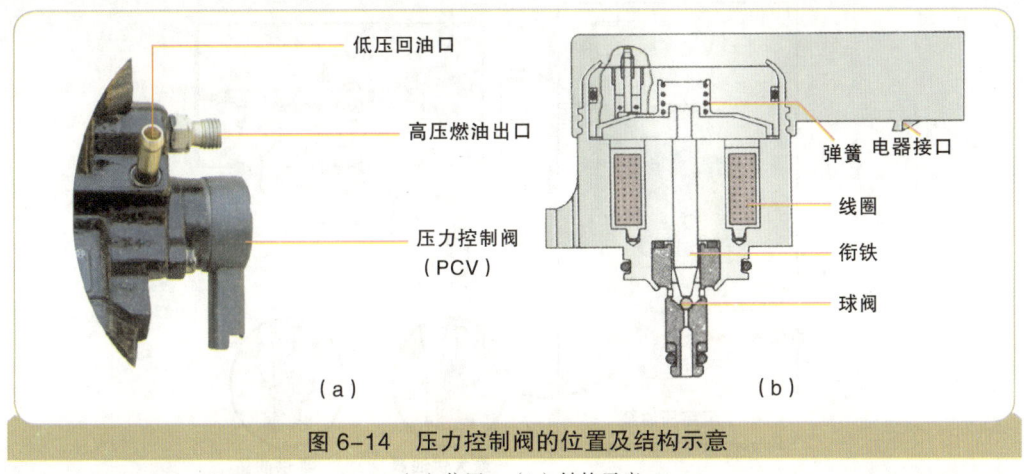

图 6-14 压力控制阀的位置及结构示意

（a）位置；（b）结构示意

5. 燃油计量阀

燃油计量阀的实物外形及结构示意如图 6-15 所示，其工作原理及特性曲线如图 6-16 所示。它是一个流量控制阀，是计算机控制共轨燃油压力的执行器。燃油计量阀安装在高压油泵的进油位置，ECU 控制其通电时间用于调整燃油供给量和燃油压力值。由供油特性曲线可以看出，计量电磁阀在控制线圈没有通电时，进油计量阀在弹簧力的作用下是全开的，进油量最大；随着流过线圈的电流增大，进油计量阀逐渐关闭，甚至切断向高压油泵柱塞元件的供油。发动机 ECU 通过脉冲信号（占空比）来改变计量元件的进油截面积，从而增大或减小进油量。需要注意的是，有的燃油计量阀的控制机理可能与此相反，即无电流通过时计量阀是关闭的，为零供油量；有电通过时，计量阀在电磁力作用下逐渐打开。

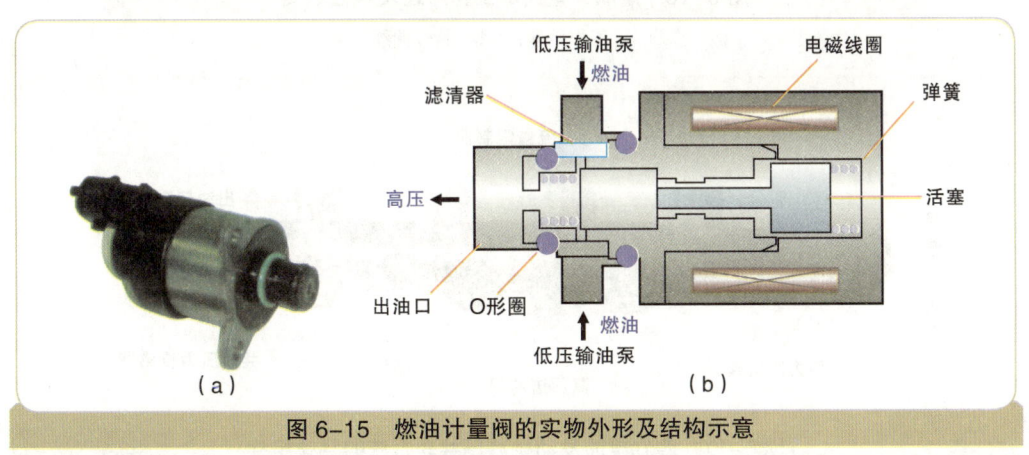

图 6-15 燃油计量阀的实物外形及结构示意

（a）实物外形；（b）结构示意

6. 共轨组件

如图 6-17 所示为四缸柴油发动机高压共轨系统的共轨组件，包括轨道本体和安装在轨道上的高压燃油接头、共轨压力传感器、压力限制阀、连接喷油器的流量限制阀等。共轨本身能容纳超过 160 MPa 的高压燃油，材料和高压容积对共轨压力的控制都具有重要影响。

课题六 电控高压共轨系统

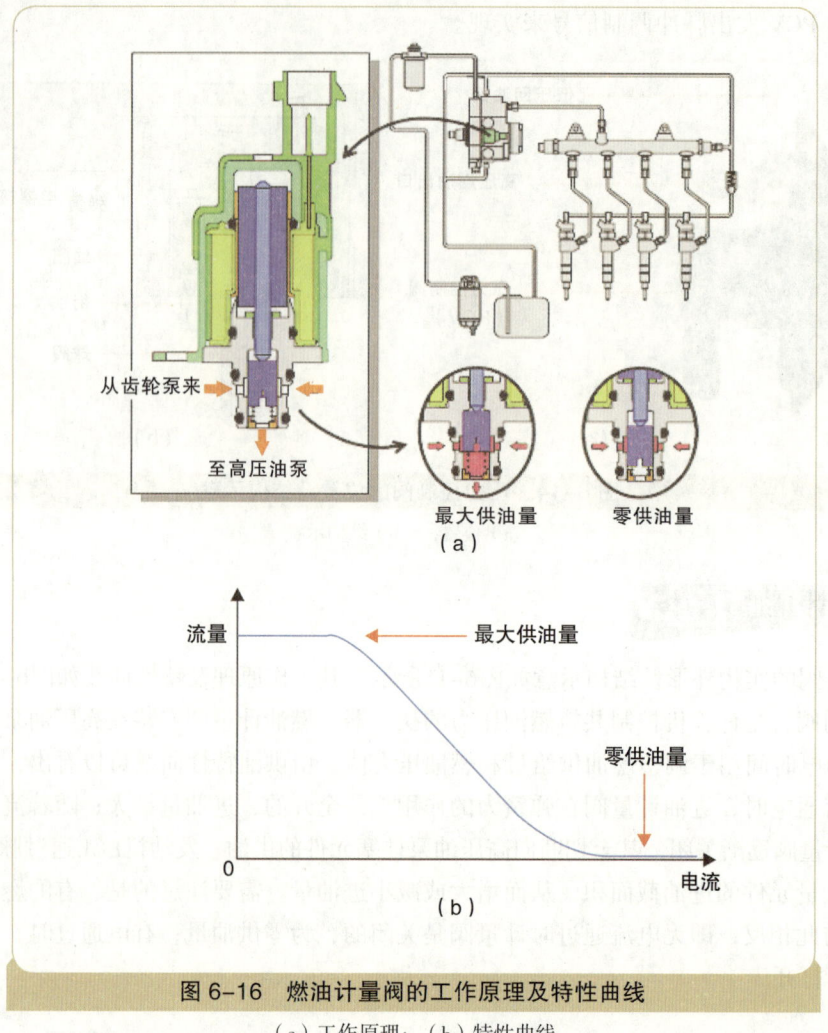

图 6-16 燃油计量阀的工作原理及特性曲线
（a）工作原理； （b）特性曲线

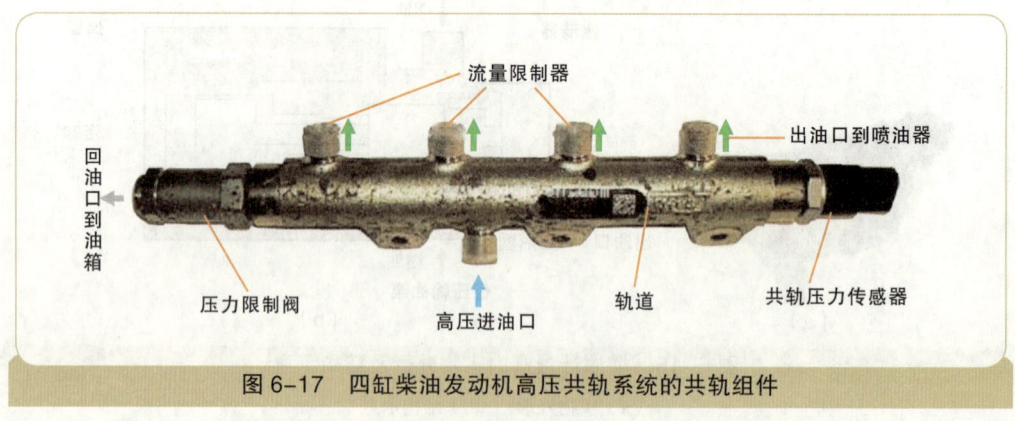

图 6-17 四缸柴油发动机高压共轨系统的共轨组件

（1）共轨压力传感器。共轨压力传感器的实物外形及结构示意如图6-18所示，它安装在油轨上。它用于检测油轨的燃油压力，把轨道内的燃油压力转换成电信号传递给ECU，然后发送信号给发动机ECU，ECU根据轨压控制进油计量阀的动作。这是一个半导体传感器，它利用了压力施加到硅元件上时电阻发生变化的压电效应原理。

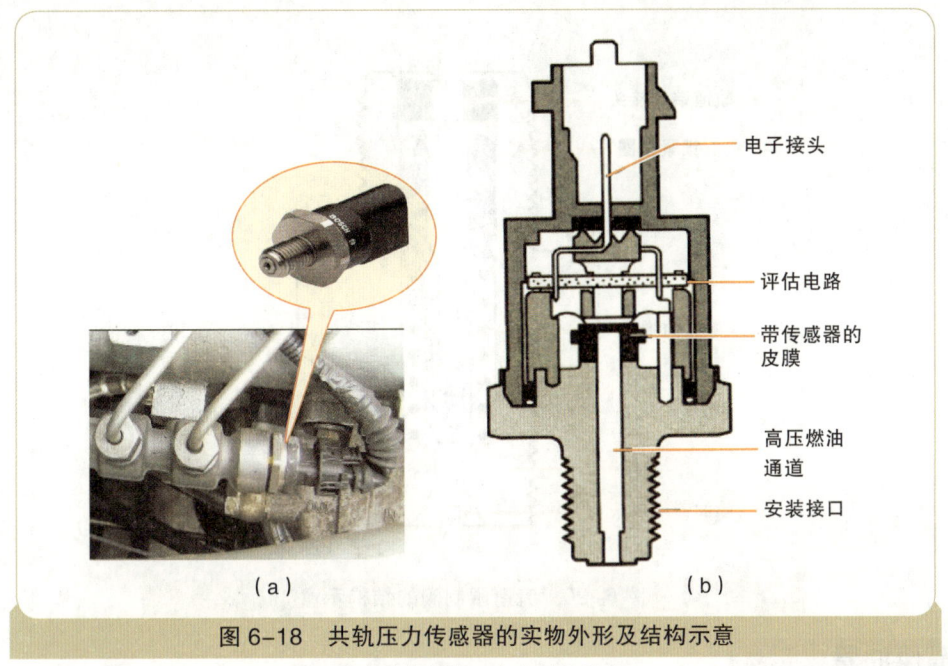

图 6-18 共轨压力传感器的实物外形及结构示意
(a) 实物外形; (b) 结构示意

(2) 压力限制阀。压力限制阀的结构示意如图 6-19 所示,它主要由活塞、活塞阀门、阀门弹簧及阀体组成。

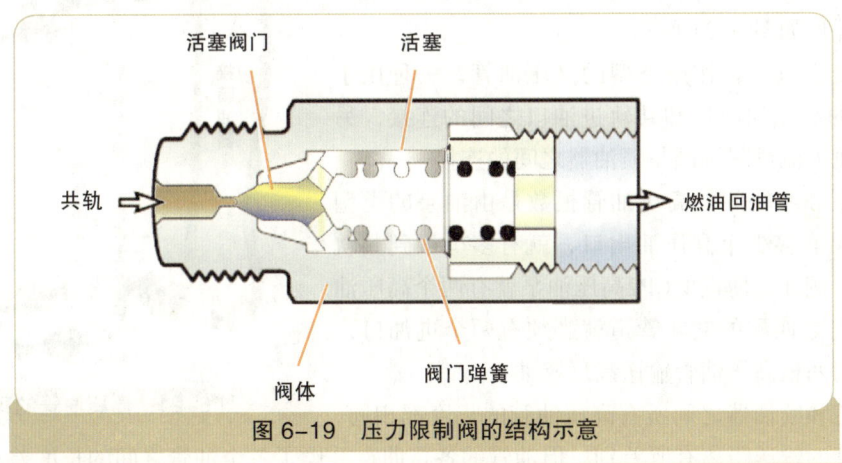

图 6-19 压力限制阀的结构示意

压力限制阀的作用:
当共轨中的燃油压力异常高时,压力限制阀的阀门将打开,连通共轨到低压的燃油回路,实现安全泄压,以保证整个共轨系统中的最高压力不超过极限安全压力。压力限制阀在压力降到一定大小之后将恢复(关闭),此时由压力限制器释放的燃油返回油箱。

压力限制器的操作压力取决于车辆的型号,或者说是发动机的型号。

(3) 流量限制阀。流量限制阀的结构示意如图 6-20 所示,它主要由柱塞、压力弹簧和外壳组成。流量限制阀两端带外螺纹,连接在轨道和去喷油器的高压油管之间。流量限制阀的作用是计量从共轨到各喷油器的燃油量大小。当流量过大时,可以自动切断去喷油器的高压燃油,这是由于在非常情况下需要阻止喷油器常开和持续喷油。为达到这一要求,一旦从轨道输出的油量超过规定的水平,流量限制阀就关闭通往这一喷油器的高压油路。

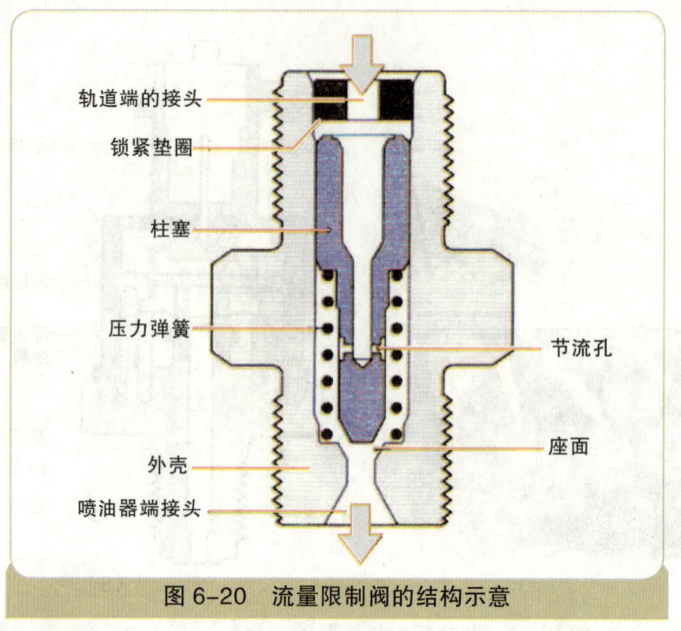

图 6-20 流量限制阀的结构示意

7. 高压油管

高压油管用于输送高压燃油，它由钢材制成并能承受发动机在最大系统压力下的间歇高频压力变化。高压油管的实物外形如图 6-21 所示。

共轨系统上有两种作用类型的高压油管，一种用于高压油泵上的高压油出口和共轨进油口之间的连接，另一种用于共轨上流量限制阀与喷油器之间的连接。

高压油泵和共轨间的高压油管根数是由油泵的类型决定的，油泵有多少个高压油出口，就有多少根到共轨的高压油管。例如，博世的CP2高压油泵就有两个高压油出口，所以与之匹配的共轨管道就必须有两个进油口，即两者之间用两根高压油管输送高压燃油。

燃油轨道和喷油器之间所有高压油管的长度都相同，虽然各缸油管的输送距离有所差别，但油管的各弯曲点补偿了各个油管之间的长度差。

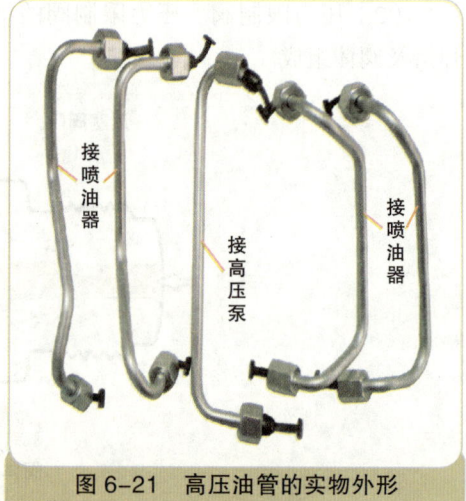

图 6-21 高压油管的实物外形

8. 喷油器

电控喷油器是高压共轨系统中最关键和最复杂的部件，也是设计、工艺难度最大的部件。ECU通过控制电磁阀的开启和关闭，将高压油轨中的燃油以最佳的喷油定时、喷油量和喷油率喷入燃烧室。博世共轨系统采用的有不带高压过渡管的整体式喷油器和带高压过渡管的喷油器，两者的外形分别如图 6-22 和图 6-23 所示。整体式喷油器由高压油管直接供油，带高压过渡管的喷油器通过过渡管连接喷油器和高压油管供油。

博世共轨系统喷油器的结构示意如图 6-24 所示，喷油器可以被拆分为一系列功能部件：孔式喷油嘴、液压伺服系统和电磁阀。

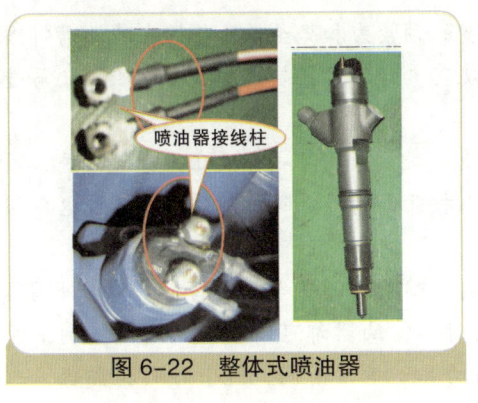

图6-22 整体式喷油器

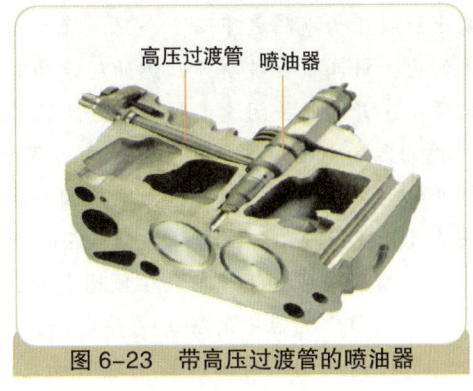

图6-23 带高压过渡管的喷油器

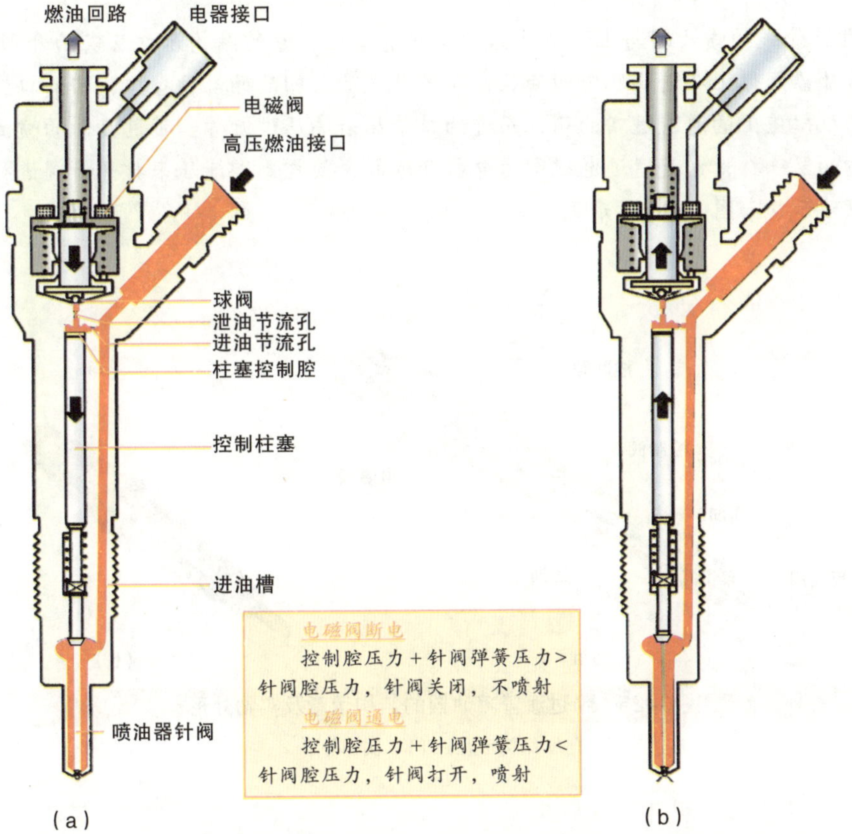

图6-24 博世共轨系统喷油器的结构示意

（a）电磁阀断电；（b）电磁阀通电

博世共轨系统喷油器的工作原理如下：

高压燃油来自共轨系统的高压油路，经喷油嘴内部的进油槽流向针阀腔，同时经进油节流孔流向柱塞控制腔。控制腔与燃油回路相连，它们之间是一个由电磁阀控制打开与关闭的泄油节流孔。

当电磁阀断电时，球阀在阀座弹簧力的作用下紧压在电磁阀的阀座上，高压和低压之间的流通通道（柱塞控制腔与低压回路）被隔断，燃油的高压压力直接作用在柱塞顶部，再加上针弹簧的预紧力，超过了它在针阀腔内喷油嘴针阀承压面产生的压力，使得柱塞—针阀向下紧压在喷油器针阀座面上，针阀是关闭的，喷油器不喷射。

当电磁阀通电后，电磁力使球阀离开阀座，泄油节流孔被打开，引起控制腔的压力下降，结果，活塞上的液压力也随之下降。一旦液压力与针阀弹簧的预紧力和降至低于作用在喷油嘴针阀承压面上的力，针阀就会被打开，燃油经喷油孔喷入燃烧室。针阀的抬起速度取决于泄油孔与进油孔的流量差，针阀的关闭速度取决于进油孔的流量。

喷油器的电磁阀被触发时，对喷油嘴针阀的不直接控制采用了一套液压力放大系统，因为快速打开针阀所需的力不能直接由电磁阀产生，实际上打开针阀所需的控制作用是通过电磁阀打开泄油节流孔使得控制腔压力降低，从而打开针阀。

整个喷射过程如下：当电磁阀通电时，针阀抬起，喷射开始；当电磁阀断电时，针阀落座，喷射结束。由于共轨中的压力是稳定的，所以任何时刻喷油器都可以在电磁阀的控制下喷油。整个喷射控制的响应时间包括电磁阀响应时间与液力系统响应时间，这个时间非常短，一般为 $0.1\sim 0.3$ ms。

带高压过渡管式的喷油器与上述喷油器结构略有变化，它的结构示意及实物外形如图 6-25 所示。这种喷油器阀体上有进油孔与回油孔，而不是进油与回油的螺纹接口，回油口流出的燃油一般通过发动机缸盖上的通道返回油箱，而进油口紧压着高压过渡管。带过渡管的喷油器其喷射原理与上述喷油器一样，也是通过电磁阀通电打开球阀，使控制腔泄压来打开针阀进行喷射。喷油器的工作原理示意如图 6-26 所示。

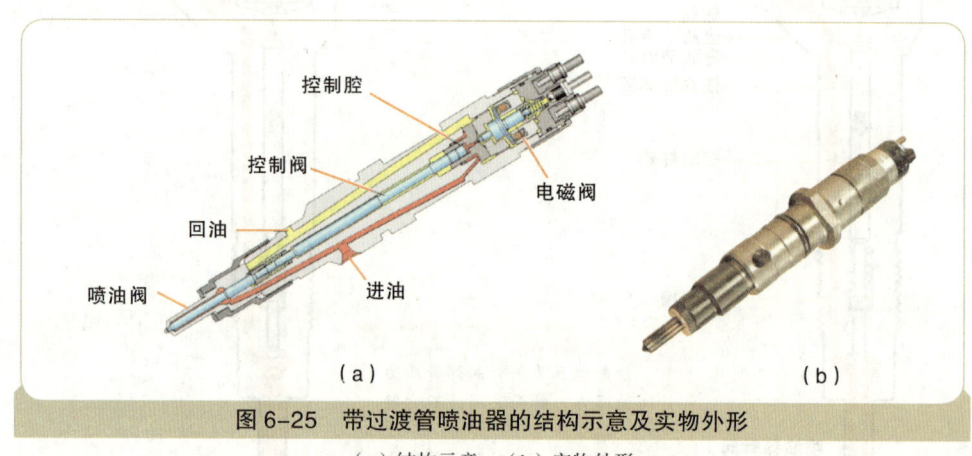

图 6-25　带过渡管喷油器的结构示意及实物外形

（a）结构示意；（b）实物外形

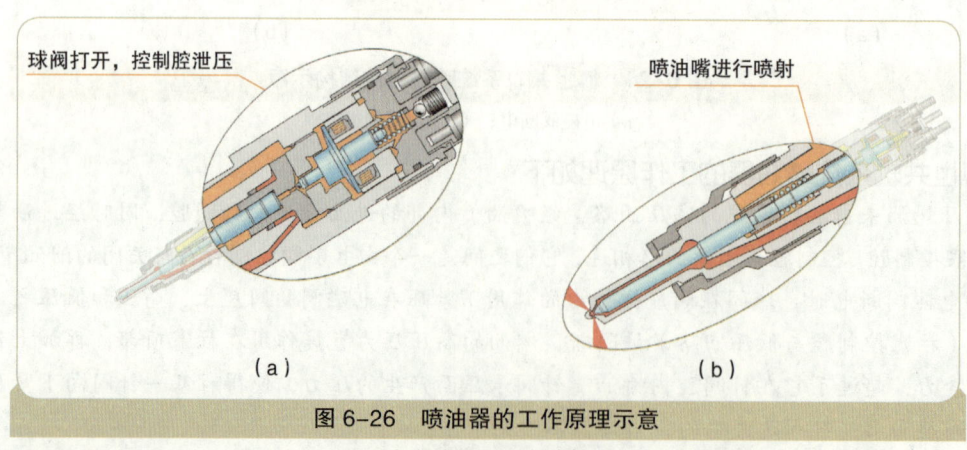

图 6-26　喷油器的工作原理示意

（a）泄压；（b）喷射

二、博世第三代压电控制式共轨喷油系统

博世公司推出了第三代轿车用压电控制式共轨喷油系统,这是柴油共轨喷射技术领域内的一次技术飞跃,其显著特点是集成在喷油器体中的压电执行器使喷油器能迅速开闭。与迄今最好的电磁或压电式控制的喷油系统相比,该第三代轿车用压电直接控制式共轨喷油系统能降低柴油发动机排气有害物高达20%,还能提高发动机的功率、降低燃油消耗,而且其新颖的调节功能有助于提高喷油量的计量精度。图6-27所示为博世第三代压电控制式共轨喷油系统在四缸柴油发动机上的布置示意。

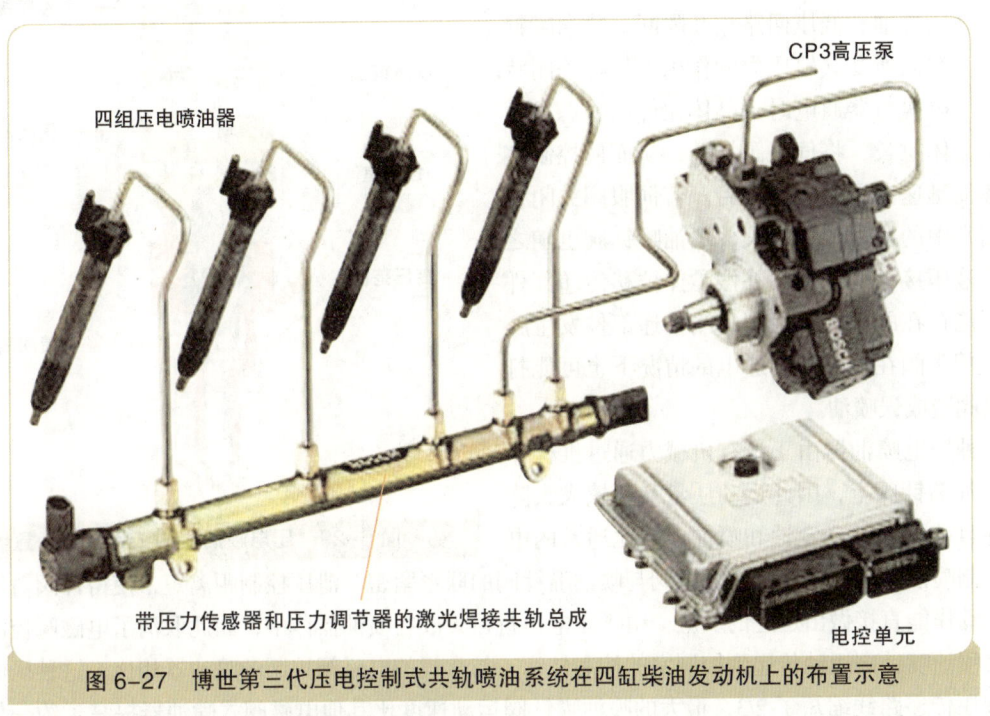

图6-27 博世第三代压电控制式共轨喷油系统在四缸柴油发动机上的布置示意

1. 压电控制式喷油器的工作原理

某些晶体一旦受到压力或敲击时就会产生电压,这种现象被称为压电(Piezo)效应。随后研究人员发现这种效应也可以逆向作用:在一个合适的晶体上施加一个电压,就会引起晶体晶格的变形,从而产生一种线性位移。这种逆压电效应就成了压电控制式共轨喷油系统的技术基础。图6-28所示为压电喷油器的结构示意,它的主体由压电晶体(压电执行器)、液压接杆、控制阀块、喷油嘴针阀和回油接头组成。图中的压电晶体(压电执行

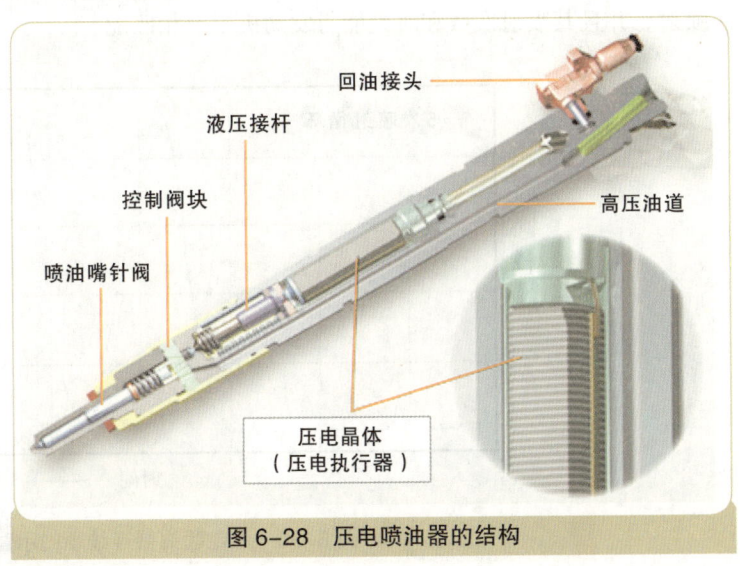

图6-28 压电喷油器的结构

器）一旦通电，将会变长。

压电喷油器的工作原理示意如图6-29所示，黄色部分表示燃油低压回路，红色部分表示高压燃油。喷油嘴针阀是由一个伺服阀来控制的，喷油量则由伺服阀打开的时间决定。实现压电喷油器功能的主要组件是压电执行器、液压接杆、伺服阀和喷油嘴针阀。压电执行器在没有通电时不工作，压电晶体元件保持自然状态，伺服阀是关闭的，高压燃油和低压回路相互隔断，喷油嘴针阀在其上端面所受共轨压力的作用下保持关闭状态。当压电执行器通电时，晶体元件的状态发生变化，晶体拉长，将伺服阀打开，从而使控制室中的燃油迅速泄压，喷嘴开启。若伺服阀关闭，则控制室中的压力随之增大，喷油嘴针阀也随之关闭。液压接杆的作用是补偿晶体位移传递部件之间可能存在的间隙，否则，当传递部件发生膨胀时，伺服阀在喷油器不通电的情况下也可能打开伺服阀造成误喷油。

这种压电喷油器由于没有机械力通过推杆作用在喷油嘴针阀上，因此运动质量和摩擦大大降低，并且喷油器的稳定性和喷油误差比通常的电磁阀控制喷油系统明显改善。伺服阀与喷油嘴针阀的联系紧密、泄压控制距离短，使得针阀对压电执行器的动作能直接做出迅速的反应。由于压电执行器集成在喷油器体中，因此取消了电磁阀控制喷油器中将喷油嘴针阀运动传递到控制室的控制柱塞。与常规的电磁阀控制的喷油器相比，这种压电喷油器的液压传递路线缩短了2/3，最大的喷油嘴针阀运动速度比其他电磁阀式喷油器提高了约一倍，这样就能获得高的针阀速度，可以在一个喷射循环内实现多次小油量的喷射（预喷射和补充喷射）。

这种压电喷油系统还能实现很短的喷射间隔，如图6-30所示。图中，每个喷射循环能进行5次喷射，并且其喷射次数和时刻能与发动机工况相匹配。

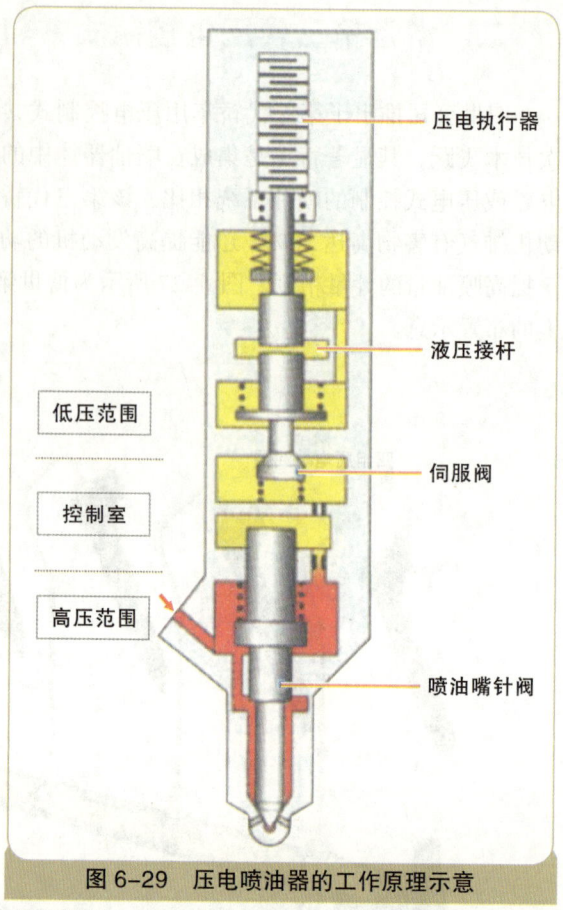

图6-29 压电喷油器的工作原理示意

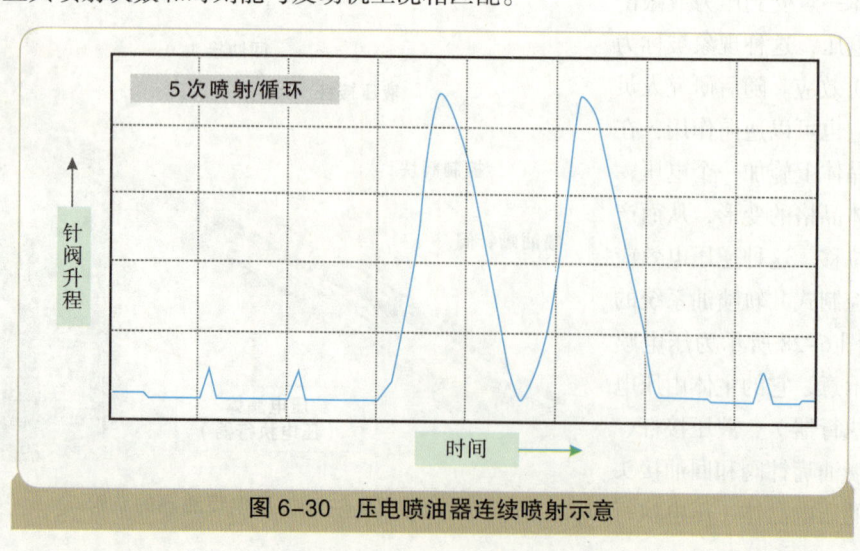

图6-30 压电喷油器连续喷射示意

2. 奥迪 3.0L-V6-TDI 型柴油发动机共轨燃油系统

奥迪 A6L 轿车上搭载的 3.0L-V6-TDI 型柴油发动机共轨燃油系统采用了博世公司的第三代共轨喷射技术，如图 6-31 所示。该系统配有一个由齿形皮带驱动的高压油泵，左、右气缸座各有一条燃油分配管及共轨管道。它的喷油压力提高到了 160 MPa（1 600 bar），比第二代共轨系统提高了 25 MPa（250 bar）。

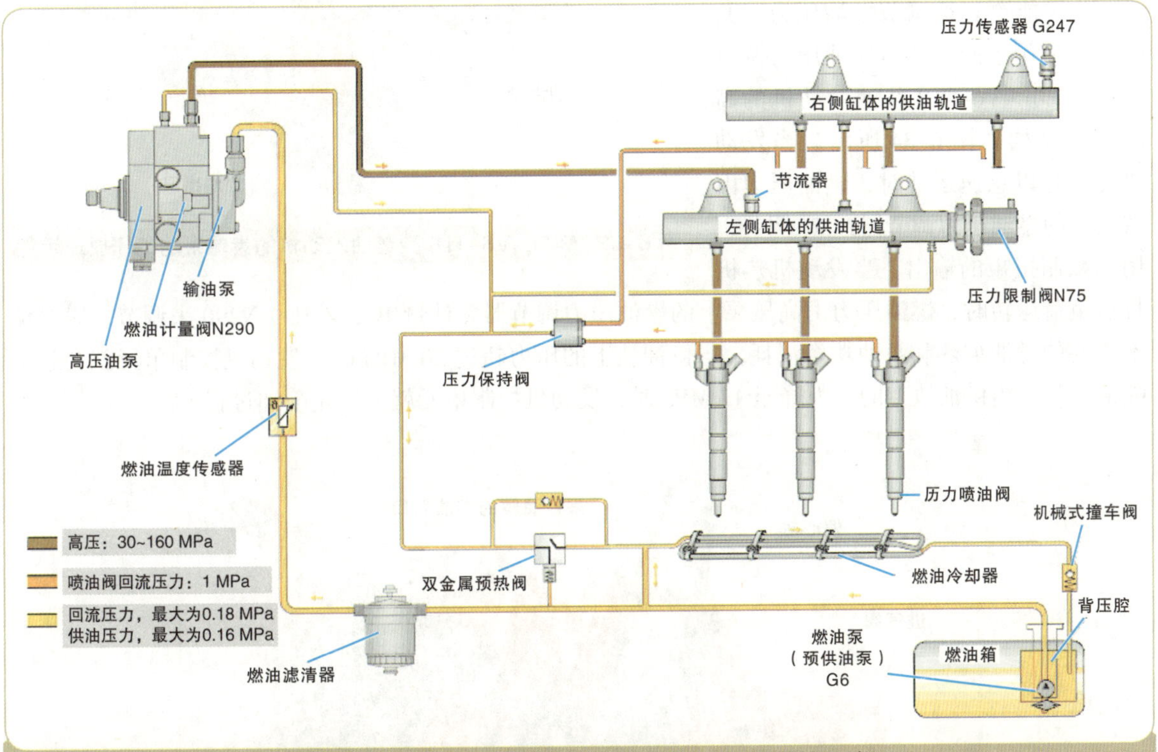

图 6-31　3.0L-V6-TDI 型柴油发动机的燃油供给系统

新一代的压电控制式共轨系统最重要的改进就是使用了压力喷油阀（压电喷油器），燃油喷射控制采用了压电效应。3.0L-V6-TDI 型柴油发动机的高压燃油回路如图 6-32 所示，两条共轨之间通过一条燃油分配管相通，因此具有相同的喷油高压。共轨管端末的压力控制部件，由第二代的机械式压力限制阀改进成了电子控制的压力调节阀，调节阀位于右侧缸体共轨上，对共轨压力的调节更直接。

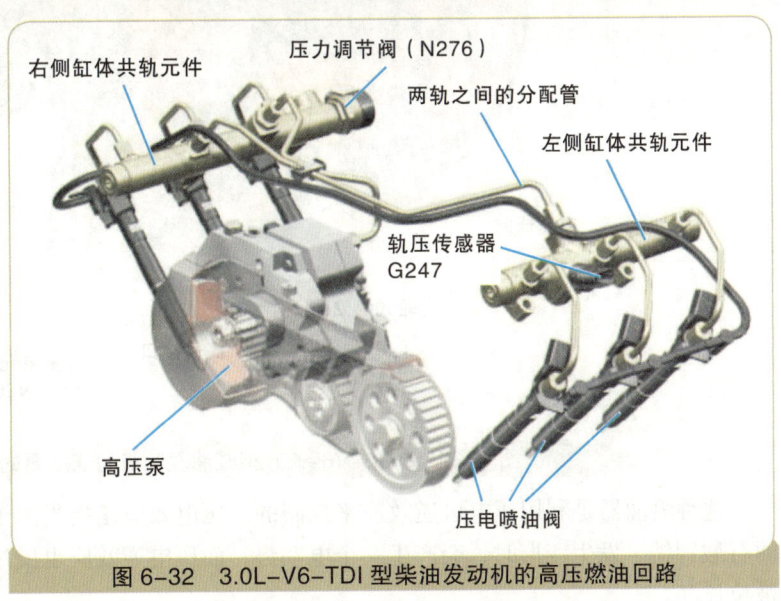

图 6-32　3.0L-V6-TDI 型柴油发动机的高压燃油回路

课题六 电控高压共轨系统

共轨系统中，3.0 L-V6-TDI型柴油发动机的齿轮泵的工作原理示意如图6-33所示。齿形皮带带动高压泵的贯穿偏心轴转动，偏心轴又带动齿轮泵运转，将燃油（油箱内的输油泵从油箱输送来的）输送到高压泵中。

为了能更好地调节燃油压力，共轨系统使用了两个共轨燃油压力调节系统，3.0L-V6-TDI柴油发动机的高压泵的结构如图6-34所示。当发动机冷机且以怠速运转时，燃油压力由共轨上的燃油压力调节器N276调节，用以限制扭矩的输出。当发动机热机

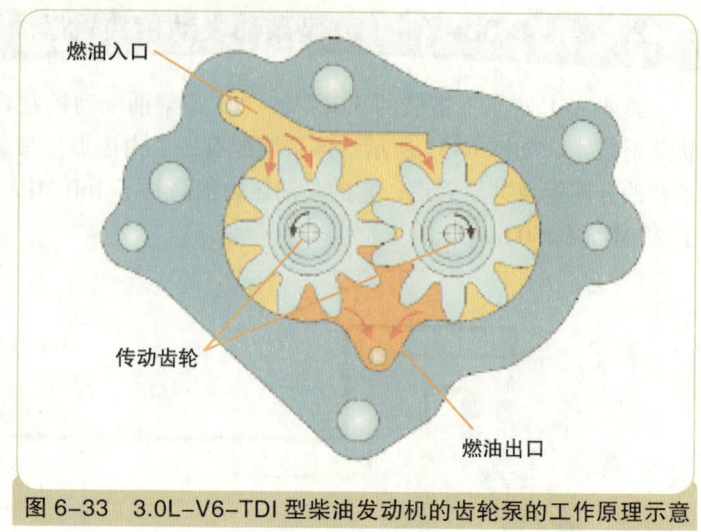

图6-33 3.0L-V6-TDI型柴油发动机的齿轮泵的工作原理示意

且全负荷运转时，燃油压力由高压泵上的燃油压力调节器（计量单元ZME）N290来调节，以避免不必要的燃油加热和泵油功率消耗。当供油轨上的压力超过20 MPa时，发动机控制单元就会起动喷油过程。当供油轨上的压力降至13 MPa时，发动机控制单元就会终止喷油过程。

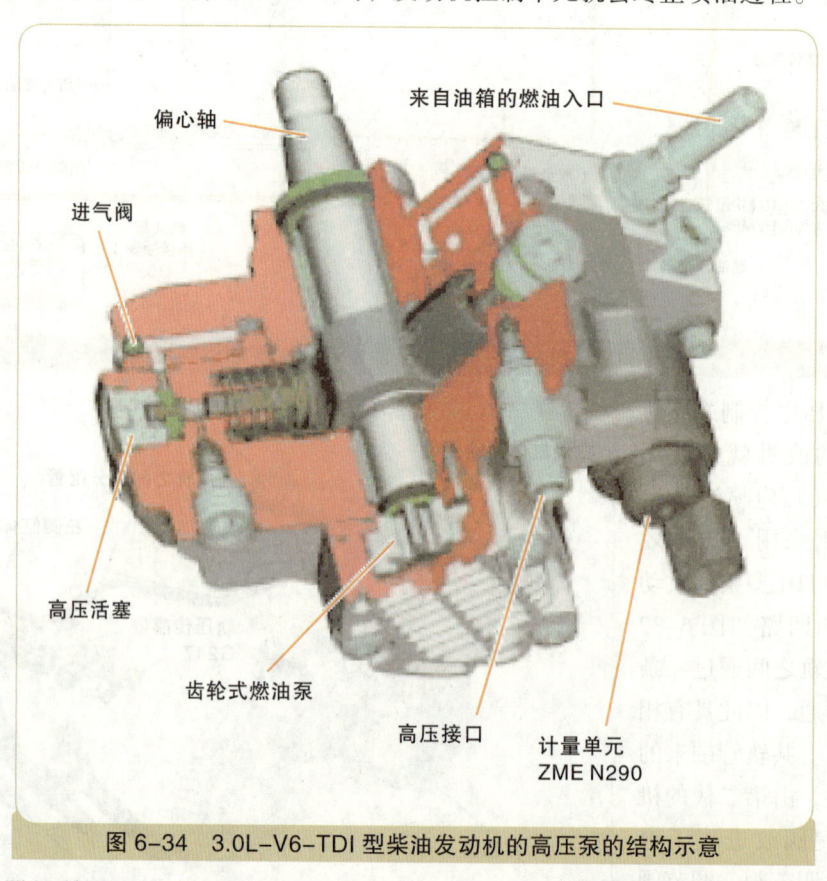

图6-34 3.0L-V6-TDI型柴油发动机的高压泵的结构示意

这种喷油器是利用压电可逆效应来控制的。压电效应是指当离子构成的晶体（电气石、石英、酒石酸钾钠）发生变形时，会产生一个电动势，而压电逆效应也反过来，即加上电压后晶体形状会被拉长。

需要注意的是:

喷油器因制造工艺产生的差别使其喷射参数略有不同,这就要考虑到它们的互换性。如果更换了喷油器,喷油器则必须将喷油器与喷射系统进行匹配,同时,还要进行喷油量对比(IMA)。

喷油器使用压电执行元件可以实现以下目标:

触发电压为110~148 V,这取决于轨道的压力。

由于一个晶体层只能在通电时发生非常微小的位移,因此,执行元件中装有264层压电层,其位移之和足以顶开阀门阀芯。执行元件模块如图6-35所示。

喷油器中的液力转换器(连接模块)将执行元件模块长度的增长转化为液体的压力和位移,然后作用到切换阀上。

连接模块的结构示意如图6-36所示,它的作用就像一个液压缸,其上面通过压力调节阀总是作用有1 MPa的燃油压力,该压力使这个液压缸反向运动。如果没有这个反向压力,连接模块就不能传递压电元件的位移,喷油器就无法喷射。

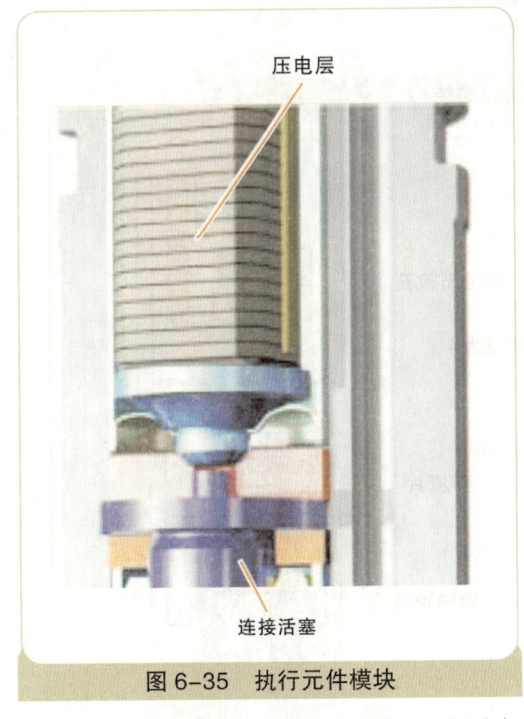

图6-35 执行元件模块

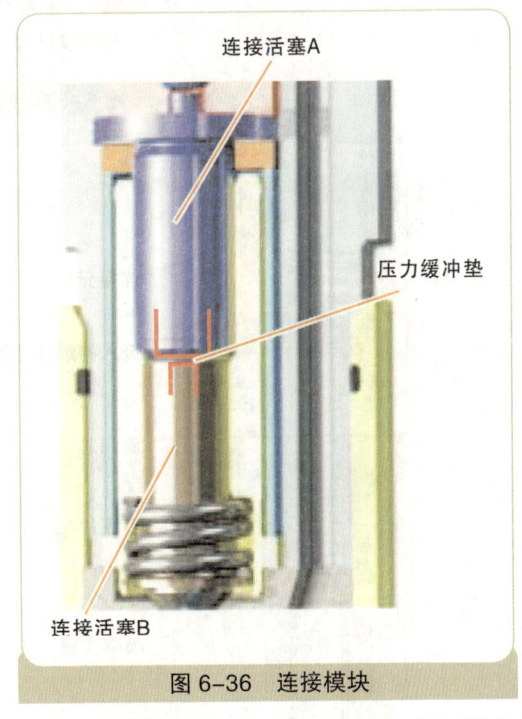

图6-36 连接模块

燃油在连接模块中的连接活塞A和活塞B之间起压力缓冲垫的作用。当喷油阀有动作但不喷油时(系统内进入了空气),喷油阀就会以起动转速来进行排气。另外,喷油器是通过共轨燃油系统中的压力保持阀,逆着燃油流动的方向而充满油的。

喷油器切换阀的结构示意如图6-37所示,它是由连接元件、阀门阀芯、出口节流阀、入口节流阀、阀门弹簧和节流片等组成的,图中的箭头表示燃油的流动方向。喷油器的工作原理示意如图6-38所示,当共轨燃油经节流片上的入口节流阀(进油节流阀)流到喷油嘴针阀处并进入针阀上部的控制腔内。于是喷油嘴针阀的上部和下部压力就平衡了,喷油嘴针阀就被喷油嘴弹簧的作用力保持在关闭的位置上。

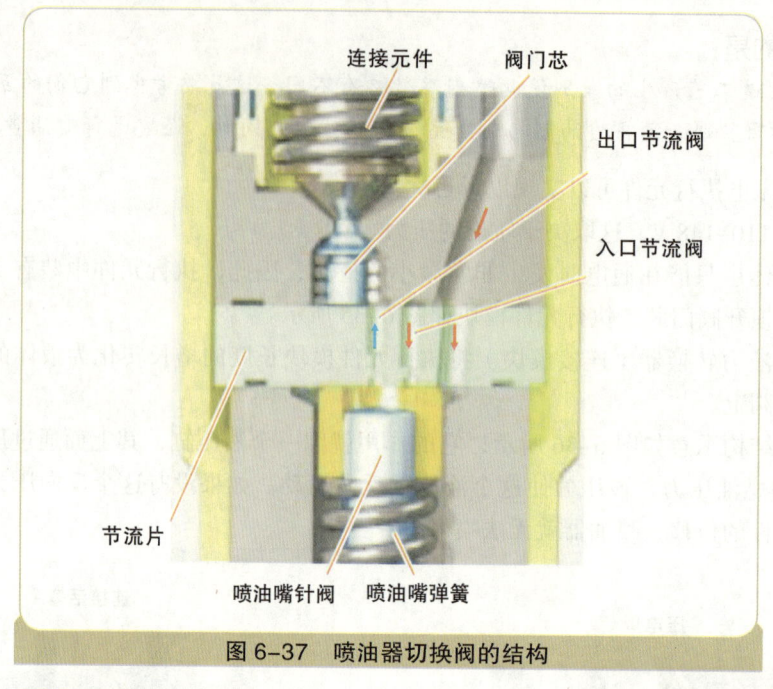

图 6-37 喷油器切换阀的结构

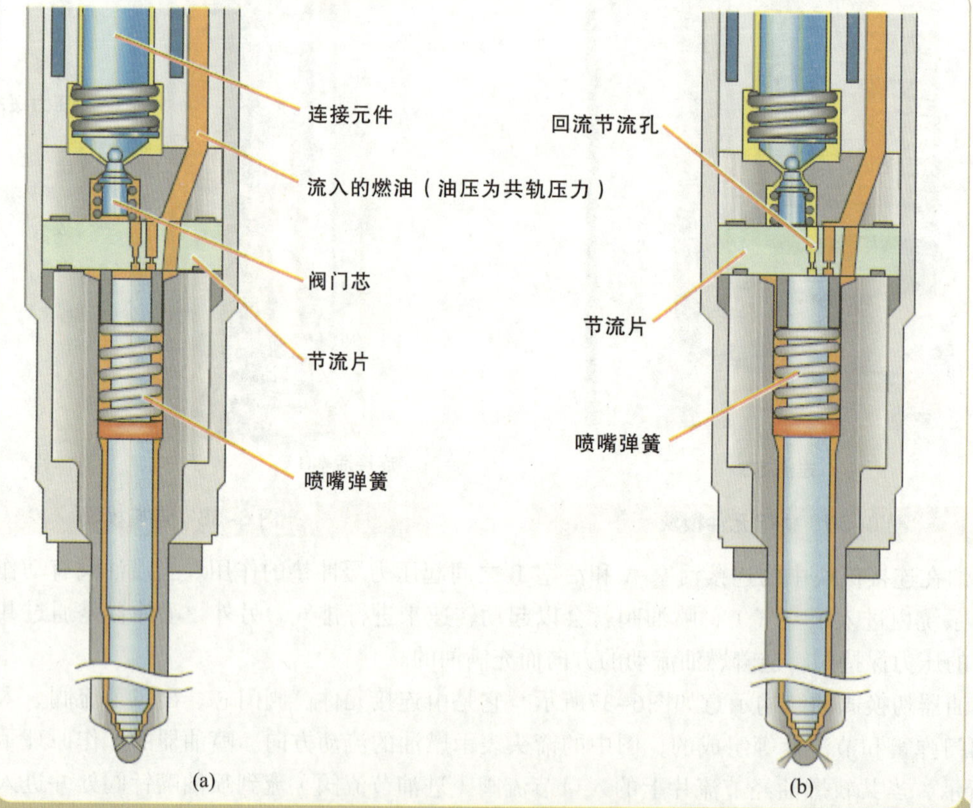

图 6-38 喷油器的工作原理
（a）喷油器未喷射；（b）喷油器进行喷射

当喷油器通电，压电晶体元件拉长，压下阀门芯时，回流通路就打开了，喷油嘴针阀上部控制腔内的压力油通过一个较大的出口节流阀（泄油节流阀）进入低压回路进行泄压，于是喷油嘴针阀就被共轨燃油压力抬离针阀座，然后开始喷油。由于压电晶体元件的切换脉冲是非常快的，因此在每个喷射工作行程中，可以完成多次连续的喷油。

当发动机冷机且在怠速运转时，要进行两次预喷油。随着发动机负荷的增加，预喷油逐渐减少，直至全负荷时只有主喷油在工作。两次补充喷油是用来还原颗粒过滤器的。

三、日本电装 ECD-U2 共轨系统

日本电装（Denso）公司率先在20世纪90年代初推出了名为ECD-U2的共轨燃油喷射系统。ECD-U2共轨系统的工作原理示意如图6-39所示。电控共轨系统的主要部件有高压油泵、高压油轨、高压油管、高压油管接管、电控喷油器、低压油管、柴油滤清器、油箱等。

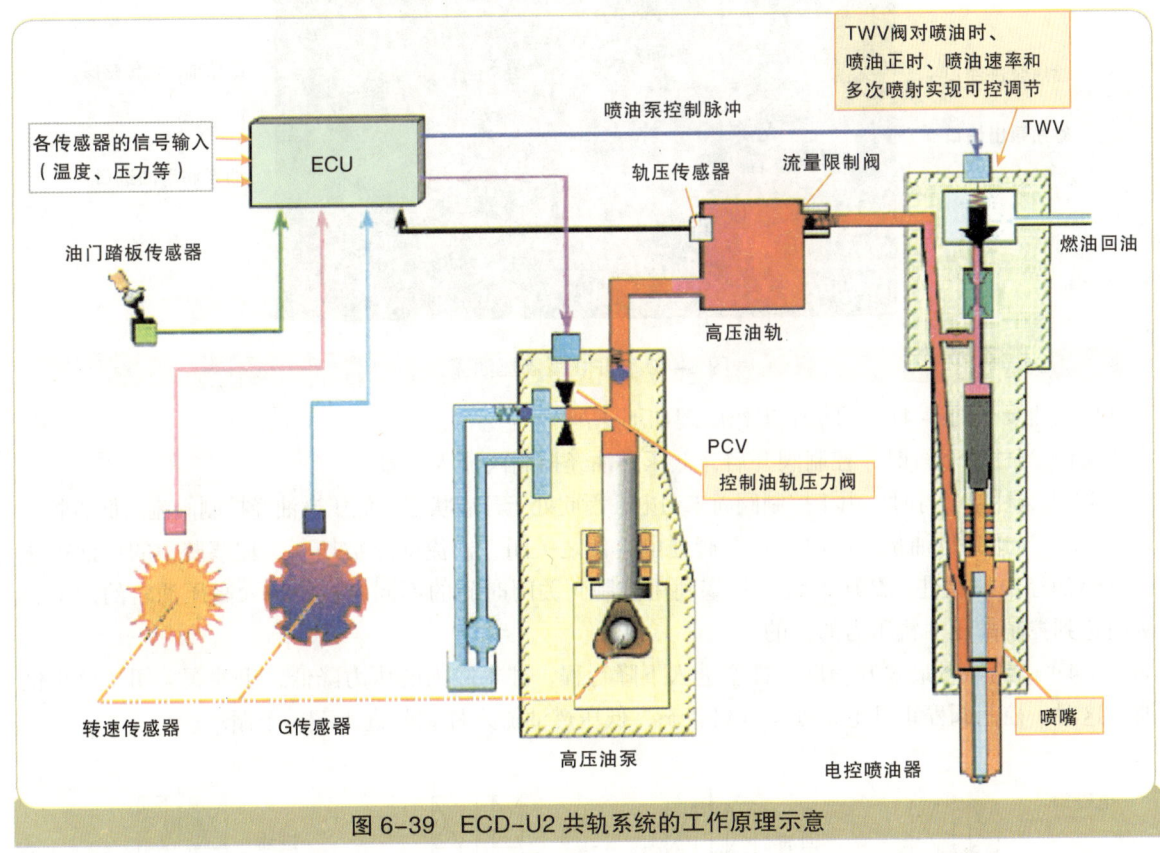

图6-39　ECD-U2共轨系统的工作原理示意

电装ECD-U2共轨系统采用HP0型高压油泵（图6-40），HP0有两个高压柱塞泵，靠飞轮端为油泵1，靠前端为油泵2，分别由一个有3个凸缘的凸轮驱动，按时将六缸所需要的燃油供应给高压油轨。

位于油泵上部的两个黄色阀体为压力控制阀（PCV），分别控制两个泵的供油量与供油时刻。两个电磁阀分别对应一个线束插头，靠飞轮端为阀1（PCV1），靠前端为阀2（PCV2）。它们的作用是调整共轨管内的燃油压力，其控制方法是调整供油泵供入共轨管内的燃油量。

凸轮轴位置传感器（G传感器）也是位于高压油泵上，通过检测油泵驱动凸轮轴的位置来判断发动机第1缸压缩上止点的到来时刻。作为喷油的基准信号，在曲轴转速传感器发生故障时，凸轮轴位置传感器还可以代替曲轴转速传感器，G信号用于计算发动机转速，以维持发动机跛行功能。HP0型高压油泵内部集成了一个凸轮轴位置传感器和一个相应的信号盘，凸轮轴位置传感器的插

头在油泵正面中部位置。

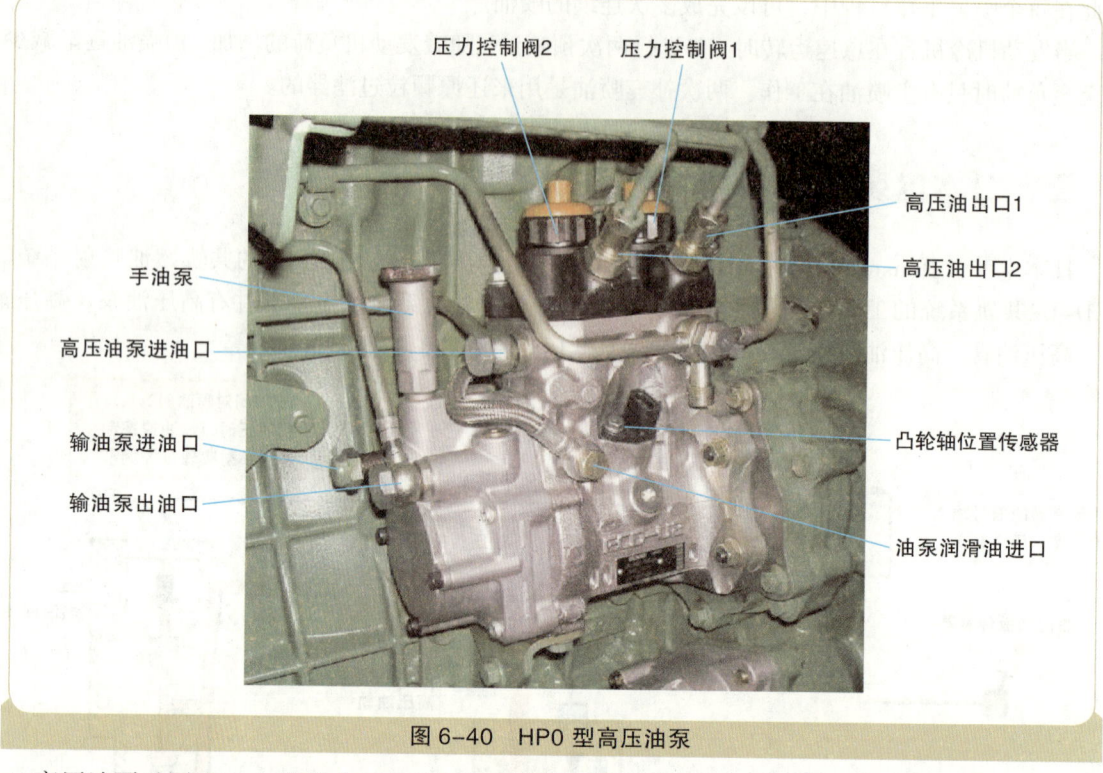

图 6-40　HP0 型高压油泵

高压油泵（图 6-41）的整个工作原理如下：

（1）当柱塞下行时，控制阀开启，低压燃油经控制阀流入柱塞腔。

（2）当柱塞上行时，由于控制阀尚未通电，因此处于开启状态，低压燃油经控制阀流回低压腔。

（3）当达到供油量定时时，控制阀通电，使之关闭，回流油路被切断，柱塞腔中的燃油被压缩，燃油经出油阀进入高压油轨。柱塞利用控制阀关闭时间的不同，控制进入高压油轨的油量，从而达到控制高压油轨压力的目的。

（4）凸轮经过最大升程后，柱塞进入下降行程，柱塞腔内的压力降低，出油阀关闭，停止供油。这时，控制阀停止供电，处于开启状态，低压燃油流入柱塞腔进入下一个循环。

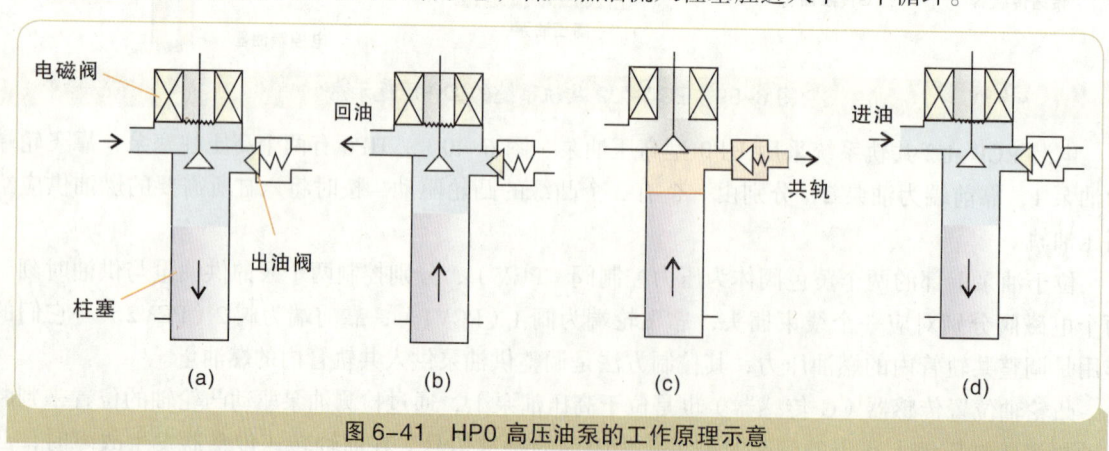

图 6-41　HP0 高压油泵的工作原理示意

高压共轨组件如图 6-42 所示，共轨管的作用是：

（1）将供油泵提供的高压燃油经稳压、滤波后，分配到各喷油器中，并起蓄压器的作用。它的容积可以削减高压油泵的供油压力波动和每个喷油器由喷油过程引起的压力振荡,使高压油轨中的压力波动控制在 5 MPa 以内。但其容积又不能太大,以保证共轨有足够的压力响应速度来快速跟踪柴油发动机工况的变化。

(2)将高压油泵输出的高压油储存在共轨油腔内,维持 ECU 所设定的共轨压力。

(3)向各缸喷油器供应高压燃油。

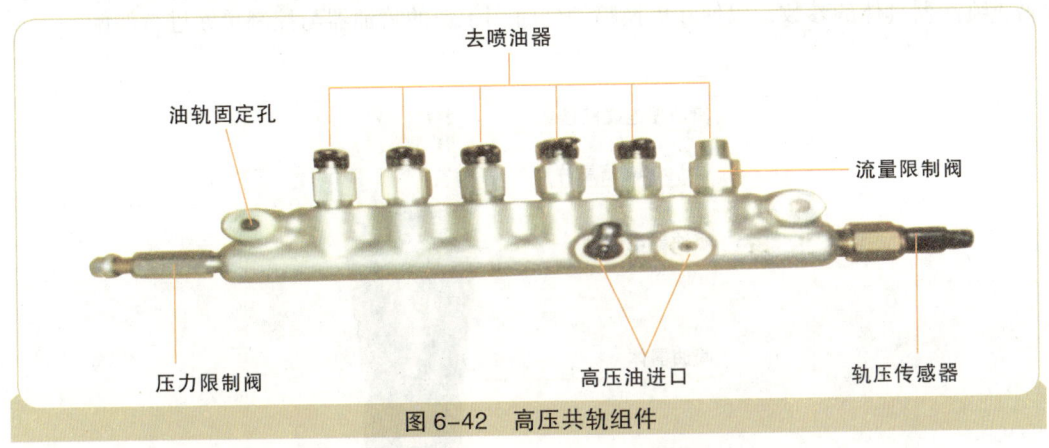

图 6-42 高压共轨组件

共轨上压力限制阀的作用是:

(1)当共轨压力超过共轨管所能承受的最高压力时,轨压限制阀会自动打开,泄出一部分高压燃油,将共轨压力降低到规定的压力。

(2)流量限制阀位于共轨的上部,其数量由发动机的气缸数来决定。阀体分别与各缸的高压油管相连。当某一缸的高压油管有泄漏或喷油器发生故障而导致燃油喷射量超过限值时,流量限制阀会动作,切断该缸的燃油供应。

(3)高压油进油口位于共轨的外侧,有两个进油口,分别与高压油泵的两个高压油出口相连。轨压传感器位于共轨的右侧,带有一个线束插头,向 ECU 发送共轨压力信号,用于压力的反馈控制。

如图 6-43 所示,锡柴 6DL1 发动机装有电装 ECD-U2 共轨系统,发动机上的高压油管共有 8 根,其中由高压油泵到高压油轨共有 2 根,由高压油轨到各缸喷油器共有 6 根。

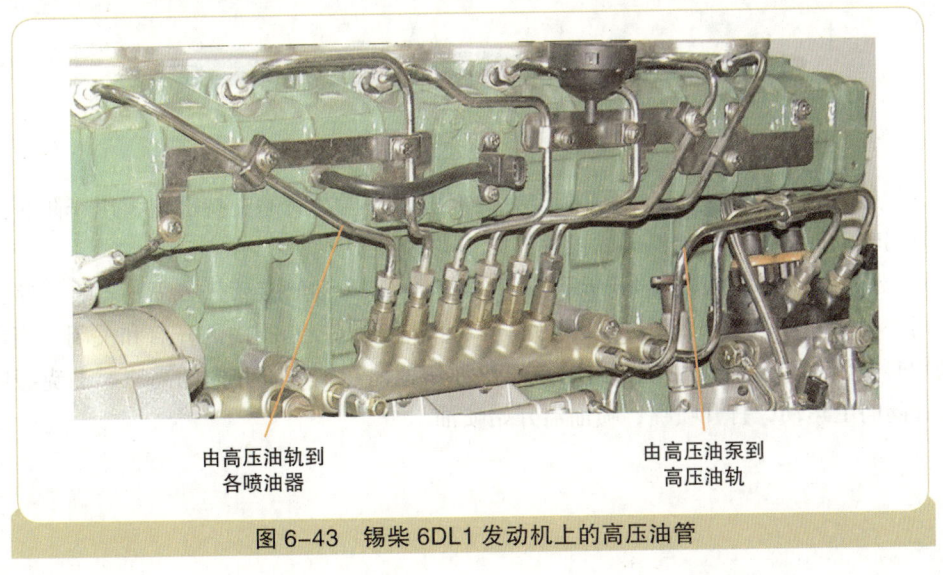

图 6-43 锡柴 6DL1 发动机上的高压油管

课题六 电控高压共轨系统

电装 ECD-U2 采用了 630 和 470 系统喷油器，630 喷油器的外形结构如图 6-44 所示，电控喷油器根据电子控制单元（ECU）的指令在适当的时候将适量的燃油喷射到燃烧室中，它主要由喷油器体、喷油器电磁阀（TWV 阀）、喷油器耦件、O 型圈、QR code 信息片、喷油器电磁阀接线柱等部分组成。由于同类型的每个喷油器的喷射特性都是有少许差别的，因此用 QR code 信息片记录了该喷油器的信息代码。代码代表了喷油器的型号、喷射参数，读码器可以识别这些代码并将之解码成喷油器具体的参数，以便在更换喷油器时用于新的喷油器与控制单元进行匹配。

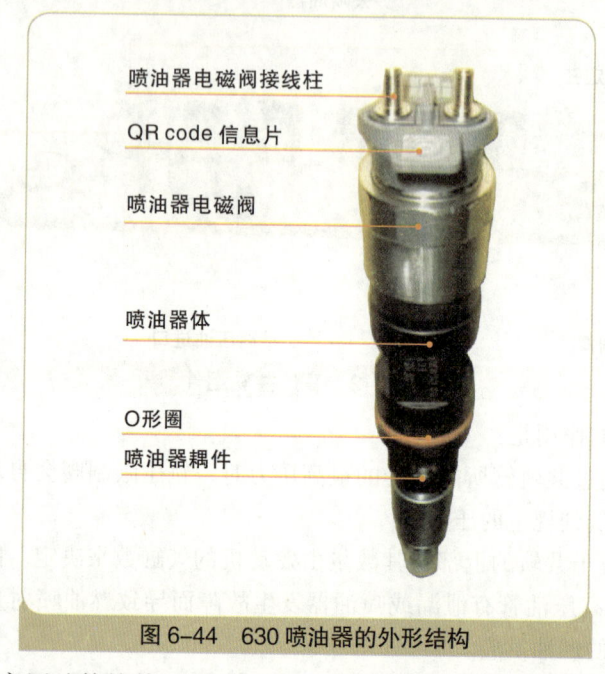

图 6-44　630 喷油器的外形结构

630 喷油器外接一高压油管接管（图 6-45），高压油管接管内置多孔滤清器，既连接高压油管和喷油器，又对燃油进行最后的过滤，确保进入喷油器燃油的清洁度。

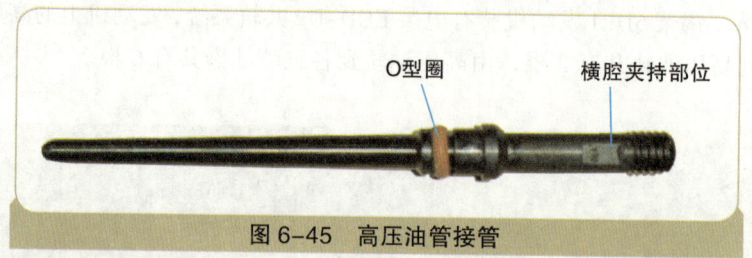

图 6-45　高压油管接管

高压油管接管螺纹附近有一扁平的横腔夹持部位，是拆装时的夹持部位，用于防止高压油管接管拆卸时因转动而损坏与喷油器体的接触部位（尖嘴部分）。

630 喷油器的结构示意如图 6-46 所示，高压燃油从高压油管接管进入喷油器，一路到达针阀腔用于喷射，另一路经进油节流孔进入喷管腔。TWV 电磁阀控制阀门的开启和关闭，当电磁阀通电时，阀门打开泄油节流孔，活塞腔内的高压燃油快速泄压，喷管腔内的高压燃油克服喷管弹簧阻力，使针阀向上运动，打开喷嘴，喷油器开始喷油。

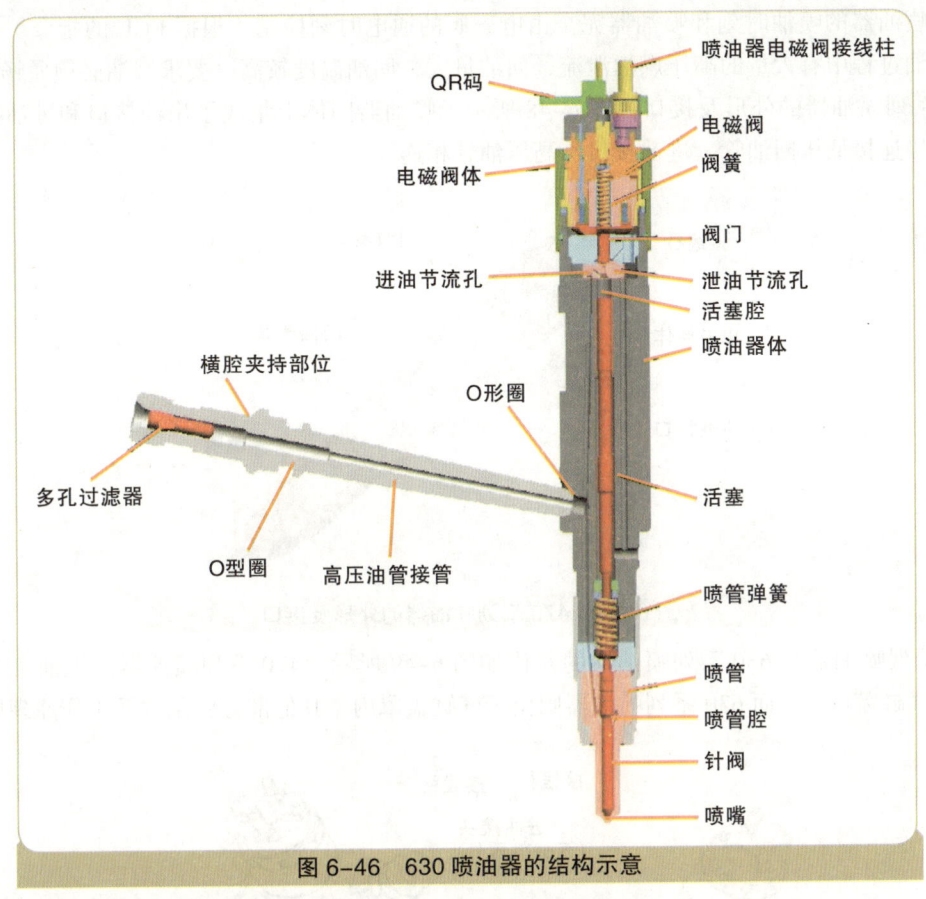

图 6-46 630 喷油器的结构示意

ECD-U2 喷油器的工作原理如图 6-47 所示，简单地概括如下：

（1）未喷射状态：油轨内的燃油进入喷油器，电磁阀不通电，TWV 阀关闭，控制室压力等于油轨压力，喷嘴关闭。

（2）喷射过程：电磁阀通电，TWV 阀打开，控制室压力泄载，控制活塞上移，喷嘴打开。

（3）喷射结束：电磁阀不通电，TWV 阀关闭，控制室压力与油轨压力同步，喷嘴关闭。

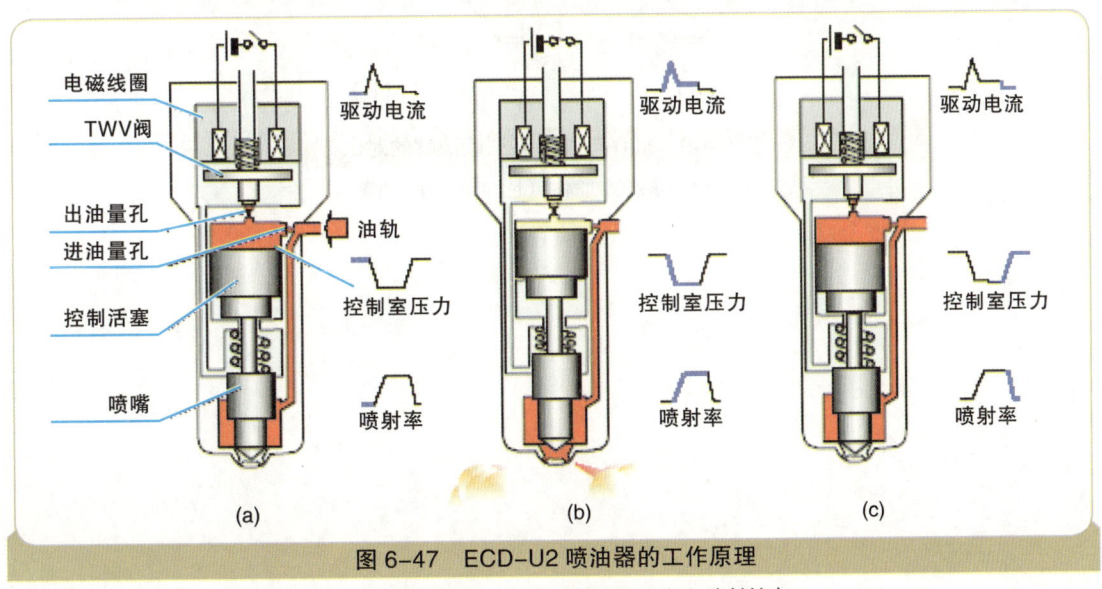

图 6-47 ECD-U2 喷油器的工作原理

（a）未喷射状态；（b）喷射过程；（c）喷射结束

电控喷油器的喷油时刻和喷油器完全由电磁阀的通电时刻控制（根据ECU的指令），电控喷油器在喷油过程中有大量的高压燃油泄流，回油量大，回油温度较高，要求回油必须通畅。

470系列喷油器的外形及接口如图6-48所示。喷油器阀体上集成了出油接口和进油接口，出油接口直接连接低压回油管，进油接口与高压油管相连。

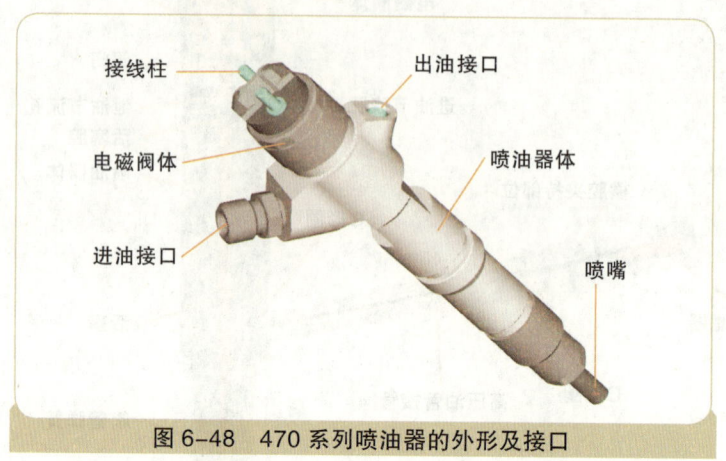

图6-48 470系列喷油器的外形及接口

470系列喷油器与630系列喷油器的对比如图6-49所示，470系列喷油器的进油接头和回油接头位于气缸盖罩外，而630系列喷油器则位于气缸盖罩内。其他部分的结构及工作原理则相似。

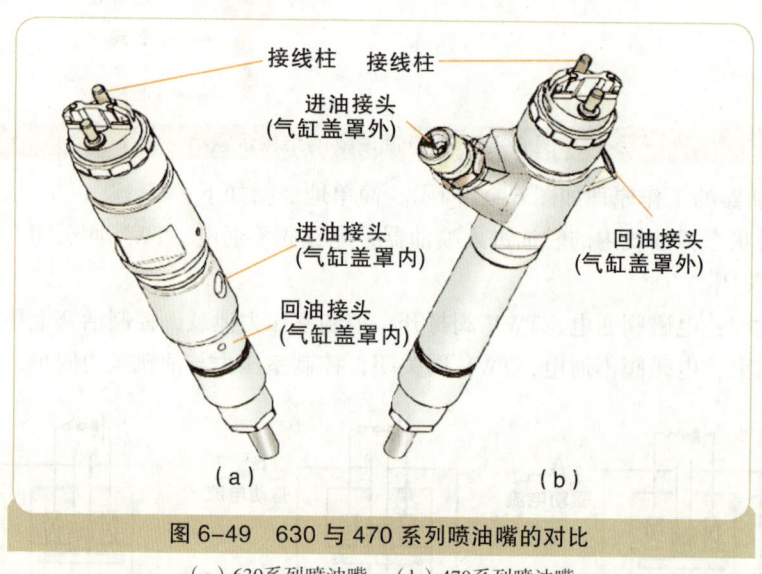

图6-49 630与470系列喷油嘴的对比

（a）630系列喷油嘴；（b）470系列喷油嘴

任务三 液力活塞增压式共轨系统

在液力活塞增压式共轨系统（HEUI）燃油系统中，代替摇臂作用于各喷油器端部的是增压活塞上的高压机油。卡特彼勒发动机 HEUI 共轨系统的组成如图 6-50 所示。该系统具有共轨式柴油发动机电控燃油喷射系统的基本组成和结构，属于电控共轨式燃油喷射系统。

该系统的控制功能包括：燃油喷射控制、进气控制、起动控制、故障自诊断、失效保护和应急备用，同时具有与其他控制系统进行数据传输的功能。

HEUI 共轨系统的喷油量控制采用了压力控制式的方式，通过由传感器、ECU 和执行元件等组成的控制系统来对循环喷油量、喷油正时、喷油速率和喷油压力进行控制。

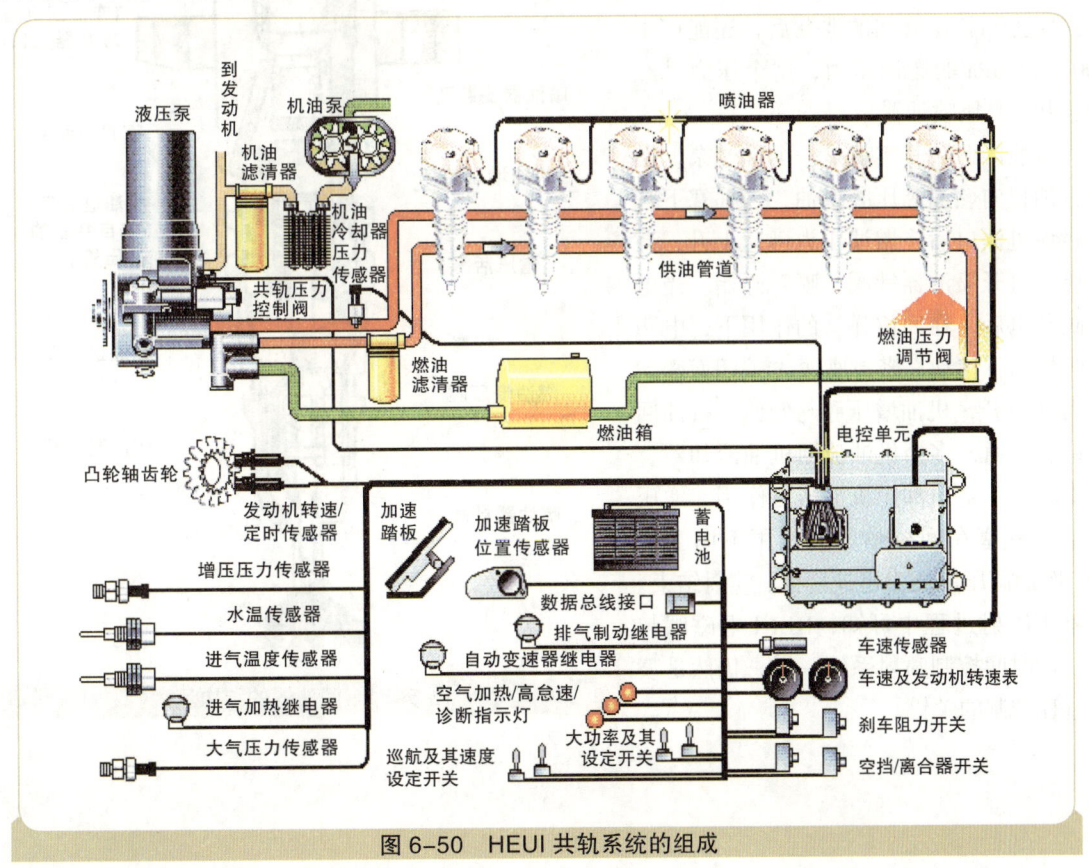

图 6-50　HEUI 共轨系统的组成

课题六　电控高压共轨系统

一、HEUI 共轨系统的工作原理

发动机机油泵输送机油，经机油冷却器到机油滤清器后到达液压泵。HEUI 共轨系统利用专门的液压泵，将机油泵输送的 1 MPa 左右的常规机油加压到 10~20 MPa，然后输送到专门的共轨式蓄压腔中，共轨腔内机油压力的控制过程由共轨压力控制电磁阀和共轨压力传感器配合完成。共轨压力电磁阀控制从液压泵到共轨腔的机油量，机油越多，共轨腔的压力就越大；共轨压力传感器检测共轨腔中的机油压力，发动机控制单元（ECU）将这一实际压力与期望值进行对比，对机油压力进行反馈控制。共轨腔入口有单向阀，共轨中建立压力后，只有液压泵输送的机油压力比共轨腔压力高，单向阀才能打开，即使发动机停止运转，液压泵不再工作，腔内压力也不会泄掉。

在 HEUI 燃油喷射系统中，进入喷油器内的不仅仅是燃油，还有共轨机油。在图 6-50 中，从喷油器上端经过的是机油回路；从喷油器下端经过的是燃油回路。喷油器的结构示意如图 6-51 所示，电磁阀控制的好比一个三通阀，这三个阀口分别是机油进油口、机油回油口和燃油高压腔。当 ECU 根据传感器输入的信号向喷油器输出决定喷油量的脉宽调制（PMW）信号，驱动喷油电磁阀通电时，吸引衔铁和阀杆迅速向上移动，在密封座面 B 处关闭机油进油口和机油回油口之间的通道，与此同时，密封座面 A 打开，高压机油从共轨腔进入机油增压腔。增压活塞在高压机油的推动下克服弹簧预紧力向下移动，推动柱塞压缩燃油。由于增压活塞与柱塞的面积比为（6~10）∶1，因此当机油压力为 20 MPa 时，在克服弹簧预紧力和补偿阀间的泄漏后，还能产生 100~140 MPa 的燃油压力，这个压力已经能够开启高压喷油器。

喷油器下端其实就是一个柱塞泵，燃油进油口向燃油高压腔供油，当柱塞下行密封该进油口后，燃油压力迅速上升，高压燃油打开喷油器针阀，喷射开始。当电磁阀断电后，在回位弹簧的作用下，电磁阀阀杆向下移动，密封座面 A 关闭而密封座面 B 打开，机油增压腔与低压（机油回油口）连通，多余机油流回机油冷却器。由于增压活塞顶部无机油压力作用，增压活塞和柱塞在回位弹簧的作用下向上移动，燃油高压腔压力迅速降低，喷射结束。从整个喷射过程中可知，HEUI 电磁阀与第二代时间控制喷射系统一样，仍然是喷射过程控制的关键。

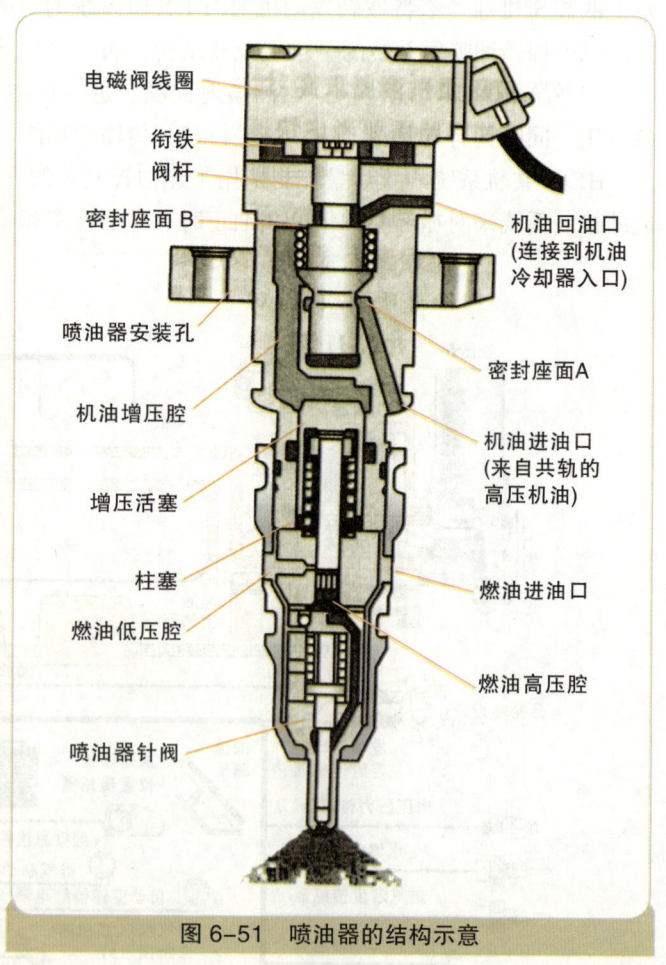

图 6-51　喷油器的结构示意

二、卡特彼勒 3126B 发动机 HEUI 共轨系统

各种类型的 HEUI 共轨系统的最终目的都是使封闭在喷油套筒内的燃油压力升高到足以打开喷油器喷头总成内的喷油针阀,以实现控制喷油。卡特彼勒(Caterpillar)公司在其 3116、3126B、3408E、3412E 和 C-9 型发动机上采用了 HEUI 共轨系统,下面首先介绍 3126B 发动机 HEUI 共轨系统。

1. HEUI 燃油系统的组成

卡特彼勒 3126B 发动机 HEUI 燃油系统的组成如图 6-52 所示,此燃油系统由 6 个基本的零部件组成:液压油泵、液压电子控制单体喷油器(HEUI)、喷油驱动压力控制阀(IAP 控制阀)、喷油驱动压力传感器(IAP 传感器)、燃油输油泵和电子控制模块(ECM)。

HEUI 燃油系统完全不同于其他机械起动的燃油系统,是完全不用调整的,也不能对这些机械式的零部件进行调整,但可以在电子控制模块(ECM)中安装不同的软件来改变系统的参数及性能。

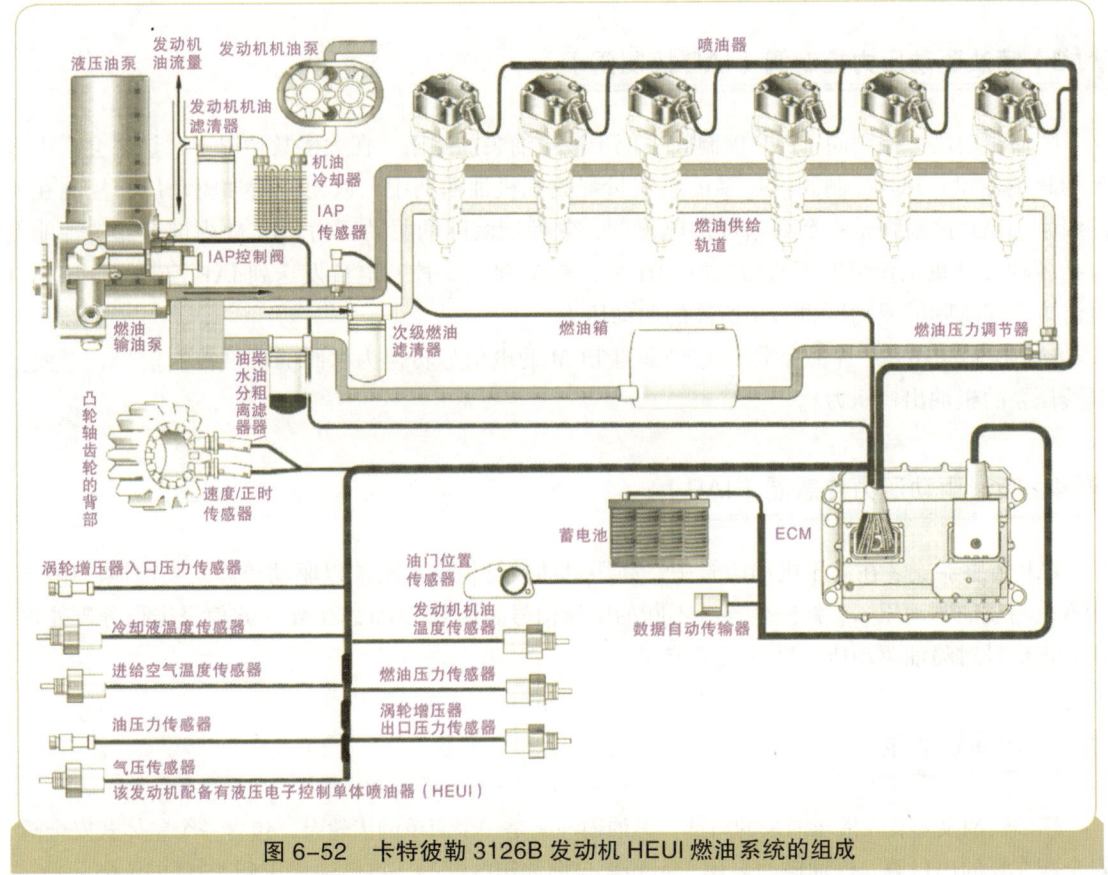

图 6-52 卡特彼勒 3126B 发动机 HEUI 燃油系统的组成

1)液压油泵

液压油泵位于发动机的左前角、具有不变排量的柱塞泵中。它使用一个轴向活塞,一部分发动机润滑油。液压油泵将发动机润滑油加压到喷油驱动压力,该压力是驱动 HEUI 喷油器所需要的。

2）液压电子控制单体喷油器

HEUI 燃油系统使用一个电子控制的单体喷油器，HEUI 喷油器内部有一个柱塞或一个油缸筒将准确数量的燃油喷射到燃烧室中以便控制发动机的性能。HEUI 使用高压下的发动机机油来驱动柱塞，而其他的燃油系统则是使用喷油泵凸轮轴凸轮来驱动柱塞，这与 HEUI 有很大的差别。因此，技术人员必须使用不同的故障诊断和排除方法。

HEUI 使用增压至 6~24 MPa（870~3 500 psi）的发动机润滑油，以便将燃油从喷油器中喷出。HEUI 按照与液压油缸相同的方式工作，使高压机油的力量倍增，由于高压机油力量的倍增，HEUI 能产生极高的喷油压力。高压机油压力被称为燃油的驱动压力，该压力驱动活塞来推压柱塞，实现压力的倍增。由于活塞面积大约比柱塞面积大 6 倍，因此，喷油压力大约比驱动压力大 6 倍。

燃油的低驱动压力会导致燃油的低喷油压力，在空转和起动之类的情况下，就要使用低的喷油压力；燃油的高驱动压力会导致燃油的高喷油压力，在高怠速和加速之类的情况下，就要使用高的喷油压力。如果喷油压力处于最小和最大之间，就还有许多其他的工作情况。不管发动机的速度如何，HEUI 燃油系统提供喷油压力的无级控制。

3）喷油驱动压力控制阀（IAP 控制阀）

喷油驱动压力控制阀（IAP 控制阀）位于液压油泵的侧面。在大多数情况下，该泵会产生多余的机油流量。IAP 控制阀将过多的泵流量释放到机油回路中，以便将喷油驱动压力控制在所需级别。IAP 控制阀是一个高精度的电磁阀，它控制实际的驱动压力。ECM 内部存储的性能图包括各种发动机工作情况下所需的驱动压力，ECM 将一个控制电流发送到 IAP 控制阀，该控制电流应当使实际的驱动压力等于所需的驱动压力。

IAP 控制阀还是一个致动器，它将来自 ECM 的电信号转换为滑阀的机械控制信号，以便控制液压泵的机油出口压力。

4）喷油驱动压力传感器（IAP）

IAP 传感器安装在高压机油歧管中，高压机油歧管供应起动油以驱动单体式喷油器。IAP 传感器监测喷油驱动压力，将一个连续不断的电压信号发回到 ECM，ECM 对此信号进行分析处理，利用该信号对喷油驱动压力进行反馈控制。

5）燃油输油泵

燃油输油泵安装在液压油泵的后部。燃油输油泵是一个简单的齿轮泵，包含一个整体式安全阀，安全阀在泵的出口侧。燃油输油泵用于引导来自燃油箱的燃油，将燃油增压到 450 kPa（65 psi），然后增压燃油被输送至 HEUI 喷油器中。一般将燃油压力限制在 400~830 kPa（60~120 psi），过剩的燃油从安全阀经过内部通道流到泵的入口侧。

6）电子控制模块（ECM）

电子控制模块（ECM）位于发动机的左侧。ECM 是一个强大的计算机，它能对发动机性能进行全面的电子控制。

ECM 使用由几个传感器收集的发动机性能数据，随后利用这些数据调节燃油供给、喷油压力和喷油正时等。ECM 内部包含编有程序的性能曲线图（软件），以便限定功率、扭矩曲线和转速，该软件通常被称为个性模块模件。

某些发动机使用可替换计算机芯片的电子控制模块（ECM），发动机控制软件已安装在可替换的计算机芯片上。

ECM 能记录发动机性能故障。当 ECM 同电子维修工具［如电子检测（ET）或电子控制分析器程序器（ECAP）］一起使用时，它能自动运行诊断试验。

2. 低压燃油系统

卡特彼勒 3126B 发动机低压燃油系统由 5 个基本零部件组成，分别是燃油输油泵、次级燃油滤清器、燃油箱、燃油压力调节器、柴油粗滤器/油水分离器，如图 6-53 所示。

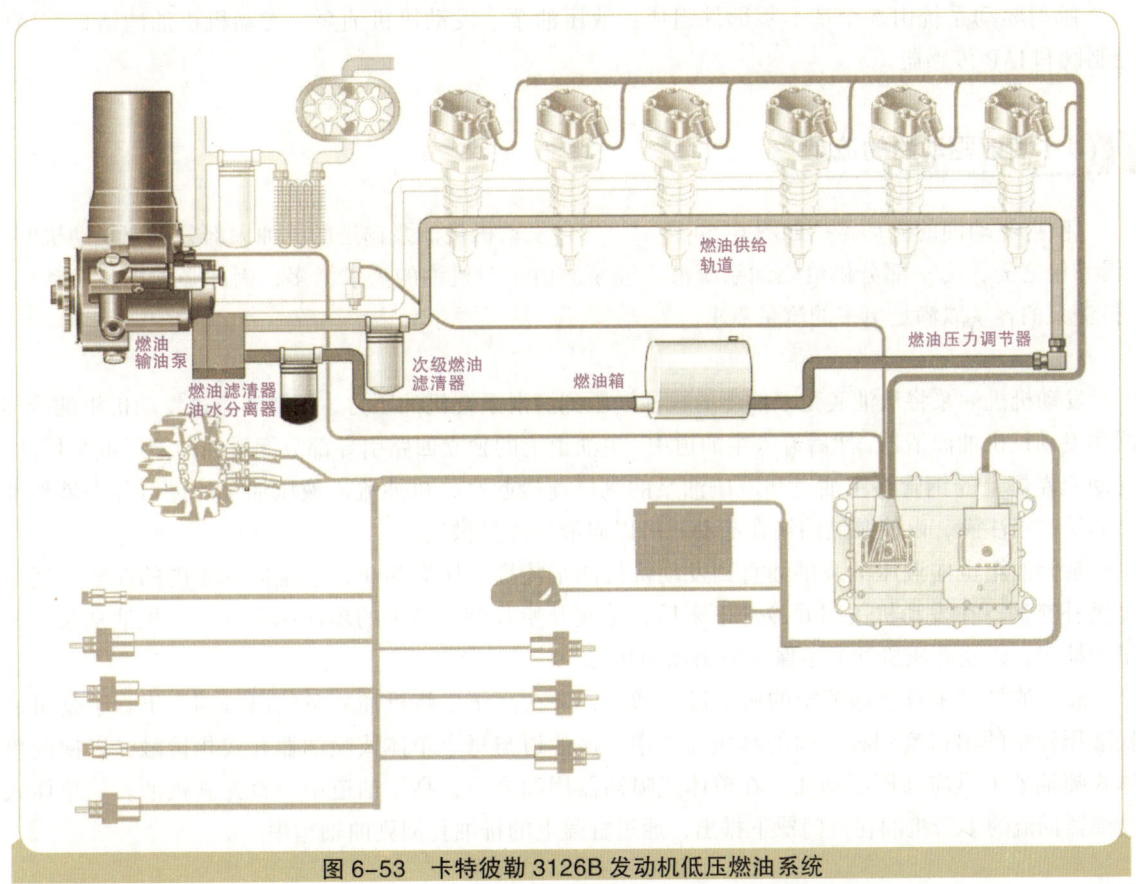

图 6-53　卡特彼勒 3126B 发动机低压燃油系统

低压燃油系统向喷油器供应燃烧用的燃油，同时提供额外的燃油流量，以便冷却单体式喷油器并除去系统中的空气。

燃油输油泵安装在液压油泵的背后，燃油输油泵将增压燃油从出口端压出并将新的燃油吸入

进油口。整个流通过程如下:

燃油从燃油箱抽出并流过柴油粗滤器/油水分离器,然后从柴油粗滤器/油水分离器流到燃油输油泵的入口侧,接着从燃油输油泵的输出口流出并通过燃油滤清器,再从燃油滤清器流到缸盖内的燃油输送通道中。燃油输送通道是一个起始于缸盖前部的钻孔,一直延伸到缸盖的背面。该通道与每个单体式喷油器进油孔相接触,以便向单体式喷油器供油。燃油从输油泵流过缸盖而进入到所有的单体式喷油器中,多余的燃油通过燃油压力调节流出缸盖,最后回到油箱。

燃油压力调节器由孔口和弹簧加载单向阀组成。该孔口是增压供给燃油的节流孔。弹簧加载单向阀在 35 kPa(5 psi)的压力下打开,以便让通过孔口的燃油回到燃油油箱。当发动机关闭并且没有燃油压力存在时,弹簧加载单向阀关闭,以防止缸盖中的燃油流回燃油油箱中。

3. 喷射驱动系统

喷射驱动系统有两种功能:
(1)提供高压油以便开动 HEUI 喷油器。
(2)通过改变油的驱动压力来控制由单体式喷油器产生的喷射压力。

喷射驱动系统由 5 个基本零部件组成:液压油泵、发动机机油泵、发动机机油滤清器、IAP 控制阀和 IAP 传感器。

1)喷射驱动油的流量

喷射驱动油的流动路径如图 6-54 所示,来自发动机机油泵输送的机油大部分供应发动机润滑系统之需,另一部分供给燃油系统液压油泵。由于对机油的需求增多,因此必须提高发动机机油泵的容量以满足更多的流量需求。

发动机机油泵将从油底壳中抽出的机油增压到润滑系统机油压力,润滑油流过发动机机油冷却器和发动机机油滤清器,然后流入主油道中,主油道上的独立回路引导部分润滑油向液压油泵供油。发动机左侧上的钢管将主油道和液压油泵的进口连接起来,机油流入液压油泵的进口并向液压油泵的储油箱注满,以使泵储油箱在起动时可以向液压油泵供油。

泵储油箱也向液压油泵供油直到发动机机油泵能提升压力为止,它也向缸盖内的高压油通道提供补充油。在发动机关闭并冷却下来后,油便开始收缩,泵中的单向阀打开,让机油从泵储油箱中抽出,以使高压机油通道保持充满油的状态。

液压油泵对来自泵储油箱的机油进行增压,并在高压下将机油从泵的出口端压出。于是机油从液压油泵的出口流到缸盖内的高压油道中。该油道与每个单体式喷油器孔穴相接触,以便向单体式喷油器中供应高压起动油。在单体式喷油器用油之前,高压油道中一直充满机油。从单体式喷油器回流的多余机油在气门罩下排出,通过缸盖上的排油孔回到曲轴箱中。

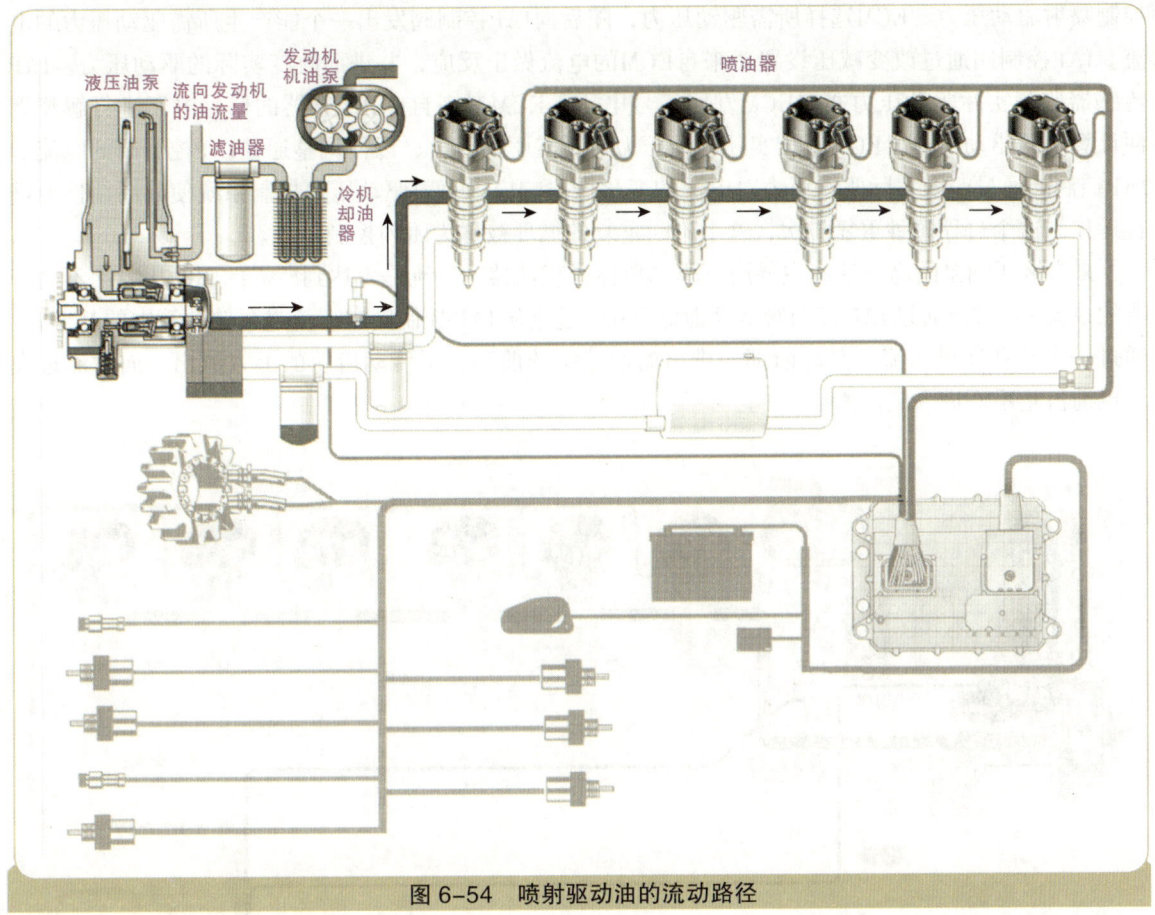

图 6-54 喷射驱动油的流动路径

2) 喷射驱动油的压力控制

液压油泵是一个排量固定的轴向活塞泵,在大多数的工作情况下,液压油泵产生过流,必须将过流排放到泄油管中,以便控制系统压力。IAP 控制阀通过将精确数量的油排放到泄油管中来调节系统驱动油的压力。

系统有两类驱动油的压力:所需驱动压力和实际驱动压力。

(1) 所需驱动压力。所需驱动压力是喷射驱动压力,它是系统为达到发动机最佳性能所需要的。利用 ECM 中的性能曲线图确定的所需驱动压力,是根据多个传感器的信号输入来进行选择的。向 ECM 提供信号输入的传感器有速度—正时传感器、涡轮增压器入口压力传感器、油门位置传感器、涡轮增压器出口压力传感器和冷却液温度传感器。所需驱动压力是不断变化的,这些变化是以负载、各种传感器的输入和发动机速度为依据的。只有在稳定状态条件(稳定的发动机速度和负载)下,所需驱动压力才是恒定的。

(2) 实际驱动压力。实际驱动压力是驱动喷油器的起动油的有效系统压力。IAP 控制阀不断地改变着排放到泄油管中的泵流量。将泵流量排放到泄油管中是为了让实际驱动压力与所需驱动压力相匹配。

HEUI 系统喷射驱动油的压力控制如图 6-55 所示,ECM、IAP 控制阀和 IAP 传感器一起工作以便控制喷射驱动压力。ECM选择所需驱动压力，随后向IAP控制阀发出一个能产生所需驱动压力的电流。IAP控制阀通过改变减压设置对来自ECM的电流做出反应，并进而改变实际的驱动压力。IAP传感器监测实际驱动压力并向ECM发回信号电压。ECM对来自IAP传感器的信号电压进行解释以便计算实际驱动压力。ECM比较实际驱动压力与所需驱动压力，以便调整通往IAP控制阀的电流。IAP控制阀通过改变实际驱动压力对电流的变化做出响应，喷射驱动压力控制系统使其周期性地进行运作。这个过程每秒重复67次，这个不断重复的循环被称为闭环控制系统。

来自液压油泵的高压油流主要用于驱动单体式喷油器。过流是为达到所需的驱动压力而不是需要的泵流量。过流通过IAP控制阀回到泄流管中。过流从IAP控制阀向上流过泵储油箱中的U形管，通过一个钻孔通道而流到泵的前部。排出的油从泵的前部、泵传动齿轮的上方流出，向下流过发动机前齿轮系而进入储油槽。

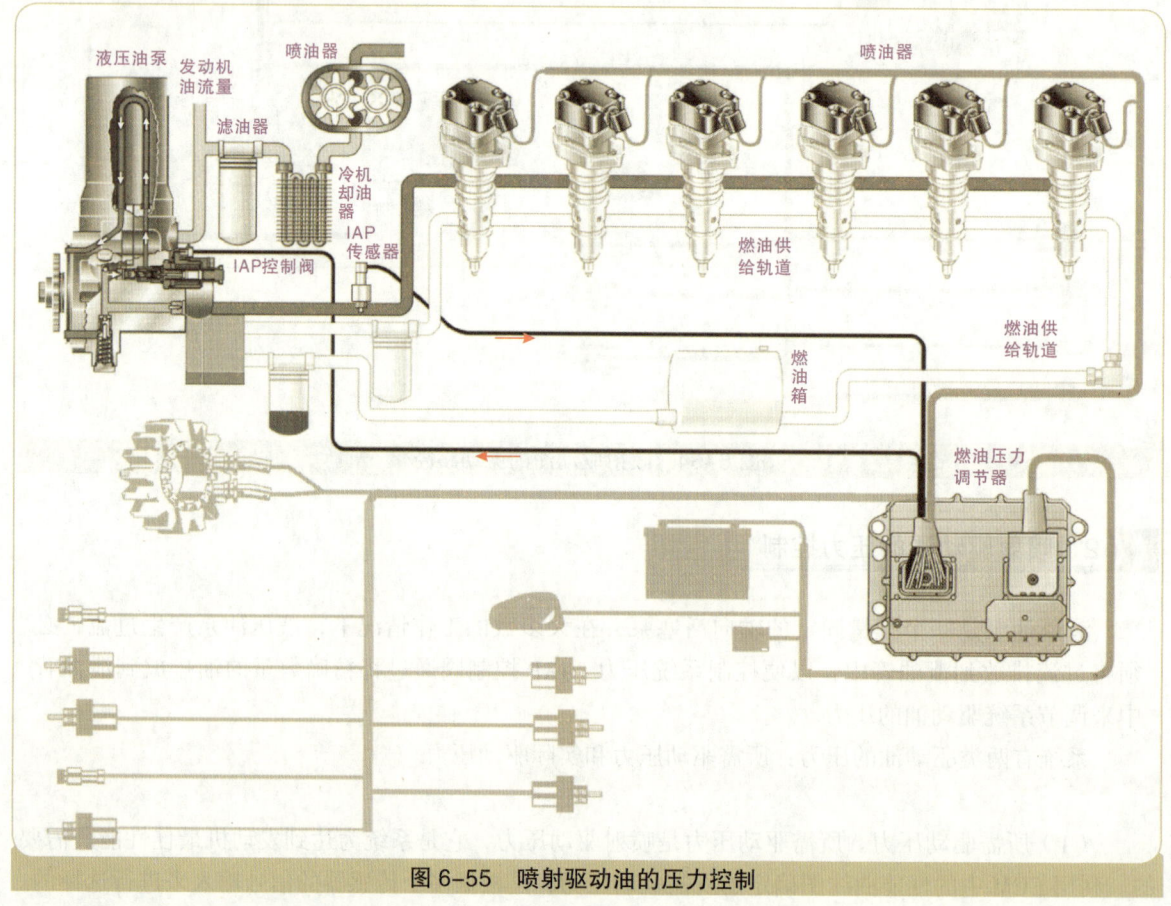

图 6-55 喷射驱动油的压力控制

4. 喷射驱动压力控制阀（IAP 控制阀）

1）IAP 控制阀的结构组成和工作原理

喷射驱动压力控制阀的结构示意如图6-56所示。IAP控制阀由6个基本的零部件组成：电枢、滑阀、滑阀弹簧、提升阀、推针、电磁线圈。IAP控制阀是一个电控操纵的压力控制阀，用来保持选中的系统驱动压力。不管发动机速度、泵流量和单体式喷油器的可变的所需用油量如何，都要保持燃油喷射系统计算出的驱动压力。

IAP 控制阀利用来自 ECM 的可变电流进行工作，以便在电磁线圈中产生一个磁场。该磁场作用于电枢上并产生一个电磁推力，将电枢推向左边。电枢与推针相连，通过推针来控制提升阀的开闭。提升阀保持关闭的磁力受到滑阀室中减小了的液压压力的抵抗，该液压压力试图打开提升阀。在滑阀左侧高压机油的压力作用下，滑阀室内的液压压力不断升高，直至超过了电磁线圈的电磁力为止。当滑阀室内的液压压力超过了电磁线圈产生的电磁力时，提升阀就打开了，打开的提升阀为部分减压油开辟了通往泄油管的流动路径，这样就降低了驱动压力。当减压油的液压压力降至小于提升阀上的电磁力时，提升阀再度关闭。

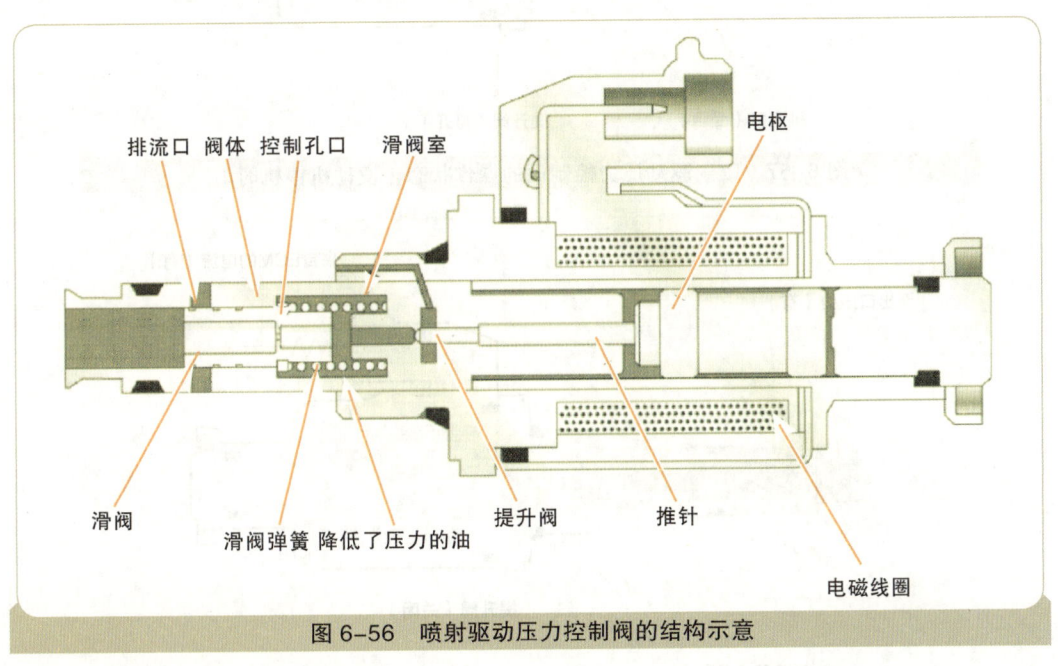

图 6-56　喷射驱动压力控制阀的结构示意

2）IAP 控制阀的压力控制过程

（1）发动机停机时的压力控制。

当发动机停机时，喷射驱动压力控制阀的操作状态如图 6-57 所示。此时，由于发动机没有带动液压泵运转，因而没有泵出口压力，也没有从 ECM 流到电磁线圈的电流。当滑阀弹簧将滑阀完全推到左边时，就完全关闭了排流口，控制阀处于原始状态。

（2）发动机起动时的压力控制。

在发动机刚刚起动时，单体式喷油器大约需要 6 MPa（870 psi）的喷射驱动压力才能动作。低的喷射驱动压力产生了低的燃油喷射压力，这个压力大约为 35 MPa（5 000 psi）。低的燃油喷射压力有助于冷起动。

为了快速起动发动机，必须迅速提高喷射驱动压力。如图 6-58 所示为发动机起动时喷射驱动压力控制阀的工作状态。由于液压油泵是按照发动机发车起动速度转动的，因此泵流量很低，ECM 向 IAP 控制阀发送一个强电流，以使滑阀保持关闭，由于滑阀处于关闭位置，因而阻挡了流向排流口的所有液流。在达到 6 MPa（870 psi）的实际驱动压力之前，流向排流口的液流一直受阻。在达到 6 MPa（870 psi）的实际驱动压力之前，单体式喷油器不能喷油。

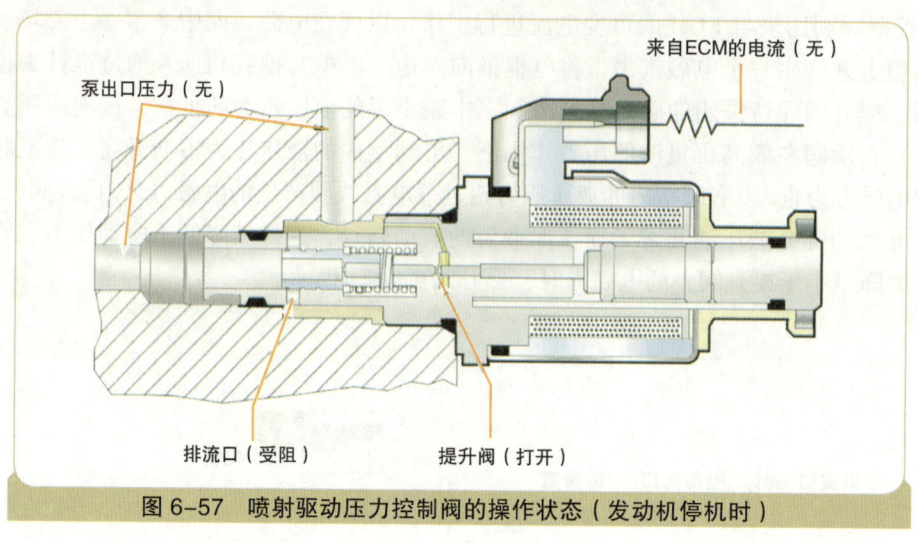

图 6-57 喷射驱动压力控制阀的操作状态（发动机停机时）

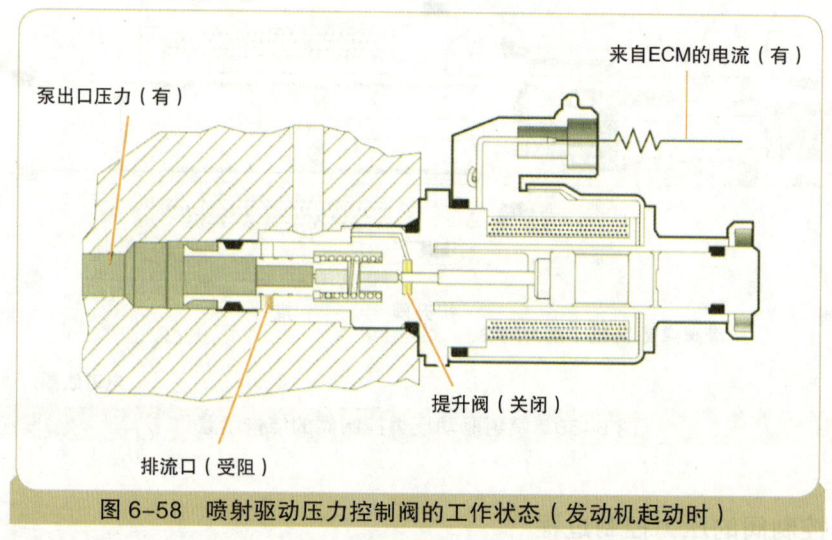

图 6-58 喷射驱动压力控制阀的工作状态（发动机起动时）

如果发动机已经暖机，则起动发动机所需的压力可能高于 6 MPa（870 psi）。所需的驱动压力的数值存储在 ECM 的性能曲线图中，其数值随发动机温度的变化而变化。一旦单体式喷油器开始运作，ECM 就控制了通到 IAP 控制阀的电流。在发动机起动之前，ECM 和 IAP 控制阀保持 6 MPa（870 psi）的实际驱动压力。ECM 通过位于高压油歧管中的 IAP 传感器来监测实际驱动压力。ECM 通过监测几个传感器输入信号来确定所需的驱动压力，并向 IAP 控制阀发送一个预定电流。ECM 也对高压油通道中的所需驱动压力和实际驱动压力加以比较。ECM 调整通往 IAP 控制阀的电流强度，以使实际驱动压力等于所需驱动压力。

（3）发动机起动时的油流量。

如图 6-59 所示，当发动机起动时，泵出口压力进入阀体末端，并作用于滑阀左侧。泵出口压力试图将滑阀推向右边（排流口的打开方向），少量的机油流过滑阀中心的控制孔进入滑阀室（滑阀弹簧腔）。此时，来自 ECM 的电流使电磁线圈产生一个磁场，磁场力将电枢推向左侧，该电枢对推针和提升阀施力，提升阀是将滑阀弹簧腔中的油排放到排流管中的唯一通道。泵出口压力流使压力积聚在滑阀弹簧腔中,由于从滑阀弹簧腔到排流管的信道受阻,在滑阀弹簧腔中的压力等于泵出口压力。

滑阀弹簧力和弹簧腔中的机油压力相结合使滑阀固定在左侧,当滑阀固定在左侧时,排流口是关闭的。在实际驱动压力达到 6 MPa(870 psi)之前,所有的泵流量都通往高压油歧管。

(4)发动机运行时的压力控制。

一旦发动机运转,ECM 就控制了进入到 IAP 控制阀的电流,以便保持所需的驱动压力。IAP 传感器监测缸盖内高压油信道中的实际驱动压力。ECM 每秒钟对实际驱动压力和所需驱动压力比较 67 次。如果这些压力不匹配,ECM 就会调整通往 IAP 控制阀的电流大小,以使实际驱动压力等于所需驱动压力。

通过调整电磁线圈的电流使提升阀保持关闭的磁力,增加电流会导致关闭提升阀的磁力增强,而减少电流会导致关闭提升阀的磁力减弱。

图 6-59 中,当提升阀关闭时,滑阀弹簧腔中的压力就会升高。当滑阀弹簧腔中的压力超过使提升阀保持关闭的磁力时,提升阀将向右运动,在滑阀弹簧腔中的一些压力油就会逸出到排液管中,这将引起滑阀弹簧腔中的压力下降。当滑阀弹簧腔中的压力下降时,提升阀关闭。提升阀关闭时,压力再次升高,如此重复这个循环过程。此过程控制在滑阀弹簧腔中的减压油(减压油对滑阀产生作用),试图将滑阀移到左侧。当滑阀移到左边时,排流口就被堵住了,电磁力的大小决定了滑阀的位置。

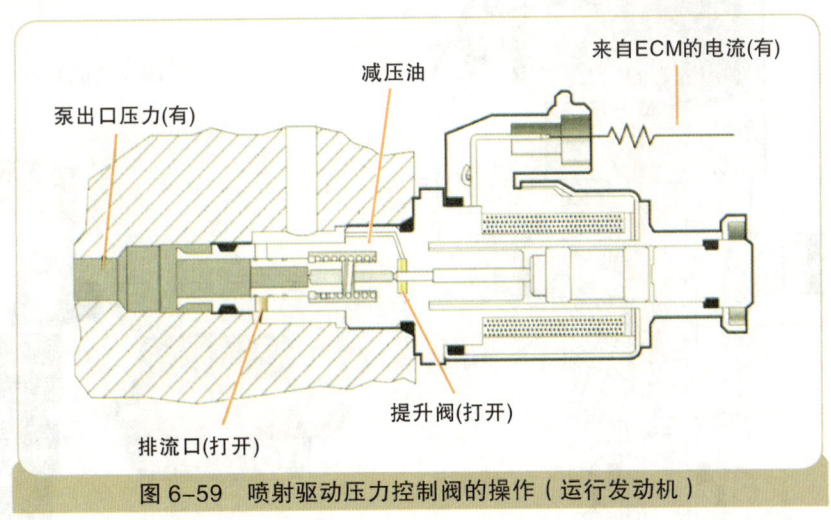

图 6-59 喷射驱动压力控制阀的操作(运行发动机)

滑阀弹簧的力和滑阀弹簧腔中的减压油的力试图将滑阀推向左边,以便堵住排流口,排流口堵住后,泵出口压力将升高,升高了的泵出口压力又将滑阀推向右边。

由于机械弹簧有一个固定的弹簧变化率,因此必须调节滑阀中的减压油以便控制泵出口压力。可以用来自 ECM 的电流量来控制减压油,提升或降低滑阀中的减压油压力以便控制泵出口压力。在大多数情况下,提升阀和滑阀在部分打开的位置上工作。提升阀和滑阀仅在下列情况下才完全打开或完全关闭:加速、减速、快速地改变发动机负荷。

(5)发动机运行时的油流量。

当泵出口压力进入阀体末端时,有少量的油通过滑阀中的控制孔口流入滑阀弹簧腔。通过调节加在提升阀上的力来控制滑阀弹簧腔中的压力。调节提升阀上的力可以让提升阀泄掉一些滑阀弹簧腔中的油。磁场强度决定了提升阀上的力,该磁场是由来自 ECM 的电流产生的。提升阀对滑阀弹簧腔中的压力变化做出响应,而滑阀试图使其右侧上的力等于其左侧上的力,这就需要改变位置以平衡滑阀上的力,滑阀的位置决定了打开的排流口上的表面积的大小。

排流口的打开面积控制了由泵出口排出的油量。为了保持所需的驱动压力,就要从泵出口泄出部分高压机油。提升阀对滑阀两侧压力变化的响应速度非常快,从而能使滑阀一直保持在部分打开的位置上,并且能严格控制泵出口的压力。IAP控制阀可以在6~24 MPa(870~3 500 psi)对泵出口压力进行无级的可变调节。

5. HEUI 喷油器

1）HEUI 喷油器的结构组成和工作原理

HEUI 喷油器的结构示意如图 6-60 所示,它是由 5 个基本零部件组成的,分别是电磁线圈、提升阀、增压器活塞与柱塞、油缸筒和喷嘴总成。

HEUI 喷油器能使供应燃油的压力从 450 kPa(65 psi)升高到 162 MPa(23 500 psi),通过单体式喷油器喷嘴中的量孔喷出高压燃油,并将正确数量的雾化燃油均匀地分散到整个燃烧室中,从而起到喷油器的作用。

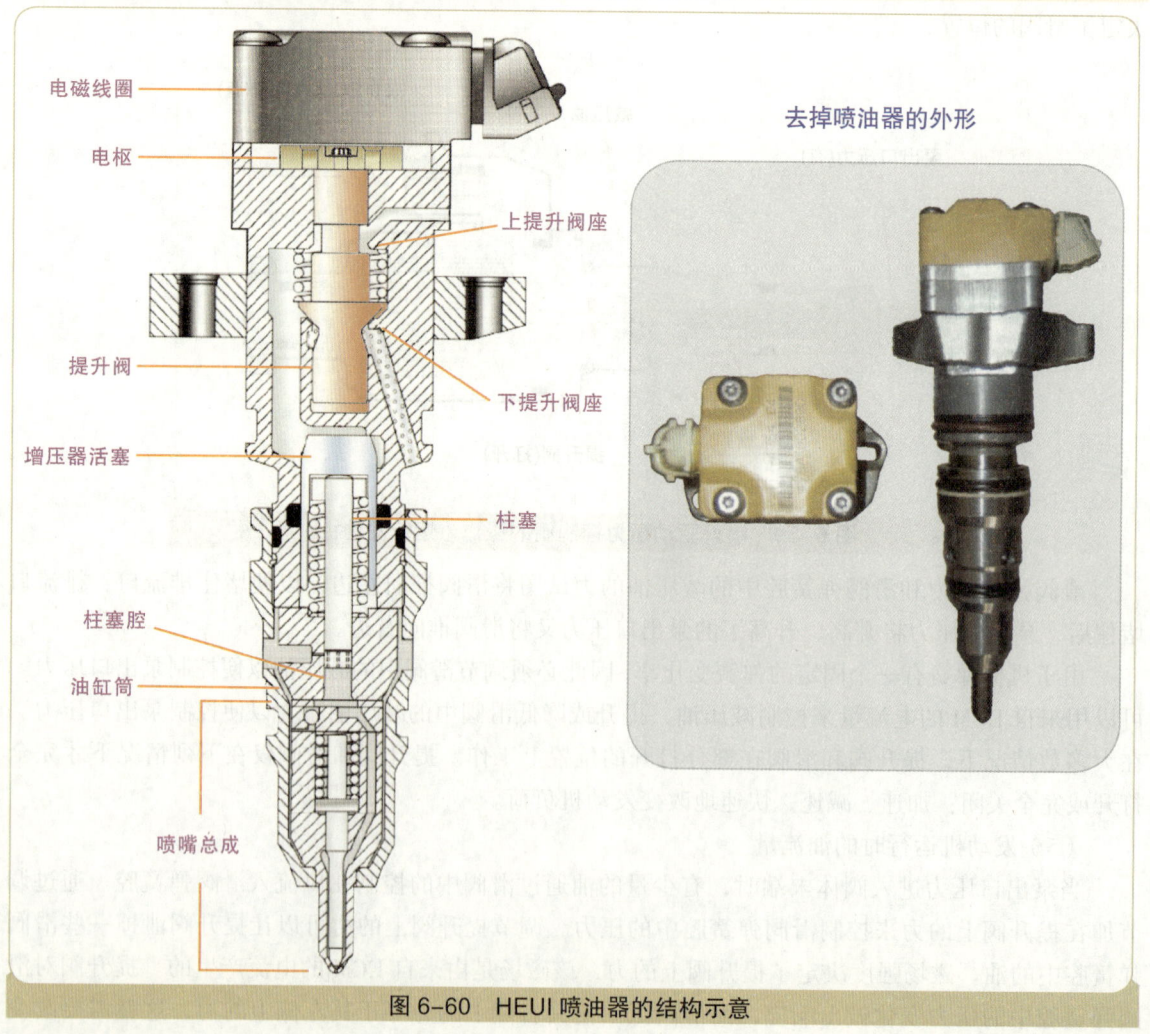

图 6-60 HEUI 喷油器的结构示意

（1）电磁线圈。

电磁线圈与电枢组成一个电磁铁。在给电磁线圈通电时，电磁线圈就产生了一个很强的磁场。该磁场吸引用电枢螺钉与提升阀连接的电枢。当电枢朝着电磁线圈运动时，电枢举起提升阀使其脱离下提升阀座，给电磁线圈通电和将提升阀从下提升阀座上提起，从而燃油喷射过程开始。

（2）提升阀。

提升阀有两个状态——打开与闭合。

在闭合状态下，弹簧将提升阀座固定在下提升阀座上。闭合的下提升阀座关闭高压驱动油进入单体式喷油器。打开的上提升阀座将位于增压器活塞上部腔体中的机油排放到机油回流通道中。

（3）增压器活塞和柱塞。

增压器活塞的表面积比柱塞的表面积大6倍。较大的表面积使作用力倍增。倍增的作用力可让24 MPa（3 500 psi）的起动油产生162 MPa（23 500 psi）的燃油喷射压力。当提升阀从下提升阀上移开时，高压机油就进入了单体式喷油器。当高压机油进入单体式喷油器中时，高压起动油推压增压器活塞的顶部，加在增压器活塞上的压力增高，该压力向下推压增压器活塞和柱塞。此时，柱塞向下运动对柱塞腔体中的燃油加压，柱塞腔体中的增压燃油使喷嘴总成打开。当喷嘴总成打开时，燃油开始供给到燃烧室中。增压器活塞周围的大的O形密封圈将增压器活塞上的机油和增压器活塞下的燃油分开。

（4）油缸筒。

油缸筒是紧固柱塞的油缸，柱塞在油缸筒内部运动，柱塞和油缸筒共同起着泵的作用。柱塞和油缸筒是精密配合耦件，它们之间的工作间隙为0.002 5 mm。为了产生大于162 MPa（23 500 psi）的喷射压力而且没有过多的泄漏，就需要紧密的间隙。

（5）喷嘴总成。

喷嘴总成的结构示意如图6-61所示。被加压到喷射压力的燃油从柱塞腔体中压出，通过喷嘴中的燃油通道而进入喷嘴尖端中。喷嘴针阀通过弹簧作用力紧压在尖端末端的尖端量孔上，此时的喷嘴是关闭的，这样能防止燃油从尖端量孔向外泄漏，并能在油缸点火时防止燃烧气体压入单体式喷油器中。

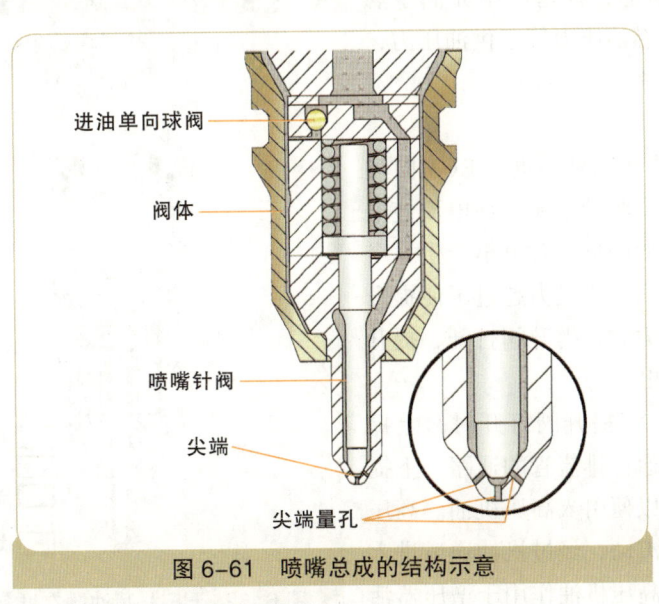

图6-61 喷嘴总成的结构示意

当喷射压力增大到约为28 MPa时,加在针阀腔上的液压力就大于使喷嘴针阀紧压阀座的弹力。当液压力超过弹簧作用力时,喷嘴针阀就从尖端上移开,向上抬起,喷嘴打开,燃油从尖端末端上的尖端量孔中喷出,喷入燃烧室。喷嘴针阀保持在打开状态,燃油继续从尖端上喷出,直到燃油喷射压力降到28 MPa以下。当压力下降时,针阀关闭,燃油喷射停止。允许止针阀关闭的压力数值称为阀门关闭压力。

在柱塞向上运动的过程中,进油单向球阀从原位上移开,以便让柱塞腔重新注满燃油。当柱塞向下运动时,进油单向球阀回到原来位置并密封起来,以防止燃油喷射压力返回到低压燃油供给系统中。进油单向球阀的作用就是进油时单向打开,柱塞压缩燃油时关闭,使柱塞腔建立喷射压力。

2)HEUI喷油器的喷射过程

HEUI喷油器的喷射有以下5个阶段:
- 准备喷射(充注燃油)。
- 预喷射。
- 喷油延迟。
- 主喷射。
- 喷射停止。

(1)准备喷射(充注燃油)。

HEUI喷油器在准备喷射时的工作状态如图6-62所示。在准备喷射循环中,HEUI喷油器的内部零部件处于原始状态,电磁线圈没有通电,下提升阀座是关闭的。下提升阀座阻止了高压机油进入单体式喷油器中。柱塞和增压器活塞在活塞腔的顶部,柱塞腔中充满了燃油。此时柱塞腔中的燃油压力等于供油压力,供油压力大约为450 kPa(65 psi)。

(2)预喷射。

当ECM起动单体式喷油器时,ECM向喷油器电磁线圈输出一个驱动电流,该电流使电磁线圈产生一个强大的磁场,对电枢产生一个电磁吸力。当电磁线圈的磁吸力超过了使提升阀保持关闭的弹簧张力时,提升阀打开,提升阀从下提升阀座上移出。

如图6-63所示,当提升阀打开时,上提升阀座堵住了活塞腔通往排流管的通路,下提升阀打开提升阀腔,以便引入高压机油。高压机油沿着提升阀周围流动,经过机油通道进入增压器活塞的顶部。高压机油作用于增压器活

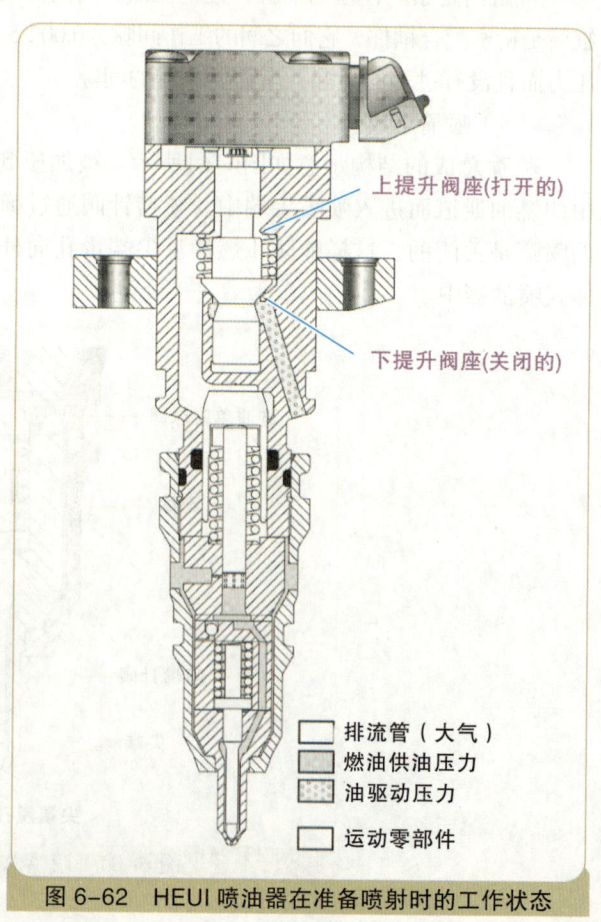

图6-62 HEUI喷油器在准备喷射时的工作状态

塞的顶部，将活塞和柱塞往下压，柱塞向下运动并对柱塞腔和喷嘴总成中的燃油加压。当压力达到约为28 MPa阀的开启压力时，喷嘴针阀向上抬起，喷射开始。但这个预喷射过程相对主喷射的持续时间是很短的。

在3126B柴油发动机上的燃油系统有一个称为预喷射计量（PRIME）的特征。预喷射计量（PRIME）是对低排放具有好处的一个特征，而且PRIME系统能显著降低燃烧噪声。与其他的燃烧系统在一个喷射循环中将大量的燃油一次性喷射到燃烧室所不同的是，PRIME喷油器将一个燃油喷射过程分为两个分离的部分：首先，是一个在暂短延迟后的小的预喷射；然后，喷油器发送一个大的主喷射。预喷射的主要目的并非产生动力，而是企图建立一个火焰传播前沿。预喷射有助于使大的主喷射燃烧得更为完全，并使其处于受控的方式之下。

在发动机的某些工作情况下（如重负荷），当喷油器在一次大的喷射中喷出燃油时，燃油趋向于爆炸燃烧而不是以受控的方式燃烧，这就会导致发动机敲缸，并排放出氮氧化合物（NO_x）。

PRIME喷油器在产生一个小的预喷射之前的暂短延迟给预喷射留下了为起动燃烧所需的时间。主

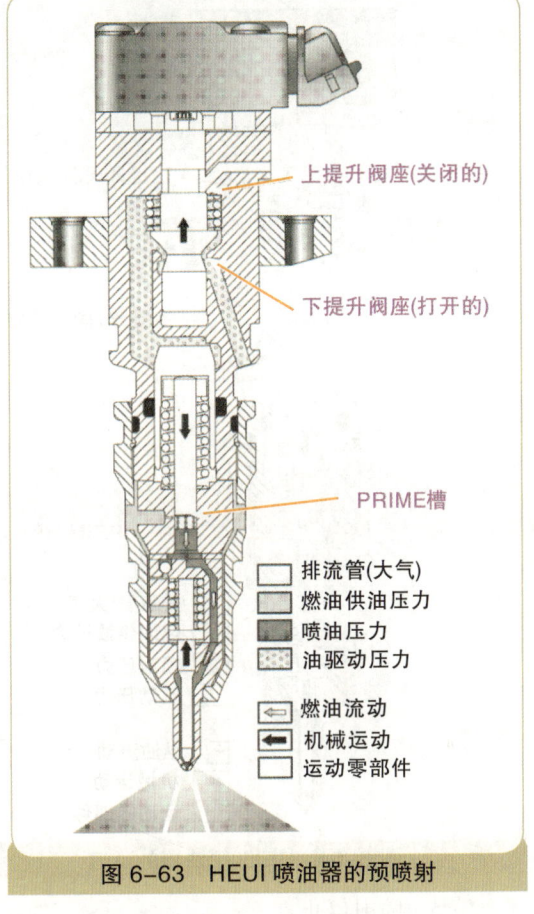

图6-63 HEUI喷油器的预喷射

喷射发生在预喷射之后，并被传送到由预喷射所建立的火焰前沿之中，因此主喷射立即被点燃，雾状柴油顺利而充分地燃烧。完全燃烧大大减少了颗粒（烟灰）和NO_x的产生和排放，也使发动机的燃烧噪声减少了50%，发动机燃烧噪声的减少使发动机的工作噪声明显安静下来。

（3）喷油延迟。

在预喷射过程中，柱塞上的PRIME槽与油缸筒中的溢出端口对齐之前，电磁阀保持通电，柱塞继续向下运动并继续将燃油喷射到燃烧室中。如图6-64所示，当柱塞中的PRIME槽与油缸筒中的溢出端口对齐后，在柱塞下面的高压燃油能向上流动，高压燃油流过柱塞底部的3个孔。然后，高压燃油从柱塞槽和溢出孔中流出，并流回燃油输送通道中。高压燃油的损耗使喷射压力下降到阀门的关闭压力（VCP）以下。当针阀的弹簧作用力超过了降低后的喷射燃油压力时，止回阀关闭，燃油喷射停止。这样就结束了预喷射并开始了暂短的喷射延迟期。

（4）主喷射。

HEUI喷油器的主喷射过程如图6-65所示。在对电磁线圈通电时，提升阀仍然是打开的。当提升阀打开时，高压机油继续进入活塞腔，向下推压增压器的活塞和柱塞。喷射压力在34~162 MPa之间波动，其大小取决于发动机的需要，而喷油继续到电磁线圈断电或增压器活塞下行到柱塞腔底部时。当电磁线圈断电时，提升阀弹簧立即关闭提升阀。当提升阀关闭时，高压油就被切断了，预喷射之后的一个持续时间相对较长的喷油就是主喷射过程。

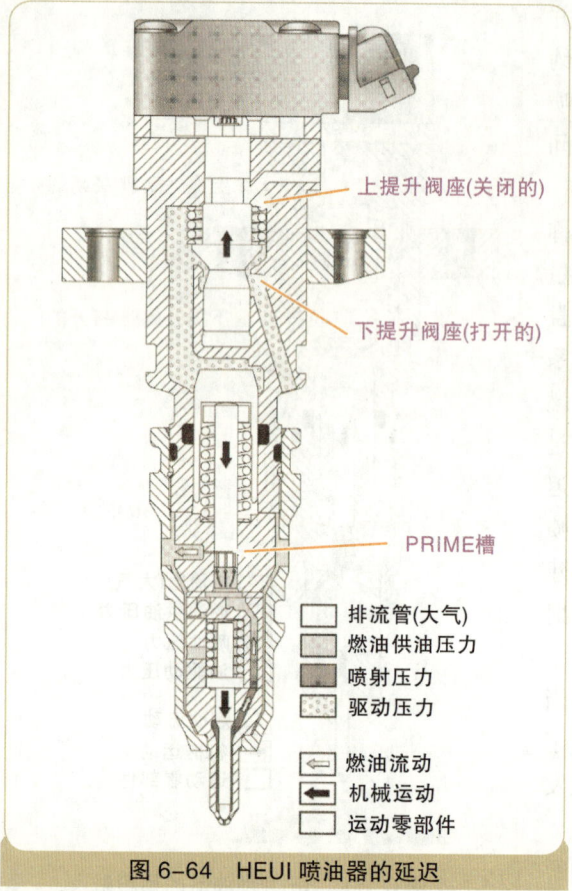

图 6-64 HEUI 喷油器的延迟

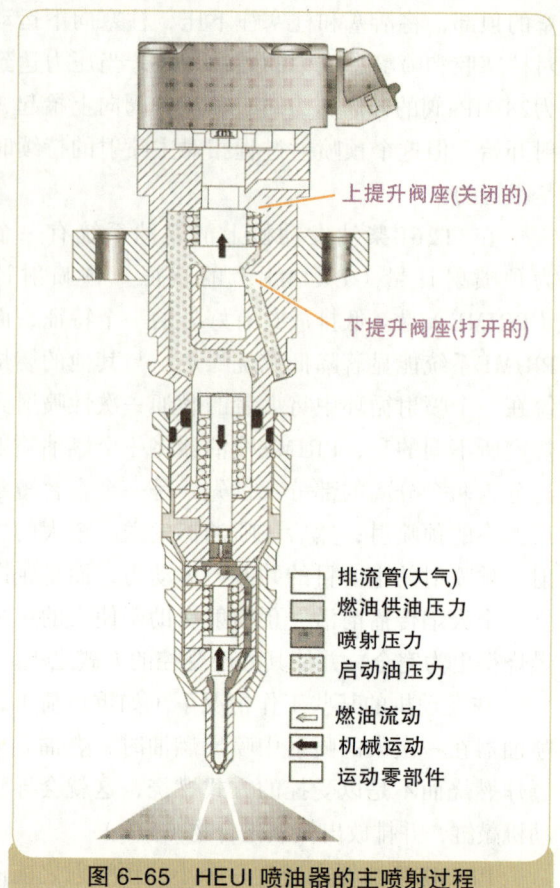

图 6-65 HEUI 喷油器的主喷射过程

（5）喷射停止。

如图 6-66 所示，当 ECM 切断通到单体式喷油器电磁线圈的电流时，电磁线圈的磁场受到破坏，磁场力不能超过提升阀弹簧的作用力，提升阀回到下提升阀座中。当提升阀关闭时，高压机油就不再进入单体式喷油器。随着下提升阀座的关闭，上提升阀座向排流管打开。当上提升阀座向排流管打开时，燃油的驱动压力下降。

柱塞下的燃油喷射压力对柱塞和增压器活塞施加一个向上的力。随着增压器活塞上方的油驱动压力下降，加在增压器活塞上的向下的力也开始下降。柱塞下面向上的燃油喷射压力变得比加在增压器活塞上向下的力还要大。增压器活塞和柱塞的向下运动停止。

增压器活塞顶部的受压机油通过打开的上提升阀座流到排流管，通过排油孔道而进入气门罩下面的摇臂室。

在柱塞向下的运动停止后，燃油也停止流动。在喷嘴针阀打开的同时，剩余的燃油压力将

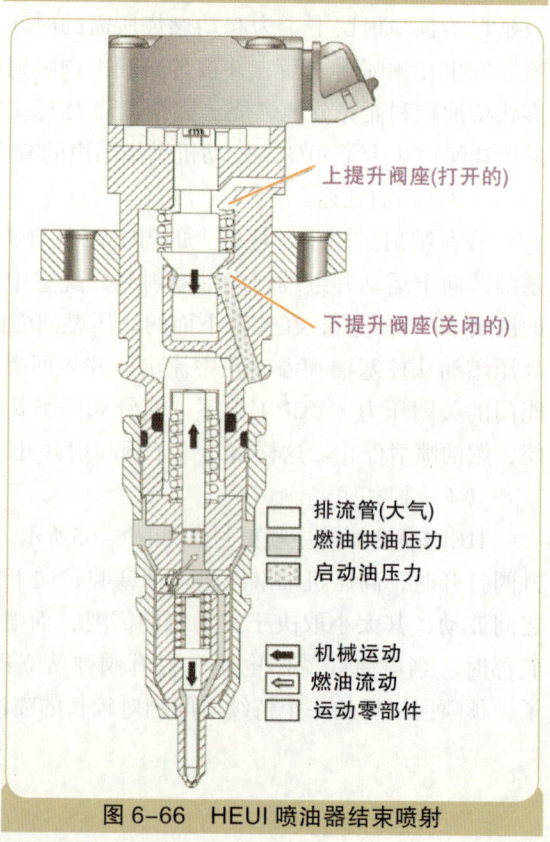

图 6-66 HEUI 喷油器结束喷射

少量的燃油从量孔中压出。这将引起一个大的压力降,它使喷射压力降到阀门关闭压力(VCP)之下。在喷嘴针阀上的弹簧作用力使喷嘴针阀重新回复到尖端之中,并且喷射停止。

在喷嘴针阀关闭时,喷射停止。当喷射停止时,燃油充注循环过程开始。在增压器活塞腔上面的区域通过上提升阀座对大气压力敞开,该压力在增压器活塞上面的腔体中迅速下降到接近于零。柱塞的回程弹簧向上推压柱塞和增压器活塞,当杆塞和增压器活塞向上运动时,迫使机油沿着上提升阀座流动,机油流过上提升阀座之后,从排油孔道流出。

随着柱塞的上升,柱塞腔中的压力也下降到接近于零。燃油供油压力为450 kPa (65 psi)。燃油供油压力使柱塞进油单向球阀微微打开,以便用燃油注满柱塞腔。当增压器活塞被推压到孔穴顶部时,加注循环过程就结束了。加注循环结束时,燃油就填满了柱塞腔,进油单向球阀的钢球回到原来位置,在增压器活塞和提升阀腔室上方的压力为零。此时,就完成了燃油喷射循环过程,单体式喷油器准备重新开始工作。

三、卡特彼勒 C-9 发动机 HEUI 共轨系统

1. HEUI 燃油系统的组成

卡特彼勒 C-9 发动机也是采用 HEUI 共轨燃油系统,其控制原理与 3126B 发动机相似,只是液压泵和喷油器这两大主要部件的结构有所不同。如图 6-67 所示,C-9 发动机 HEUI 燃油系统由以下 5 个基本组件组成:

(1)液压电子单体式喷油器(HEUI)。
(2)电子控制单元(ECM)。
(3)液压泵。
(4)燃油输油泵。
(5)喷油促动压力传感器。

1)液压电子单体式喷油器(HEUI)

卡特彼勒 C-9 发动机的喷油器实物外形如图 6-68 所示。液压电子单体式喷油器(HEUI)燃油系统利用电子控制的单体喷油器进行喷射。柴油发动机所有喷油器的内部都包括柱塞和泵筒,以便在高压下将燃油泵入燃烧室。HEUI 使用高压发动机机油为柱塞提供动力,泵入精确数量的燃油进入燃烧室,以便控制发动机的性能。

HEUI 使用加压到 6~25 MPa 的发动机润滑油从喷油器中泵出燃油。HEUI 和液压油缸的工作方式相同,以增加高压油的压力。通过增加高压油的压力,HEUI 能产生非常高的喷油压力。燃油压力的增加通过将高压油的压力施加到活塞上来实现,同 3126B 发动机的喷油器类似,活塞的大小约是柱塞的 6 倍,活塞由发动机的高压润滑油提供动力,并能够推动柱塞。发动机的高压润滑油被称为机油的促动压力,机油的促动压力产生单体式喷油器的喷油压力,喷油压力大约为促动压力的 6 倍。

较低的机油促动压力产生较低的喷油压力。在怠速和起动等低速状态下,喷油器具有较低的喷油压力。

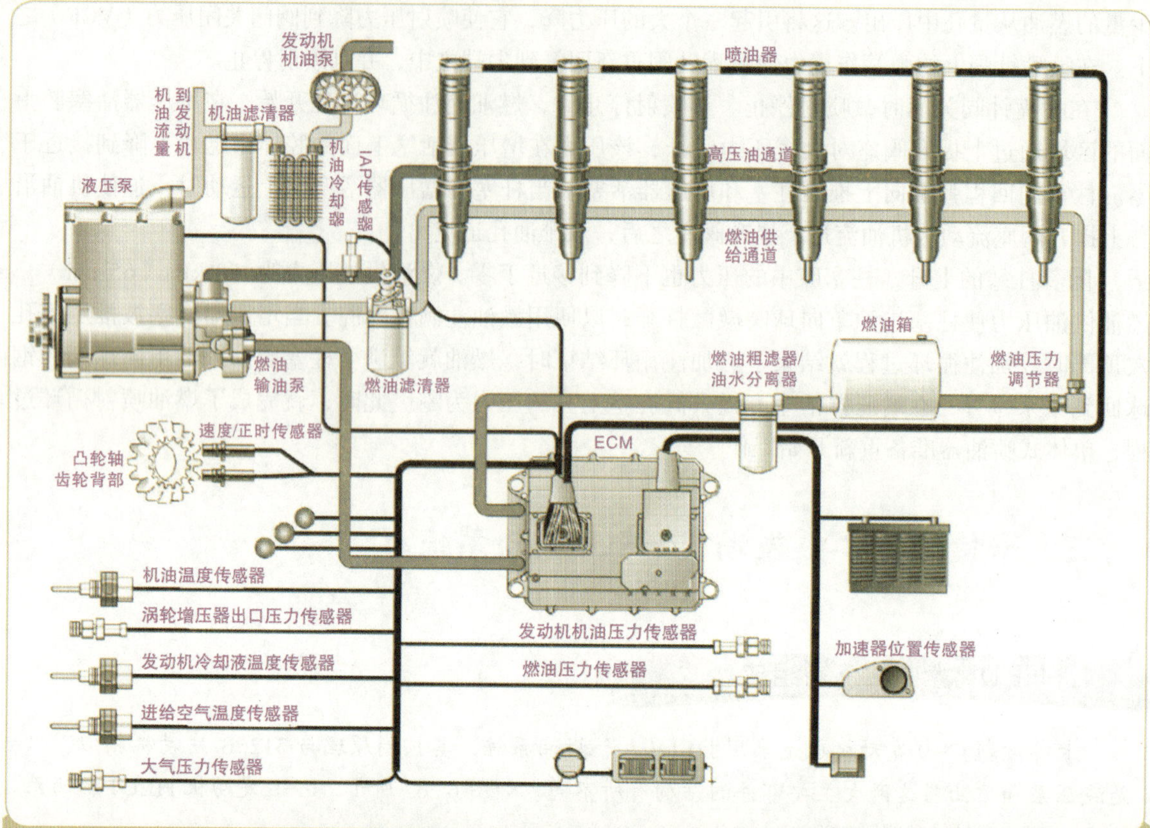

课题六 电控高压共轨系统

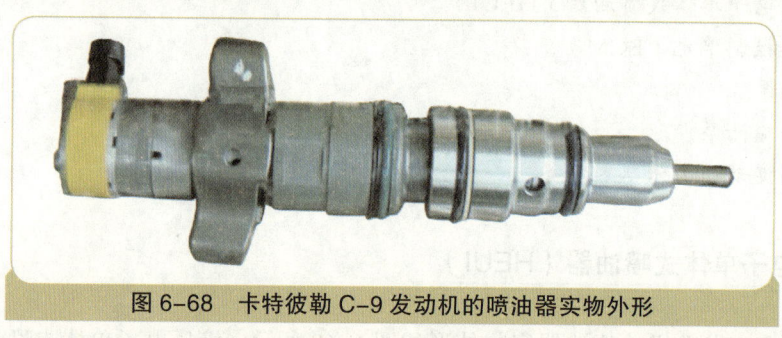

图 6-67　卡特彼勒 C-9 发动机 HEUI 燃油系统

图 6-68　卡特彼勒 C-9 发动机的喷油器实物外形

较高的机油促动压力产生较高的喷油压力。在最大扭矩和加速等高速状态下，喷油器产生较高的喷油压力。

在最小和最大的喷油压力之间，存在许多其他的工作状况。不管发动机的转速如何，HEUI 燃油系统都能提供无限的喷油压力控制。

2）电子控制单元（ECM）

发动机的电子控制单元（ECM）位于发动机的左侧。ECM 是一个功能强大的计算机，它能对发动机性能实现完全的电子控制。ECM 使用几个传感器收集发动机的性能数据，利用这些数据来调整燃油输送、喷油压力及喷油正时。ECM 包含编程的性能图（软件），以说明功率、扭矩曲线及每分钟的转数。该软件通常被称为个性模块。

与 3126B 发动机不同的是，C-9 柴油发动机的程序存储器是不能更换的，因为它在 ECM 内部是固定的一部分，但它是一个可擦写的存储器，可以通过卡特彼勒电子技术（ET）的闪烁编程功能再编程。

ECM 还可以记录发动机的性能故障。当 ECM 和 ET 一起使用时，ECM 也能够执行几种自动诊断测试。

3）液压泵

单体式喷油器液压泵位于发动机左前角，其外形如图 6-69 所示。C-9 发动机的单体式喷油器液压泵是一种变量输送活塞泵。

单体式喷油器液压泵使用一部分发动机润滑油，将这部分发动机润滑油的压力增加到所需的喷油促动压力，以给 HEUI 喷油器提供喷射压力。

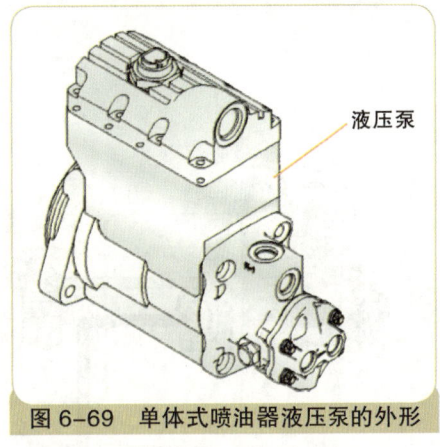

图 6-69 单体式喷油器液压泵的外形

4）燃油输油泵

如图 6-70 所示，燃油输油泵安装在单体式喷油器液压泵的后面。使用燃油输油泵是为了从燃油箱中泵取燃油。同时，使用燃油输油泵还能够将燃油压力增加到 450 kPa（65 psi）。增压后的燃油被供应到喷油器。

燃油输油泵是一种齿轮泵，由液压泵的泵轴驱动。燃油输油泵的安全阀将输出压力限制在 689±69 kPa（100±10 psi）以内。燃油从油箱中吸出，进入泵的入口。齿轮的旋转使燃油通过次级燃油滤清器流出泵的出口，并进入缸盖内的供油通道。

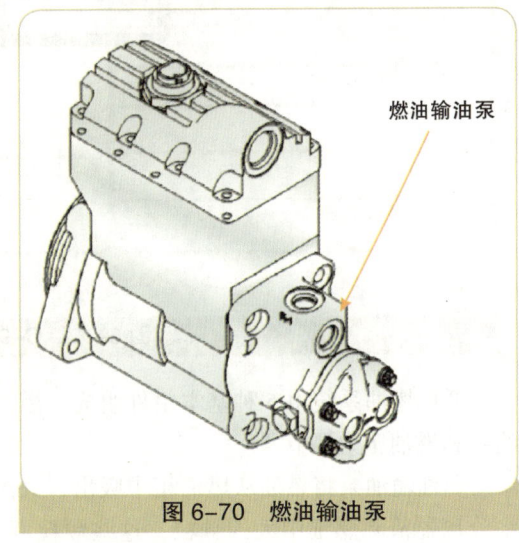

图 6-70 燃油输油泵

5）喷油驱动压力传感器（IAP）

喷油驱动压力传感器（IAP）安装在高压油歧管内，如图 6-71 所示。高压油歧管提供起驱动作用的机油，给单体式喷油器提供喷射能量。IAP 传感器监控喷油驱动压力，将连续的电压信号反馈到 ECM，ECM 将该信号进行转换，使 ECM 在任何时候都能够感知到喷油驱动压力。

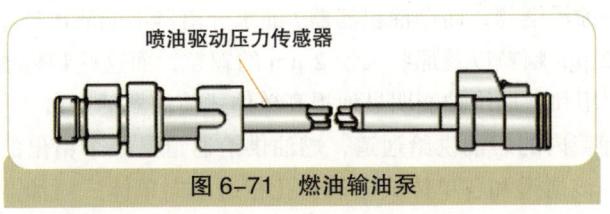

图 6-71 燃油输油泵

2. 低压燃油系统

C-9 发动机的低压燃油系统如图 6-72 所示。它具有两种功能：一是为喷油器提供用于喷射的燃油；二是提供多余的燃油以排除系统中的空气。除此之外，低压燃油还流经 ECM，用于冷却 ECM 元件。

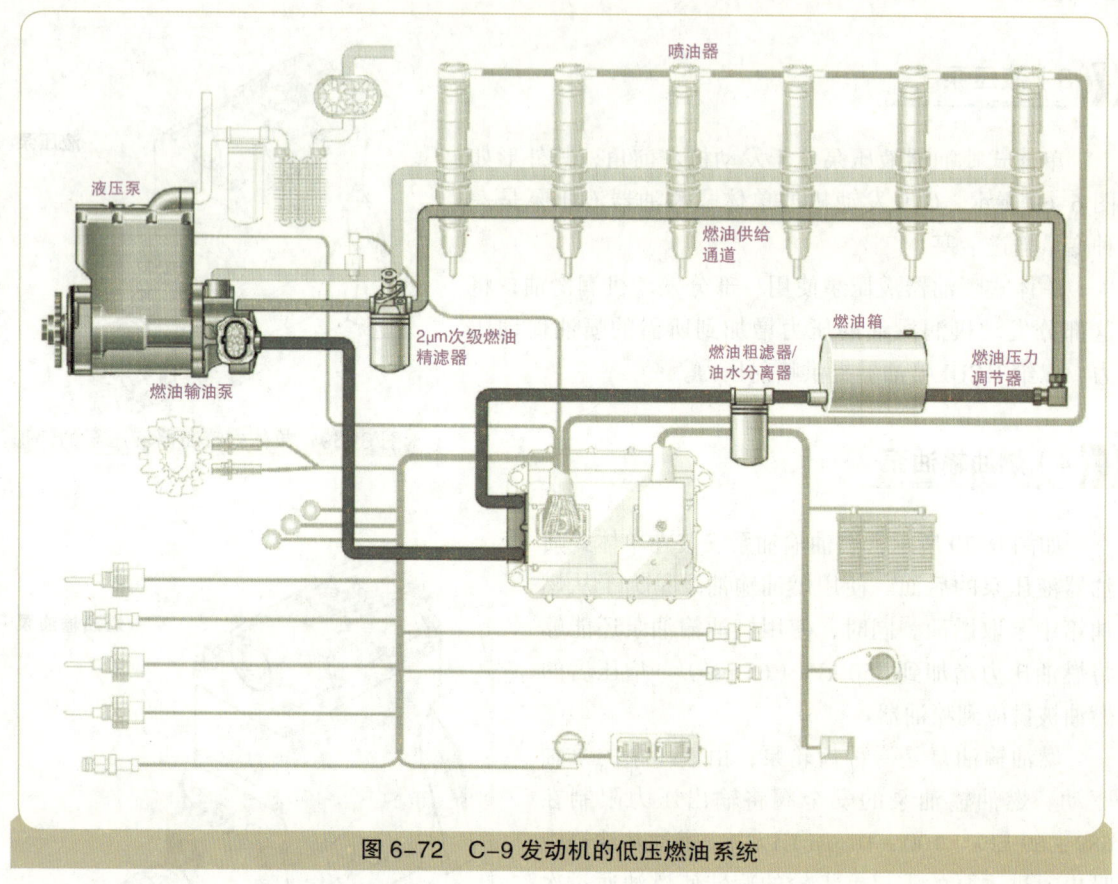

图 6-72 C-9 发动机的低压燃油系统

低压燃油系统由 5 种基本组件组成：燃油箱、燃油粗滤器/油水分离器、燃油滤清器、燃油输油泵和燃油压力调节器。

燃油输油泵将燃油从燃油箱中吸出，并流经 12 μm 燃油粗滤器/油水分离器。燃油粗滤器/油水分离器清除燃油中大的颗粒，这些颗粒可能在泵油过程中进入油箱，也可能通过燃油箱的通风口进入油箱。燃油粗滤器也可分离出燃油中的水分，水分在燃油粗滤器/油水分离器底部的滤杯中被收集起来。

燃油从燃油粗滤器/油水分离器流向燃油输油泵的进口侧，燃油输油泵进口的单向阀打开以允许燃油流入泵内；燃油停止流动后，单向阀关闭以防止燃油从进口流出。燃油在泵内从进口流向出口，增压后的燃油从泵的出口流向 2 μm 次级燃油精滤器。这些燃油滤清器都是高效率的，能够清除燃油中十分细小的磨蚀污染物，而燃油粗滤器/油水分离器不能滤出这些细小的污染物。燃油精滤器能够清除 98%的 2 μm 颗粒以及那些大于 2 μm 的颗粒，而这些颗粒能导致单体式喷油器磨蚀损坏。燃油精滤器的使用和定期维护能明显地提高单体式喷油器的寿命。

燃油从精滤器流向缸盖内的燃油供给通道，燃油供给通道是一个钻出的孔，该孔起始于缸盖前端，延伸到缸盖后部，该通道和各单体式喷油器孔相通以向单体式喷油器提供燃油。燃油从输油泵通过缸盖流向所有的单体式喷油器，多余的燃油从缸盖后部流出，再流入燃油压力调节器。

燃油压力调节器由一个节流孔和一个有弹簧的单向阀组成。节流孔是一个流量限制装置，它能够增加供油压力。簧压的单向阀在压力为 35 kPa（5 psi）时打开，以使从节流孔流出的燃油流回油箱。当发动机熄灭并且不存在油压时，簧压的单向阀关闭。簧压的单向阀关闭是为了防止缸盖中的燃油流回油箱。

3. 喷射驱动系统

1）驱动油流量

喷射驱动系统如图6-73所示。它具有两种功能：一是供应高压油以给HEUI喷油器提供喷射动力；二是喷油驱动系统也能控制喷油压力，该压力是通过改变机油的驱动压力并由喷油器产生的。

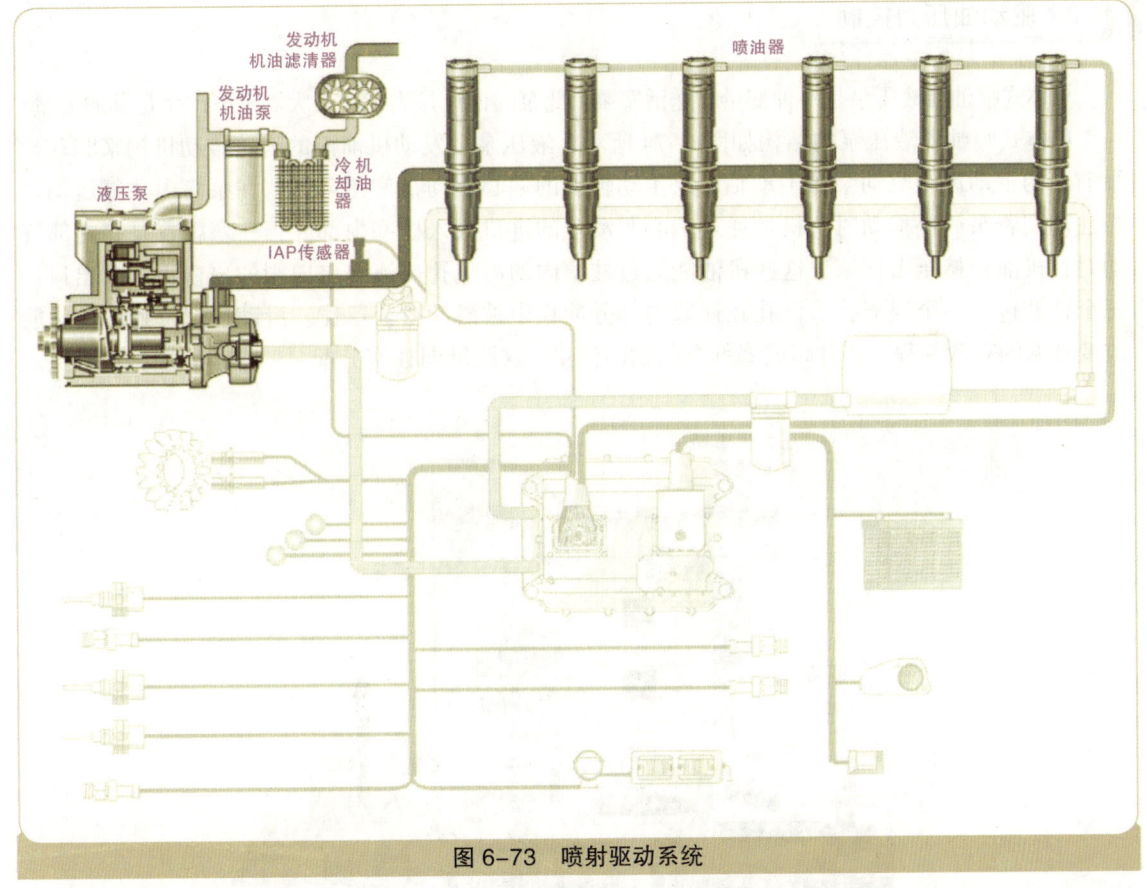

图 6-73 喷射驱动系统

喷射驱动系统由4种基本组件组成：发动机机油泵、发动机机油滤清器、液压泵和喷油驱动压力传感器（IAP 传感器）。

同 3126B 发动机一样，发动机机油泵中的机油首先满足发动机润滑系统的需要，其次再供应到喷油驱动系统的液压泵，以满足液压泵产生高压机油的需要。为了符合必要的额外流量的需求，发动机机油泵的容量已经被提高。

课题六 电控高压共轨系统

从机油箱中吸出的机油被发动机机油泵加压到润滑系统的机油压力，机油从发动机机油泵流出，通过发动机机油冷却器、发动机机油滤清器，然后流进主油道。从主油道分离出来一个油路，引导一部分润滑油并把机油供给液压泵。发动机左侧的钢管把主油道和液压泵进口连接起来，连接点在发动机侧盖上歧管的顶部端口处。

机油流入单体式喷油器液压泵进口并充满泵腔。泵腔在起动过程中为单体式喷油器液压泵提供机油，直到发动机机油泵能够升高压力，泵腔还能为缸盖的高压油道补给机油。当发动机熄火并且冷却后，机油冷缩，泵内的单向阀允许从泵腔中吸出机油，以使高压油道保持充满的状态。

泵腔内的机油在单体式喷油器液压泵中被加压，使得机油在高压下被排出液压泵的出口，然后机油从单体式喷油器液压泵的出口流入缸盖内的高压油道。

高压油道和各单体式喷油器孔相通以向喷油器提供高压驱动机油。高压驱动机油从单体式喷油器液压泵通过缸盖流向所有的喷油器。机油被容纳在高压油道内，直到被单体式喷油器使用。已经被单体式喷油器排出的机油，在气门盖下被排出，这些机油通过缸盖内的排油孔流回曲轴箱。

2）驱动油压力控制

单体式喷油器液压泵是一种变量输送活塞泵，此泵的设计是为了在最大需求下产生足够的流量。

单体式喷油器液压泵的结构如图 6-74 所示，液压泵由发动机前面的齿轮传动机构来驱动，泵前面的主动齿轮驱动泵的主动轴，泵主动轴上的偏心驱动盘使得泵柱塞在泵筒内往复运动。当柱塞朝着泵筒外移动时，机油通过偏心驱动盘的进口吸入柱塞内部。当柱塞朝着泵筒内部移动时，机油被挤压出柱塞。这些机油能通过柱塞内的溢流孔或流出单向阀的出口进入泵出口。每个柱塞包含一个溢流孔，该孔在柱塞的部分冲程中被滑动衬套罩住。滑动衬套位置的变化能改变柱塞的有效冲程，并升高或降低泵的输出流量，这跟轴向柱塞分配泵的控油原理有点相似。

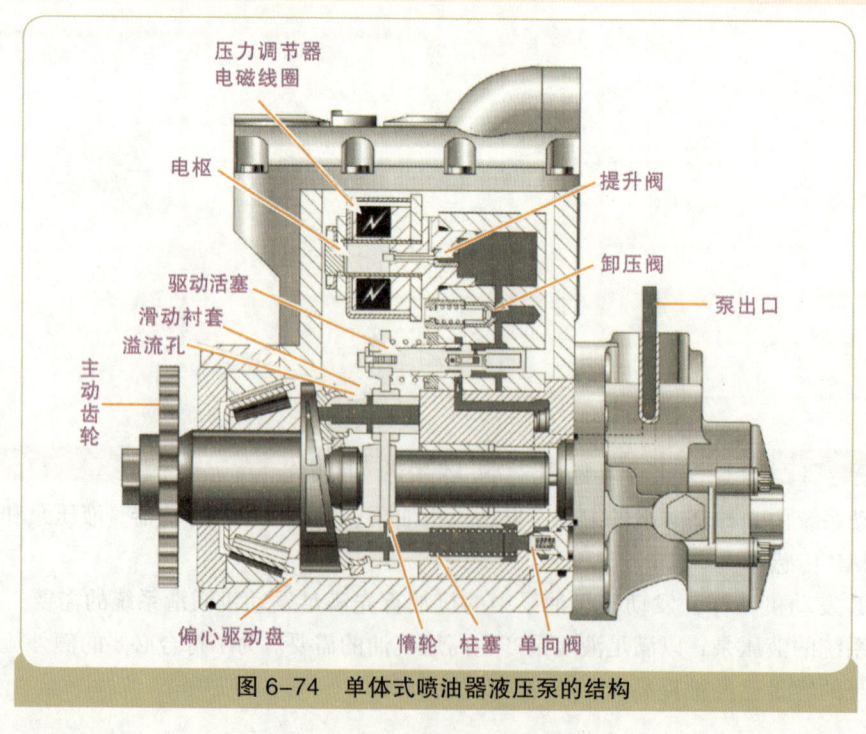

图 6-74　单体式喷油器液压泵的结构

喷油驱动系统的压力通过泵输出流量和喷油驱动系统所要求的流量相匹配来控制。柱塞滑动衬套的位置可以改变，以控制泵的输出流量。滑动衬套向左移动能够盖住较长的一段柱塞溢流孔，这能够增加有效泵油冲程并提高泵的输出流量。滑动衬套向右移动能够盖住较短的一段柱塞溢流孔，这能够减小有效泵油冲程。滑动衬套向右移动也能够降低泵的输出流量。

柱塞滑动衬套连接到一个惰轮上，惰轮连接到驱动活塞上，驱动活塞左右移动能够使惰轮和滑动衬套向左或向右移动相同的距离。

有三种力作用在驱动活塞上，它们是弹簧力、泵的输出压力和控制压力。

弹簧力和控制压力的合力与泵的输出压力的方向相反，这三者的合力确定了促动活塞的位置。泵的输出压力作用在驱动活塞的左侧，这个力使得驱动活塞向右移动并降低泵的流量；控制压力作用在驱动活塞的右侧，这个力使得驱动活塞向左移动并增加泵的流量；弹簧力也作用在驱动活塞上，这个力使得驱动活塞向左移动并增加泵的输出流量。

控制压力取决于从 ECM 到泵压力调节器电磁阀电流的大小。较少的泵输出油量进入驱动活塞内的一个小油槽中，流出节流孔并进入控制压力腔。腔内的压力受到一个小提升阀的限制，提升阀打开能允许腔内的一部分机油流向排油孔。由作用在电枢上的磁场产生电磁力，使得提升阀闭合。磁场的强度确定了控制压力腔内的机油压力，该压力能够打开提升阀。

电磁阀的电流增强能引起下列因素的增强：
（1）磁场强度。
（2）电枢和提升阀的作用力。
（3）打开提升阀的控制压力。

电磁阀的电流下降能引起下列因素减弱：
（1）磁场强度。
（2）电枢和提升阀的作用力。
（3）打开提升阀的控制压力。

电磁阀的电流增强引起控制压力升高，使泵的输出压力随之升高；电磁阀的电流减弱引起控制压力降低，使泵的输出压力随之降低。

ECM 监控驱动压力，不断地改变泵压力调节器的电流以控制驱动压力。在闭环电路中，ECM、IAP 传感器、泵压力调节器 3 大组件协同工作以控制驱动压力。

闭环电路按下列方式工作：
（1）ECM 通过收集传感器输入的信息和软件工作图确定理想的驱动压力。
（2）ECM 通过来自 IAP 传感器的恒定电压信号来监控实际的驱动压力。
（3）ECM 不断地改变泵压力调节器的控制电流，从而改变泵的输出压力。

理想的驱动压力是指为了使发动机性能最优化，系统所需要的喷油驱动压力。理想的驱动压力由 ECM 内的性能图确定，ECM 选择理想的驱动压力。这种选择建立在许多传感器输入信号的基础上。这些传感器包括加速踏板位置传感器、增压压力传感器、速度—正时传感器和冷却液温度传感器。

课题六 电控高压共轨系统

理想的驱动压力是不断变化的,其变化以不同的输入信号为依据,发动机转速和负载的变化也能导致理想驱动压力发生变化,理想的驱动压力只有在稳定状态(稳定的发动机转速和负载)下才是恒定的。实际的驱动压力是正在为喷油器提供动力的驱动油的实际系统压力,ECM 和泵压力调节器不断改变泵的输出流量,这种不断的变化使得实际的驱动压力与理想的驱动压力趋于相等。

(3)泵压力调节器阀的工作

泵压力调节器的工作有以下三个阶段,下面进行一一分析。

(1)发动机熄火时泵压力调节器的控制。

如图 6-75 所示,当发动机熄火时,由于发动机不运转,液压泵不工作。因此,没有来自液压泵的泵输出压力,也没有从 ECM 发送给压力调节器的电流。此时,只有驱动弹簧力的作用,驱动弹簧推动驱动活塞完全地向左移动,图中未标出的惰轮和滑动衬套也向左移动。滑动衬套位于最左边,液压泵位于最大流量位置。

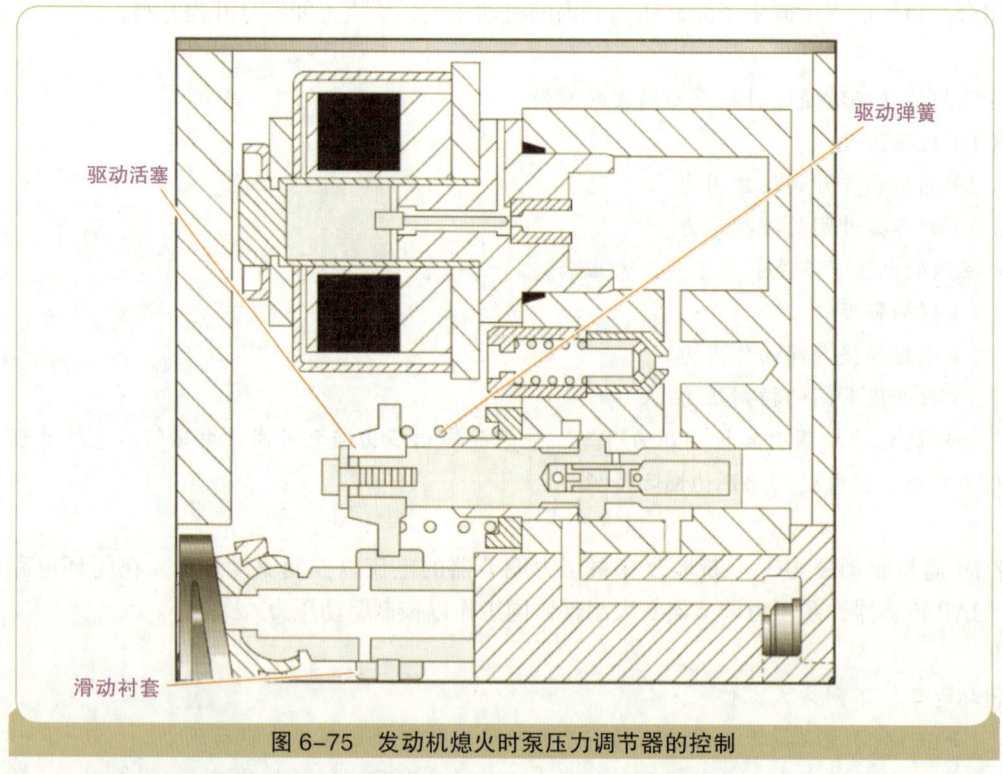

图 6-75 发动机熄火时泵压力调节器的控制

(2)发动机起动时泵压力调节器的控制。

在发动机起动过程中,大约需要 6 MPa(870 psi)的喷油驱动压力来激活单体式喷油器。这个低的喷油驱动压力产生一个大约 35 MPa(5 000 psi)的燃油喷射压力。低的燃油喷射压力有助于发动机冷起动。

为了迅速起动发动机,喷油驱动压力必须迅速升高。因为单体式喷油器液压泵正在以发动机的起动速度运转,所以泵流量非常低。如图 6-76 所示,当发动机起动时,ECM 向压力调节电磁阀发送一个强电流以使提升保持关闭,当提升阀位于关闭位置时,流向排油孔的所有机油被阻止,控制压力等于泵的输出压力,作用在驱动活塞两侧的液压力相等。驱动弹簧将驱动装置固定在左侧,泵产生最大流量直到达到6 MPa的理想压力。这时,ECM减小供给压力调节电磁阀的电流以降低控制压力。控制压力的降低允许驱动活塞向右移动,这能够降低泵的输出流量以保持6 MPa的理想压力。

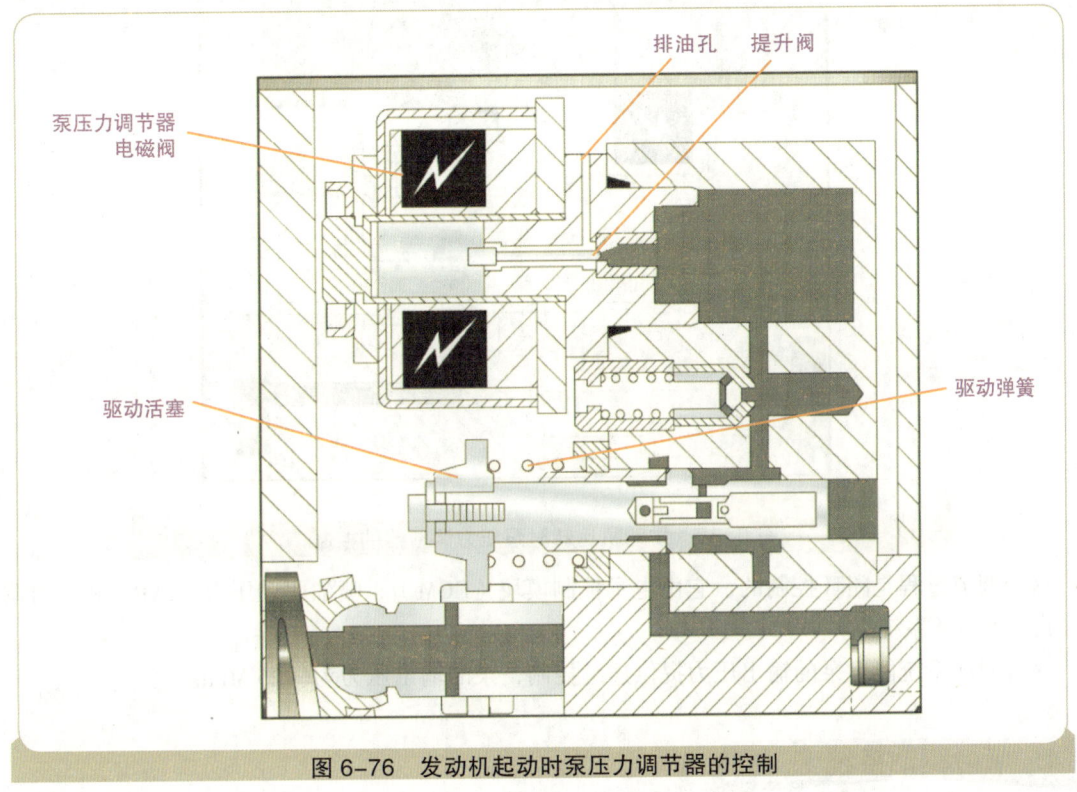

图6-76　发动机起动时泵压力调节器的控制

如果发动机已经预热,起动发动机所需的压力可能要高于6 MPa。理想驱动压力值存储在ECM的性能图中,其值随发动机的温度而不同。一旦组合式喷油泵开始工作,ECM就会对泵压力调节器的电流加以控制。ECM和泵压力调节器电磁阀将保持驱动压力在6 MPa左右,直到发动机起动。ECM通过位于高压油歧管内的IAP传感器来监控实际的驱动压力,通过监控几种电子输入信号来建立理想驱动压力,并向泵压力调节器的电磁阀发送一个预先确定的电流。ECM还将理想的驱动压力和高压油道内实际的驱动压力加以比较,来调整供给泵压力调节器电磁阀的电流以使实际的驱动压力与理想的驱动压力趋于一致。

(3) 发动机运转时泵压力调节器的控制。

一旦发动机起动,ECM就会对泵压力调节器的电流加以调节,以保持理想的驱动压力。IAP传感器监控缸盖高压油道内实际的驱动压力,ECM每秒将实际的驱动压力和理想的驱动压力比较几十次,当实际的驱动压力与理想的驱动压力不匹配时,ECM调整泵压力调节器的电流,从而调节液压泵的出口压力,即实际的驱动压力。

当发动机运转时,泵压力调节器的控制如图6-77所示。泵输出流量的少量机油流经驱动活塞并进入控制压力腔,控制压力升高。升高的压力使得提升阀离开阀座,提升阀打开,以允许机油流向排油孔,泄出一部分机油,这将使驱动活塞右侧的机油压力降低。由于此时驱动活塞左侧的机油压力大于右侧,故驱动活塞带动滑动衬套向右移动一个距离,以调节机油的出口压力。ECM通过升高或降低泵压力调节器电磁阀的电流以及提升阀的合力来改变控制压力。

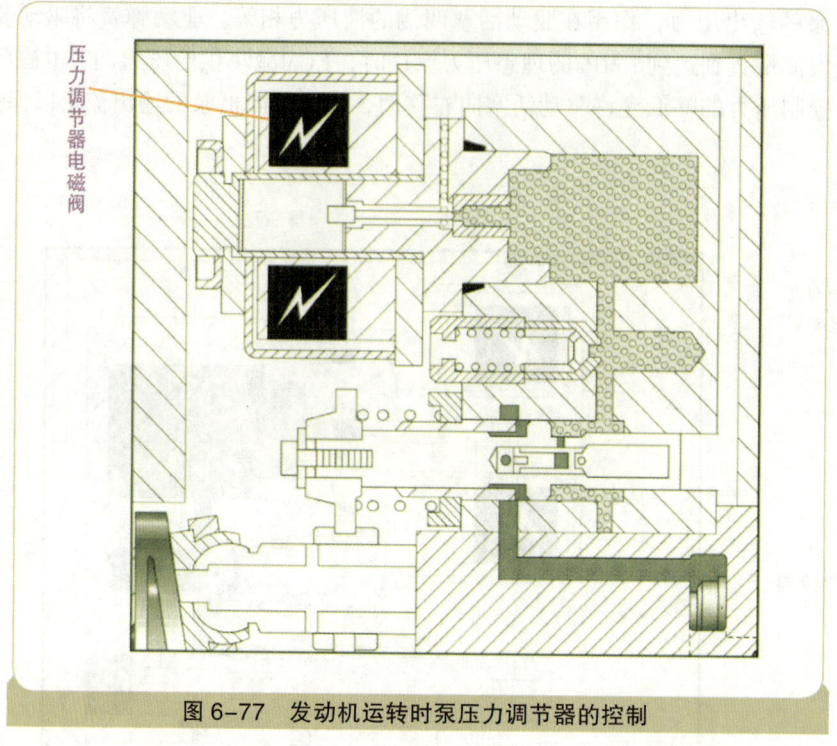

图 6-77 发动机运转时泵压力调节器的控制

这个调节过程是闭环控制的,它由电子控制模块(ECM)、喷油驱动压力(IAP)和压力调节器构成一个闭环系统。

这种闭环系统能对泵的输出压力提供连续控制,泵的输出压力为 6~25 MPa。

4. 喷射驱动系统

在液压共轨电喷燃油系统上市 5 年之后,卡特彼勒公司完成了第二代产品(B 型)的设计方案。在 HEUI-B 系统中,最大的结构区别是以两级阀代替了菌型阀。B 型液压共轨电喷喷油器具有一个独特的阀门装置,单个电磁线圈控制放大器的燃油压力和控制喷嘴单向阀的燃油压力。新一代 HEUI-B 喷油器的供油速率和喷油压力更高。

1) HEUI-B 喷油器的结构组成

HEUI-B 喷油器的结构如图 6-78 所示,由 3 个主要部分组成:上端的驱动器(A)、中部的泵油装置(B)和下端的喷嘴组件(C)。

喷油器上端的驱动器(A)包括电磁线圈、电枢弹簧、电枢、滑阀弹簧、座销、滑阀和增压活塞止回球。

喷油器中部的泵油装置(B)包括增压活塞、回程弹簧、柱塞和柱筒。

喷油器下端的喷嘴组件(C)包括喷嘴壳、进口止回件、挡块、衬套、逆流单向阀、喷嘴弹簧、止回活塞、喷嘴止回件和喷嘴尖头。

这些组件共同工作以产生不同的燃油喷射速率,燃油喷射速率由 ECM 内的性能软件进行电子控制。

任务三　液力活塞增压式共轨系统

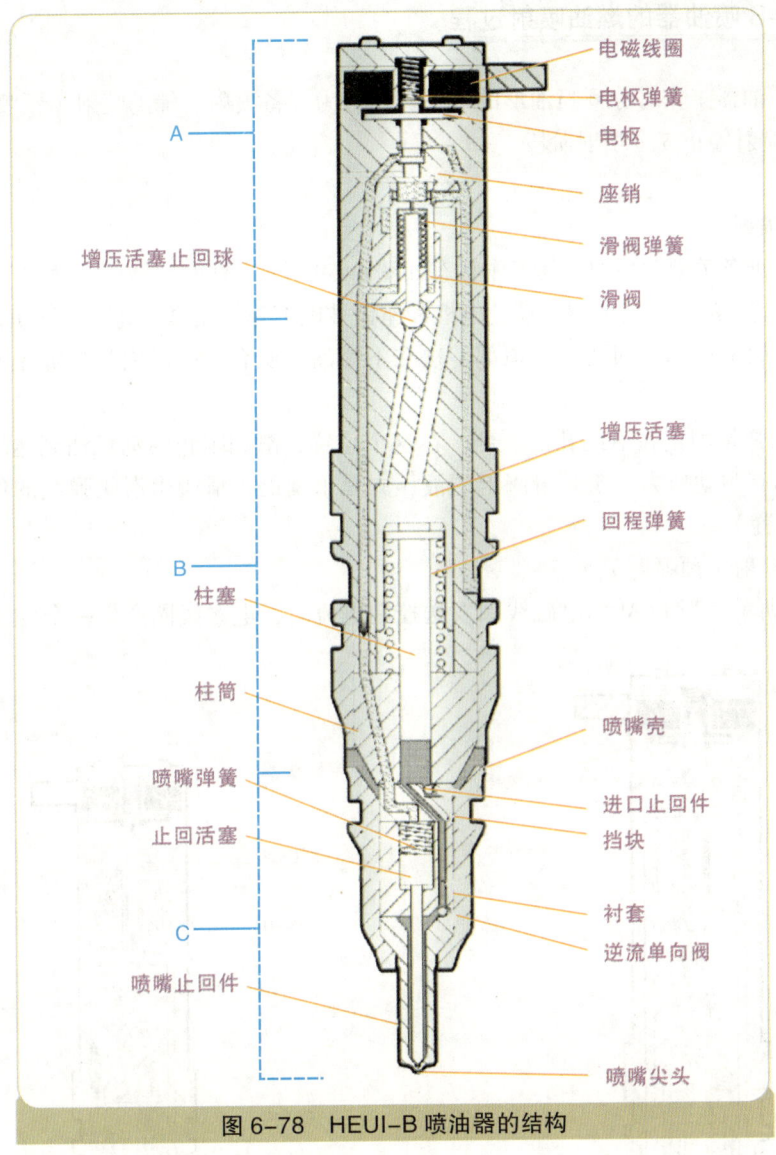

图 6-78　HEUI-B 喷油器的结构

　　HEUI-B 系统可以用 3 种方式形成喷射：斜面速率形、矩形速率和分开喷油形。所有这些形状都是喷油压力对曲轴转角的函数。

　　斜面速率形状从喷油开始到喷油结束都在不断地增加喷油压力。卡特彼勒认为成形喷射法可以降低氮氧化合物（NO_x）和噪声，在气缸压力限制正时（增加喷油正时提前角）的情况下，降低了燃油消耗率。

　　矩形速率形状具有一个平坦的压力分布，实际上是最大平均有效压力（MEP）的形状，它的好处是降低烟度、改善中等负荷的燃油消耗率（由于缩短了燃油喷油喷射持续期，平均有效压力提高），并由于缩短了燃油喷射持续期和低烟度，从而改善了反应特性。

　　分开喷油形成了引导（流量、正时和喷油压力）喷油速率和主喷油率，这样可以降低燃烧噪声，降低低负荷时的碳氢化合物（HC）排放和氮氧化合物（NO_x）+碳氢化合物（HC）排放。

2）HEUI-B 喷油器的燃油喷射过程

HEUI-B 喷油器工作时分开喷油形的喷油循环分为准备喷射、辅助喷射（预喷射）、喷射延迟、主喷射和喷射停止 5 个喷射阶段。

（1）准备喷射。

喷油器处于准备喷射阶段时，其工作状态如图 6-79 所示。柱塞和增压活塞位于活塞孔的顶部，柱塞下面的腔充满燃油。在喷油器上端，电枢和座销被电枢弹簧压紧，高压驱动机油进入喷油器，然后沿着座销的周围流到止回活塞的顶部，这在不喷油的所有时间段内为喷嘴止回件提供了一个向下的压紧力。

滑阀被滑阀弹簧固定在滑阀孔的顶部。在这个位置，滑阀阻止驱动机油到达增压活塞，滑阀的顶部和底部都有驱动压力，于是滑阀上的液压力是平衡的，滑阀由滑阀弹簧的作用力固定在上部位置（关闭位置）。

（2）辅助喷射（预喷射）。

如图 6-80 所示，当 ECM 向电磁线圈发送控制电流时，电磁线圈产生一个磁场，磁场力吸引

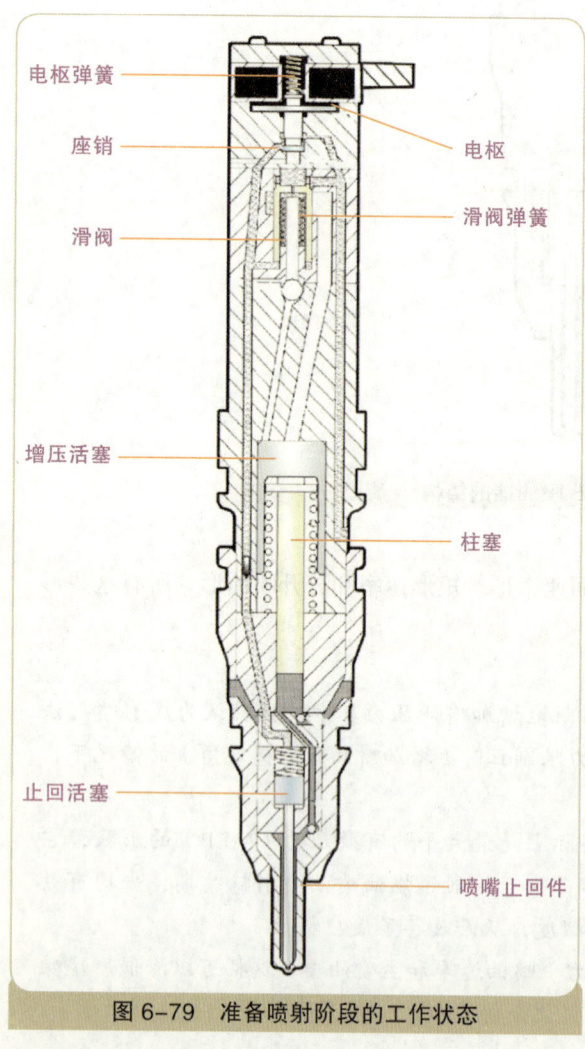

图 6-79　准备喷射阶段的工作状态

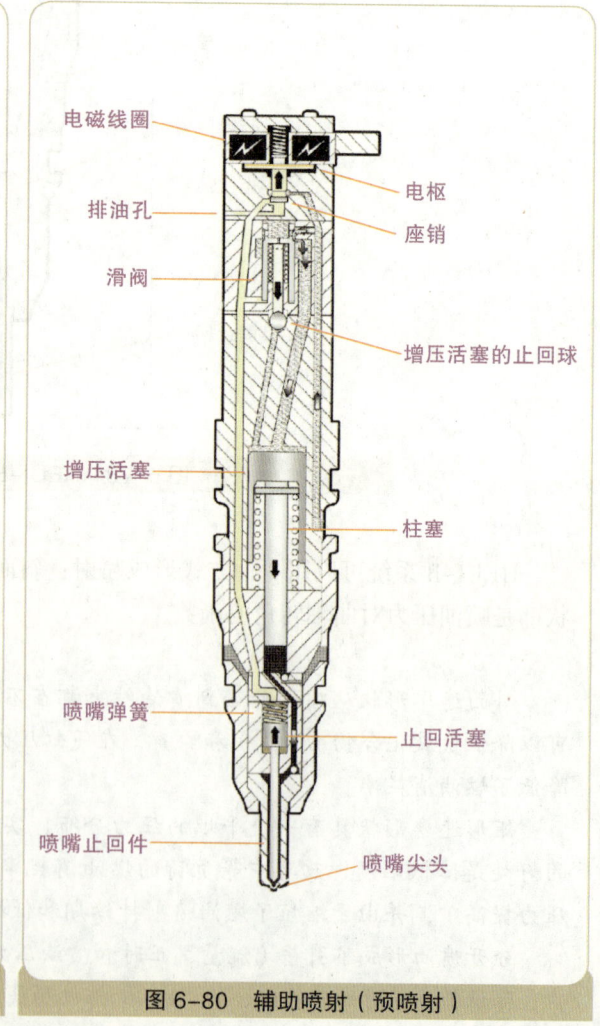

图 6-80　辅助喷射（预喷射）

电枢和座销升起。座销有一个下座和一个上座,当座销被电枢升起时,上座阻止流向增压活塞的止回球的驱动压力油。而下座打开,使止回活塞顶部的驱动机油向排油孔泄流,聚集在滑阀下方的驱动油也将流向排油孔泄压,通过喷油器一侧的排油孔排出。

滑阀下方的压力降低会产生一个压力差,该压力差作用在滑阀上。当液压力作用在滑阀顶部时,这个液压力促使滑阀向下朝着打开的方向移动,这时促使油流过打开的滑阀并流向增压活塞的顶部。当滑阀和座销迫使增压活塞的止回球回到球座上,处于关闭位置时,滑阀停止下移。这样就阻止了增压活塞腔内的驱动压力的卸载,而止回活塞上驱动压力的降低将解除止回活塞上向下的作用力。

活塞和柱塞的下移把柱塞腔内的燃油压向喷嘴尖头,当喷油压力升高到足以克服提升起喷嘴止回件的喷嘴弹簧力时,辅助喷射开始。

在电磁阀通电、滑阀保持打开状态且止回活塞顶部没有驱动压力的条件下,辅助喷射将继续进行。

(3)喷射延迟。

如图6-81所示,当电磁阀上没有控制电流(即电磁阀断电)时,喷射延迟开始。当磁场断电时,电枢弹簧推动电枢和座销下移。座销使其下座关闭,上座打开。这允许驱动压力到达止回活塞的顶部,止回活塞上的液压力迅速克服喷油压力,使喷嘴止回件紧压在喷嘴尖端上,喷嘴止回件关闭,喷射停止。

这时,滑阀下方的驱动压力升高,使得滑阀顶部和底部的液压力趋于平衡。此时减弱的滑阀弹簧力作用在滑阀上,使得滑阀缓慢关闭。当滑阀保持打开时,驱动压力油继续流过滑阀到达增压活塞和柱塞。当喷嘴止回件保持在关闭位置时,喷嘴和柱塞腔内的喷油压力迅速升高,但不能进行喷射,形成了一个短暂的喷射延迟过程。

(4)主喷射。

如图6-82所示,当电磁阀线圈再次通电时,主喷射开始。磁场随之产生并且磁场力提升电枢和座销,上座封阻止驱动压力油流向止回活塞的上部和滑阀的下部,并打开止回活塞和滑阀底端驱动机油通向排油孔的通道,使喷嘴止回件闭合的液压力迅速解除。此时,喷油压力将喷嘴止回件打开,主喷射开始。滑阀上也产生液压压力差,这个压力差驱使滑阀下移。当滑阀下移时,增压活塞的止回球保持在关闭位置,如果电磁阀保持通电,主喷射将持续一段时间。

(5)喷射停止。

当主喷射正在进行,电磁阀断电时,主喷射将停止。电枢弹簧迫使电枢和座销向下移动,座销使其下座关闭、上座打开,止回活塞顶部的驱动压力得以恢复,这使得喷嘴止回件和喷嘴尖端闭合。滑阀下面也有驱动机油,产生驱动压力,滑阀上的液压平衡也得到恢复,造成滑阀弹簧慢

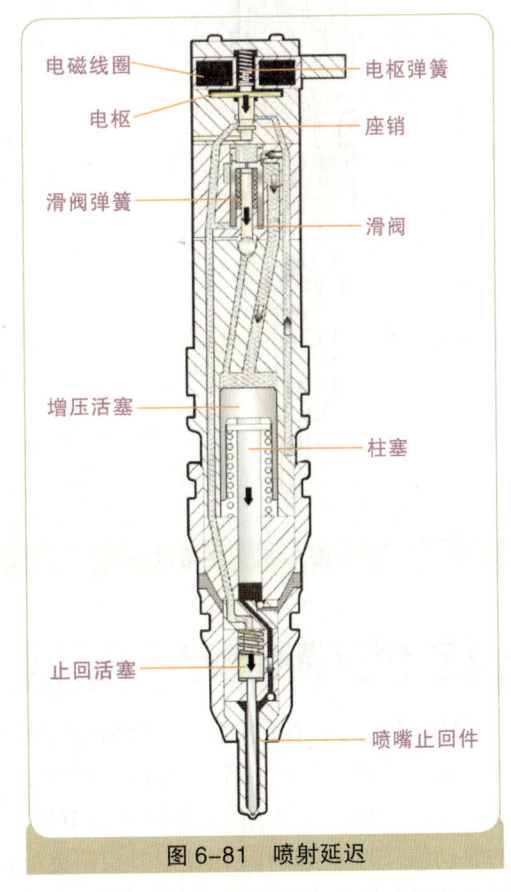

图6-81 喷射延迟

慢地关闭滑阀，这使得驱动机油停止向增压活塞流动。随着滑阀升起，增压活塞的止回球不再保持关闭。增压活塞腔内的驱动机油将止回球从阀座上提起，并通过喷油器一侧的孔流向放油孔卸荷，回程弹簧推动柱塞和增压活塞上移，这使得所有的驱动机油从增压活塞腔内排出。柱塞上升时，进油口的单向阀离开阀座。这时供应的燃油流进柱塞腔。

喷射停止如图 6-83 所示。

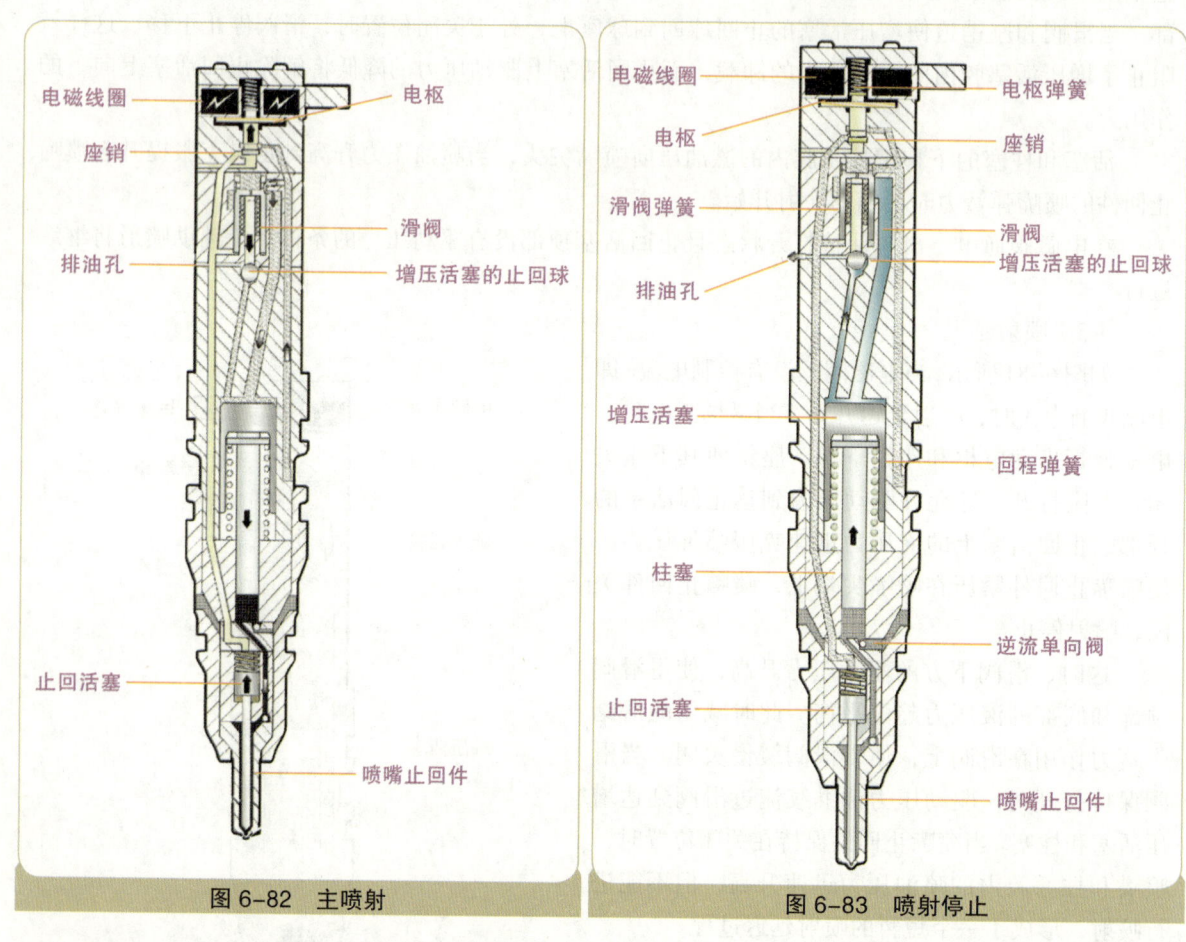

图 6-82　主喷射　　　　　　　　图 6-83　喷射停止

5．HEUI 系统的特点

HEUI 系统取消了传统的凸轮轴直接驱动柱塞的压力产生机构，增加了机油泵、机油压力控制电磁阀、机油压力传感器以及机油蓄压轨道，用机油压力控制喷油。HEUI 系统中的燃油供给为低压系统，而喷油压力较高，最高可达 160 MPa。HEUI 喷油器柱塞在喷油电磁阀只有收到来自 ECU 的驱动信号时才会动作，因此定时控制更加精确，而且该系统的喷油速率随着发动机的转速而变化，能快速结束喷射和实现高压喷油，因此改善了燃油经济性并降低了发动机的排放和噪声。

1）HEUI 系统的主要优点

（1）HEUI 喷射定时范围不受限制。HEUI 系统共轨压力在任何时刻都处于中等压力水平，通过电磁阀通电来控制高压喷射，而第二代时间控制式系统中，凸轮柱塞只能在凸轮型线上升段才可能喷射。

（2）共轨中的机油压力决定了HEUI的喷射压力，机油压力随着发动机在不同工况下所需的最佳喷射压力而灵活调整。

（3）HEUI喷射系统可以进行预喷射，改善了发动机的燃烧状况，降低了尾气排放，提高了发动机功率和燃油经济性。

2）HEUI系统的主要缺点

（1）系统结构复杂，由于系统对机油液压要求高，所以机油液压泵加工精密复杂；带有电磁阀和增压活塞的喷油器对设计和制造水平要求高；机油回路对快速起动、低温冷起动以及高速高负荷时的散热要求较高。

（2）从电磁阀通电到增压活塞运动，再到柱塞建立高压，直到喷射开始，就有了较多的环节时间延迟，因而整个喷射系统的响应较慢，在一定程度上限制了较短时间内多次喷射的可能性。

（3）整个系统成本较高，机油和燃油品质要求高，对滤清器等要求高。

HEUI系统主要应用在排量较大的柴油电控发动机上，如卡特彼勒的六缸大功率发动机。很多大型机械（如挖掘机、装载机、坦克、轮式装甲车）搭载了这种大功率发动机。

6. C-9发动机燃油系统的测试与调整

1）燃油系统的检查

向发动机输送燃油的零件出现故障可能导致燃油压力降低，这可能引起发动机性能下降，甚至因压力过低或不供油而停止运转。燃油系统的检查步骤如下：

（1）检查燃油箱内的燃油液位，确保燃油盖的通风孔中没有脏物。

（2）缓和不正确的弯曲部分，核实回油管没有被压扁导致回流受阻。

（3）安装新的燃油滤清器。

（4）用机油滤清器切削工具切削旧滤清器开口，检查滤清器是否污染过度。确定污染来源，进行必要的修理。

（5）维修燃油粗滤器（如有配备）。

（6）操作手动泵（如有配备）排除空气，如果感觉阻力很小，则测试燃油中是否存在空气。

（7）如果系统中存在空气，则排除燃油系统中的所有空气。

2）燃油中空气的测试

燃油中空气的测试用来检查燃油中是否存在空气，而且有助于发现空气的来源。

（1）检查燃油系统是否泄漏，确保燃油管接头正确拧紧。检查燃油箱内的燃油液位，如果液位过低，则空气可能在燃油输油泵和燃油箱之间的吸入侧进入燃油系统。

（2）在回油管内安装一个燃油流量管（目测仪）。如果有可能，在全长为304.8 mm的笔直燃油管部分安装目测仪，不要在下列产生紊流的设备附近安装目测仪：

① 弯管。
② 安全阀。
③ 单向阀。

在起动发动机的过程中观察燃油的流动情况，查看燃油中的气泡。如果目测仪中没有燃油，则起动燃油系统。如果发动机起动，在不同的发动机转速下检查燃油中的空气。如果怀疑有空气存在，则在怀疑燃油中有空气的状态下运转发动机。图6-84所示为燃油流量管中看到的燃油空气状况。

① 直径大约为1.60 mm的小气泡稳定流动，说明燃油中含有的空气数量还是可以接受的。

② 如果气泡出现之间有2~3 s的间隔，直径约为6.35 mm的气泡也是可以接受的。

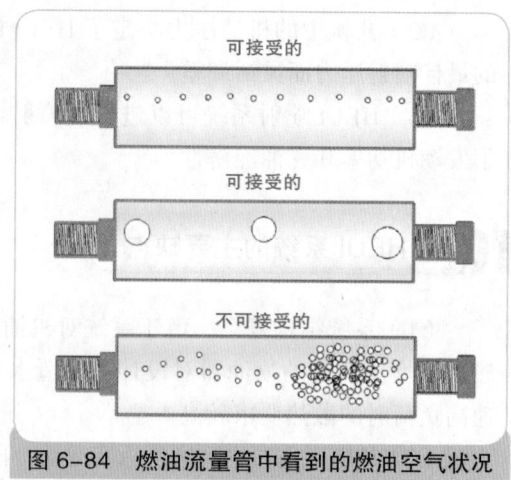

图6-84 燃油流量管中看到的燃油空气状况

③ 如果燃油中气泡过多，气泡冒出又非常频繁，则是不可接受的，应该排除燃油中的空气。

（3）如果回油管的目测仪中可以看到过多的气泡，则在燃油输油泵的进口处安装另一个目测仪。如果没有另外的目测仪，则将回油管处的目测仪移开，并安装到燃油输油泵的进口处。在起动发动机的过程中观察燃油的流动情况，查看燃油中的气泡。

① 起动发动机，在不同的发动机转速下检查燃油中的空气。

② 如果在燃油输油泵进口看不到过多的空气，则空气是从燃油输油泵之后的部分进入系统的，此时则跳至空气测试的第6点。

③ 如果在燃油输油泵进口能看到过多的空气，则空气正从燃油系统的吸入侧进入。

（4）将油箱加压到35 kPa（5 psi）。为了避免油箱损坏，不要使用超过55 kPa（8 psi）的压力给油箱加压。检查燃油箱和燃油输油泵之间的燃油管是否泄漏，如果发现任何泄漏，则应进行修理。检查燃油压力以确保燃油输油泵工作正常。

（5）如果找不到空气来源，则从油箱上断开供油管路，并将外部供油管连接到燃油输油泵的进口处。如果这样做能够解决故障，则修理油箱或油箱中的竖管。

（6）如果喷油器衬套磨损或损坏，则燃烧气体可能泄漏到燃油系统中。如果喷油器衬套上的O形密封圈磨损、丢失或损坏，燃烧气体也可能泄漏到燃油系统中。

3）电子单体式喷油器的测试

电子单体式喷油器的测试有助于识别喷油器不点火的原因，只有在进行"气缸关断测试"后才能执行该项测试。由于电子单体式喷油器装置使用90~120 V的电压，因此该测试存在电击危险。

（1）执行这个步骤之前，应先检查燃油中是否有空气。

（2）拆下气门盖并寻找破裂的零件，修理或更换所发现的任何破裂零件。检查电磁阀的所有配线，寻找松动的连接，同时寻找擦破或断开的导线，对每根导线进行拉伸试验。确保单体式喷油器电磁阀的接头连接正确，检查电磁阀的接线柱是否被击穿。

（3）寻找燃油泄漏的迹象，调查燃油泄漏的来源，修理导致燃油泄漏的零部件。

（4）对怀疑有故障的单体式喷油器，检查该气缸的气门间隙设置。

(5）确保固定单体式喷油器的螺栓拧紧到规定的扭矩。为了检查扭矩，松开固定单体式喷油器的螺栓，将螺栓拧紧到（12±1）N·m。

（6）拆下怀疑有故障的单体式喷油器并检查喷油器上面是否有冷却液（冷却液将会使喷油器生锈）；如果单体式喷油器上有残留冷却液的迹象，则应拆下喷油器衬套并进行检查；如果喷油器衬套损坏，则应将其更换。

①检查单体式喷油器是否有延伸到喷油器尖端以上的过多褐色污点。如果发现有过多的污点，则应检查燃油质量，更换喷油器上的密封件并重装喷油器。

②检查喷油器表面上是否有碳烟。如果有，则表明燃烧气体有泄漏，应当找出泄漏的来源并加以修理。如果只是燃烧气体泄漏，就不必更换喷油器。

（7）如果故障解决不了，则用新的喷油器将有故障的喷油器更换掉。为了验证新的喷油器能否正常工作，应进行"气缸关断测试"。

4）找出一缸活塞上止点的位置

要找出一缸活塞上止点的位置需要用到表6-1所列的专用工具。

表6-1 专用工具

工具	零件号	零件名称	数量（件）
A	9S-9082	发动机翻转工具	1
B	178-8615	发动机翻转工具	1
C	214-7340	防倒转棘轮	1
D	136-4632	正时销	1

（1）如图6-85所示，从飞轮壳上拆下两个螺栓和罩盖以便打开旋孔。

（2）从正时孔上拆下塞子并将工具D装入孔内。正时孔位于飞轮壳内旋孔的上方。使用工具A和工具C沿发动机的旋转方向转动飞轮。从发动机的飞轮端看上去，发动机的旋转方向为逆时针。转动飞轮，直到正时销进入飞轮内的螺纹孔中。

· 如果发动机没有罩盖或是无法够及罩盖，可以使用工具。

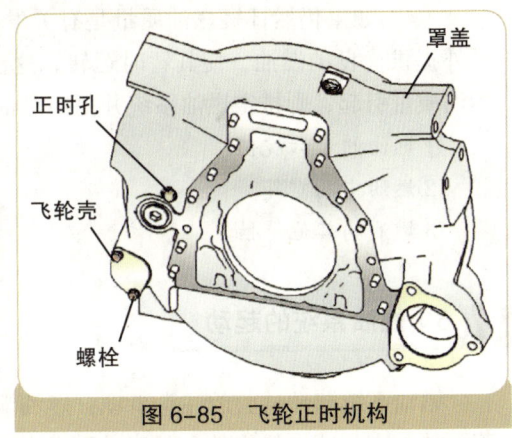

图6-85 飞轮正时机构

· 如果飞轮在接合点以外转动，则它的旋转方向必须和发动机的正常旋转方向相反。转动飞轮大约30°，然后沿发动机的正常旋转方向转动飞轮，直到正时销进入飞轮内的螺纹孔。当1号活塞位于上止点时，该步骤能消除齿轮的齿隙。

（3）从发动机上拆下前气门机构罩盖。

（4）如果1号活塞在压缩冲程，则1号气缸的进气门和排气门完全关闭，并且摇臂因气门间隙能稍微移动。所以，如果摇臂不能移动，并且气门稍微打开，则1号活塞在排气冲程。如果当前冲程的位置已经确定，需要确定其他冲程的位置时，则从飞轮上拆下正时螺栓，然后沿发动机的正常旋转方向转动飞轮360°，并重新装上正时螺栓。

除了采用上述方法，还可以用卡特彼勒电子技术（Cat ET）校准电子喷油正时。当下列条件存在时，应该进行正时校准：

①更换了 ECM。
②改变了前齿轮组件。
③更换主要的发动机组件。

5）燃油质量的测试

该测试用于检查有关燃油质量的故障，测试时按下列步骤进行：

（1）测定燃油中是否有水和（或）其他污染物。检查油水分离器（如有配备），如果没有油水分离器，进行下一步。如有必要，则排空油水分离器。当油水分离器实际上充满水时，看上去却像充满了油。燃油箱充满燃油能将燃油夜间形成的冷凝减小到最低程度。

（2）确定燃油中是否存在污染物。从油箱底部取出需要测试的抽样燃油，对抽样燃油进行目视检查，查看是否有污染物，燃油的颜色不足以说明燃油质量。然而，黑色、棕色等其他类似于淤泥颜色的燃油可能表明燃油中有较多的菌类物质或机油污染。在寒冷的条件下，混浊的燃油表明它不适用于工作状态。可以使用下列方法来避免蜡状物质堵塞燃油滤清器：

①燃油加热器。
②将燃油和添加剂混合。
③利用煤油等较清洁的燃油。

（3）对于发动机功率降低的故障，使用 9U-7840 流体和燃油校准组件检查燃油 API。当在 15℃测量燃油 API 时，它可接受的范围是 30~45。但在这个范围内，功率并没有明显的差别。校正因素大于 1.000，可能是低功率和（或）燃油消耗量过大的原因。

（4）如果仍然怀疑燃油质量是有关发动机性能故障的原因，则断开燃油进油管，给发动机另外提供优良的燃油，使其暂时运转，这能够确定故障是否由燃油质量造成。如果确定故障由燃油质量引起，则排空燃油系统并更换燃油滤清器。发动机性能可能受下列特性的影响：

①燃油的十六烷值。
②燃油中的空气。
③燃油的其他特性。

6）燃油系统的起动

燃油系统起动试验的注意事项：燃油泄漏或溅落到热的表面或电气组件上可能导致失火。为了防止可能造成的伤害，在更换燃油滤清器或油水分离器组件时，应断开起动开关，迅速清除溅出的燃油。

燃油手动泵如图 6-86 所示。如果燃油系统耗尽燃油或者进入空气，可能要执行下列步骤：

（1）给燃油箱添加燃油后，拆下塞子。使用一个合适的容器接纳任何可能溅出的燃油，并立即清洁任何溅出的燃油。

（2）打开并运转手动泵，将燃油泵入燃油系统。这样能够清除燃油系统中的空气。当油口出现燃油

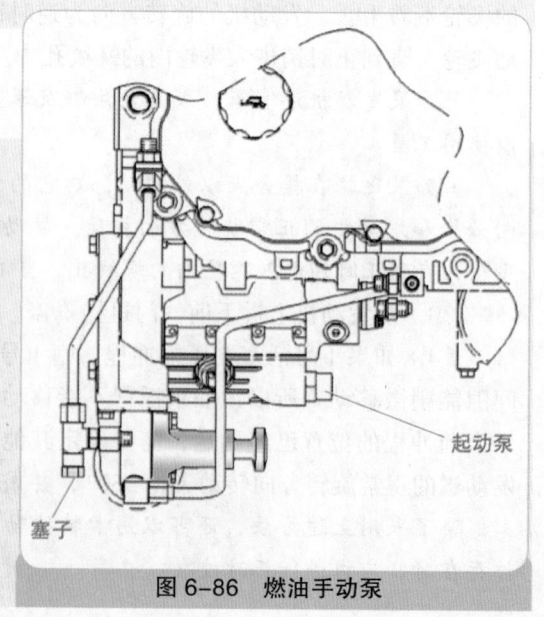

图 6-86 燃油手动泵

时，停止运转手动泵。

（3）安装塞子，立即清洁任何溅出的燃油。

（4）转动手动泵直到感觉到泵上有很强的压力，并从燃油滤清器底座听到咔嗒声。这能将系统加压到大约 345 kPa（50 psi），大大降低起动发动机所需的起动时间。

（5）推入手动泵柱塞，并用手拧紧。

（6）给系统加压后尽可能快地起动发动机。发动机应当在 15 s 内起动。如果发动机 30 s 后不能起动，则停止起动发动机。重复步骤（1）~（6）。

要注意的是，不要连续起动发动机超过 30 s。再一次起动发动机之前，使起动电动机冷却 2 min。

7）燃油系统压力的测试

（1）低燃油压力故障。

低燃油压力能导致发动机功率降低。低燃油压力也能导致燃油出现气蚀，从而损坏喷油器。下面的情况可能导致低燃油压力：

①堵塞的燃油滤清器。
②燃油起动泵（如有配备）的单向阀内有碎屑。
③燃油输油泵内的燃油压力调节器粘住或磨损。
④缸盖后部的回油压力调节器严重磨损。
⑤燃油输油泵的齿轮磨损。
⑥压扁的或型号不对的燃油管。
⑦由于膨胀导致内径缩小的旧燃油管。
⑧内表面恶化的燃油管。
⑨压扁的或型号不对的燃油管接头。
⑩油箱、油管或燃油系统组件中有产生节流的碎屑。

（2）高燃油压力故障。

过高的燃油压力能导致燃油滤清器垫圈破裂。下面的情况可能导致高燃油压力：

①燃油压力调节器内的油孔堵塞。
②燃油输油泵内的燃油压力调节器粘住。
③压扁的燃油回流管。

（3）检查燃油压力。

①燃油泄漏或溅落到热的表面或电气组件上可能导致失火，应迅速清洁溅出的燃油。
②保持所有的零件清洁无污染，污染能够加快磨损并缩短零件寿命。
③在进行产品检查、保养、测试、调整和修理时，必须小心确认系统中含有液体。在打开任何箱体或拆卸任何含有液体的部件之前，应准备好合适的容器以收集液体。
④使用以下步骤测量燃油精滤器后面的燃油压力：

注：供油歧管附近的燃油压力读数有一个压力峰值，压力峰值是由从喷油器流回燃油系统的过多燃油引起的，仪表指针可能出现过度摆动。用合适的软管连接仪表，软管中的空气能够吸收峰值，给出一个平均读数，使指针稳定，仪表应该保持在测量点以上。

将 1U-5470 发动机压力组件安装到柱塞油口中。无论是在正常工况还是在有负荷的工况下，燃油压力都应为 455~579 kPa（66~84 psi）。

低怠速时，燃油滤清器进口的燃油压力应为 400~434 kPa（58~63 psi）。

如果不考虑滤清器两端的压力变化（压力差 ΔP），燃油通道内的燃油压力应该相等。当使用新的滤清器时，滤清器两端的压力差通常为 35 kPa（5 psi）。

当燃油滤清器聚集有沉淀物时，压力差将增大。如果燃油通道内的燃油压力降低到大约 69 kPa（10 psi），发动机将发生缺火现象。

燃油压力调节器被安装在缸盖内燃油通道后部的回油口处，燃油压力调节器阀保持低发动机转速时的燃油压力。调节器阀还包括一个弹簧加载的单向阀，弹簧加载的单向阀在发动机停止工作后，能够防止燃油通道中的燃油流回油箱。

8）单体式喷油器液压泵的测试

(1) 喷油驱动压力的测试。

喷油驱动压力测试用以检查下列情况：

①单体式喷油器液压泵产生的最大压力。

②泵压力调节器正常工作。

③单体式喷油器液压泵磨损。

④系统泄漏。

进行本测试要用到卡特彼勒电子技术（Cat ET）。

(2) 液压泵空载测试。

单体式喷油器液压泵空载测试用于确定下列状态：

①喷油工作压力电路处于工作状态。

②单体式喷油器液压泵正在正常工作。

为了检查单体式喷油器液压泵的压力，从泵上拆下泵输出管（图 6-87 中的高压管路）。从 HEUI 的 125~2580 工具组件中选取合适的仪表进行安装。使用的仪表应当包括 34 MPa（5 000 psi）的压力范围。

注：确保安装一个盖子或塞住通向高压油道的管接头。

起动发动机约 3 s 以得到最大的压力，如果记录的压力低于 26.5 MPa（3 850 psi），则应该更换泵。如果记录的压力等于或高于 26.5 MPa（3 850 psi），说明泵工作正常。

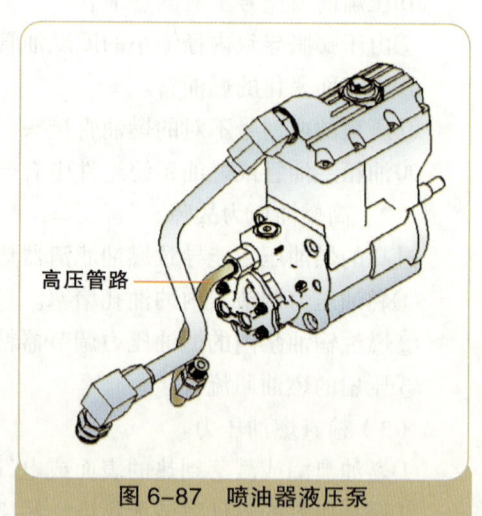

图 6-87 喷油器液压泵

任务四　电控高压共轨系统的维修与常见故障案例

一、电控高压共轨系统的维修

1. 排气和充油

应该特别注意的是，车辆的第一次起动必须进行低压油路和高压油路的排气和充油，如图 6-88 所示。

具体步骤如下：
（1）拧松排气螺母。
（2）压缩手动泵直到有柴油和空气从排气螺母排出。
（3）拧紧排气螺母，等待进入泵内的柴油达到 60 mL。
（4）排出高压回路的空气。
（5）拧松第一缸喷油器和高压油管的接头。
（6）用起动机拖动柴油发动机转动。
（7）在起动机允许的单次时间内多次拖动柴油发动机转动。
（8）直至第一缸接头处有持续的无气泡的柴油流出。
（9）按规定的拧紧力矩重新拧紧第一缸高压油管的接头。
（10）起动柴油发动机。

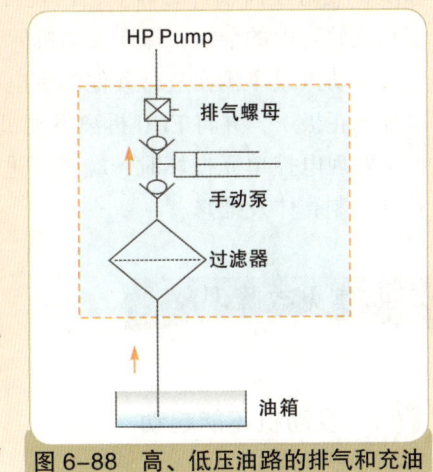

图 6-88　高、低压油路的排气和充油

2. 低压管路要求

低压管路就是要保证输油泵进口压力。所有管路直径必须满足压力和低压油路的设计要求。所有管路应尽可能平直，尽可能减少接头的数量。进回油管末端应置于油箱最低液面之下。所有参数均依赖于发动机和整车的低压油路设计，必须在整车上进行极限条件的低压油路认证试验（表 6-2）。

表 6-2　低压管路的油管的相关参数

油管	油管内径 /mm	允许油管长度 /mm	允许压力 /bar
燃油箱进油管	≥ 12	≤ 10	0.5~1
燃油箱回油管	≥ 12	≤ 10	≤ 1.2

回油管必须在液面以下，且与进油管的间距大于 300 mm。

3. 维修注意事项

系统对低压油路有非常高的要求，从油箱到泵箱的过程中包括油水分离器和输油泵。其中油水分离器的保养行程大概在 12 000 km，属于消耗品。现在国内的大部分燃油不能保证清洁度，达不到欧Ⅲ燃油标准，非常容易导致油水分离器堵塞，严重的情况下可能会出现输油泵的工作能力下降和油泵柱塞卡死的故障。油水分离器要采用 30 μm 规格、精滤器应采用 5 μm 规格，在保养过程中不能用常规滤清器代替。

现在，柴油发动机要达到国家排放标准，不仅对燃油有较高的要求，而且对进气量要求也比较高。增压器前面是空滤，后面是中冷箱，空滤的保养情况对进气量的影响非常大，长时间地在恶劣的环境下行驶，空滤容易集灰堵塞。因此，对空滤芯要进行定期的保养。

车辆运行一段时间后，离合与飞轮长时间咬合会出现磨损，导致飞轮壳内出现大量的碎片和灰，吸附在曲轴传感器上，出现冒烟或油耗上升的现象。因此，在车辆保养过程中，应注意清扫飞轮壳内的杂物，保证发动机的正常运转。

发动机或车辆在进行其他的带电操作前（如焊接），必须切断对 ECU 的供电线路（断开蓄电池的正极），并将 ECU 拆离发动机或车辆。

发现电控单元损坏时，应对其进行整体更换，并送到售后服务部门维修和处理。严禁私自打开控制壳体及维修。

4. 常见故障现象

1）发动机不能起动

出现该现象，应主要从油路和电路上来考虑。

首先，要看故障诊断开关是否长开，电控单元能否联机（保险和电源电压），有没有转速传感器故障，电磁铁是否工作并且要保证整个油路没有空气（油路是否堵塞）；然后看起动转速是否大于 150 r/min。

当然，不排除油泵卡死、相位不对和长时间工作后缸盖漏气的问题。

如何检查油路漏气和排气：

从低压油路组成上来看，输油泵和油水分离器能排气，最好是在油水分离器上压油和在喷油器前放气。

低压油路上大多采用的是软管，不容易爆裂和折断。主要检查油箱口、油水分离器、输油泵、回油阀和各个连接头是否漏气。

2)柴油机功率不足

出现该现象,应主要从油路、气路和断缸上来考虑。

油箱的出油管底部的滤网在输油泵的吸力下易碎,导致油箱转接口堵塞。使用劣质燃油后造成油水分离器堵塞、叶片式输油泵磨损或者油水分离器长期不进行保养等情况都会导致发动机功率不足。

燃油和冷却水温度高($\geqslant 95℃$)时,电控单元会限制发动机的功率。

从监控界面上观察自由加速情况,最高转速、进气压力及进气量,该数据与机型配置有关。如玉柴 G5800 的最高转速为 2 400 r/min,进气压力 >>150 kPa。

长时间在恶劣的环境下(建筑工地、矿山等)没有定期保养空滤,造成空滤堵塞或增压器叶片磨损,中冷器出现裂缝或散热叶片不均匀等情况都会导致发动机功率不足。

断缸检查发动机各缸的工作情况,如发动机机械、喷油器工作是否正常。

发动机气门间隙不对(间隙过大或过小)、曲轴传感器吸附铁屑、中冷后压力温度传感器安装接插件接触不良或传感器坏了都会导致发动机功率不足。

3)柴油发动机排气冒烟

柴油发动机排气冒烟主要分为黑烟、蓝烟和白烟。

某缸出现工作不良(如喷油泵不工作或喷油能力下降,喷油器有集碳或滴油现象)、进气量不足和超重行驶都会导致排气冒黑烟。

增压器漏机油、相位出现偏差或曲轴传感器吸附铁屑都会导致排气冒蓝烟。

使用掺水的燃油或油水分离器被严重堵塞会导致排气冒白烟。

4)柴油发动机突然熄火

柴油发动机突燃熄火,主要是在电路和油路上出现了问题。例如,凸轮转速传感器间隙不对或坏了、16芯插头和地线出现接触不良的现象,发电机控制线断裂出现电压过高烧坏电控单元。

此外,如果油路出现漏气现象(如油管在外力的作用下脱落),也会导致柴油发动机突然熄火。

5)发动机转速不正常

发动机怠速和最高转速不够:如果发动机内部没有异响,一般都是由缺缸导致的,如柱塞泵和喷油器工作不好、不工作或电控单元出现工作失常等现象。

发动机超速(飞车):主要在下雨天线束上的 16/81 芯和 55/121 芯插头出现大量泥水或在电控单元插座上漏燃油造成短路,出现飞车现象。

二、常见故障案例

案例一

故障现象

大柴 6DF 发动机出现不能起动的现象。

故障分析 / 处理

据司机反映,近半个月来早上都要起动两三次后才能起动成功。维修人员马上进行排气,发现油路一直都有气泡,遂采取排除法,发现输油泵出油口冒气泡,更换后则无气泡。起动发动机时,发现发动机转速只有 100 r/min,更换起动机后顺利起动。

案例二

故障现象

大柴 6DF 发动机出现不能起动的现象。

故障分析 / 处理

据司机反映,前一天怠速有点抖动,但是加油后就正常了。维修人员检查后,发现油路有空气,排气后起动成功,但是几分钟后就熄火了,油路又出现气泡,采取排除法没有发现哪里有明显的漏气现象,于是把输油泵进油管直接插入油箱后问题解决。拆下油水分离器总成后,发现手泵上的皮碗有沙眼,导致漏气不能起动。

案例三

故障现象

深公交 836 车队某公交车出现不能起动的现象。

故障分析 / 处理

据司机反映,当天更换过3个保险盒,但还是出现不能起动的现象。首先对电瓶、发电机做电压测量,没有发现异常现象;然后对线路检查时,发现发电机的控制线断裂。在行驶中,发现发电机瞬间电压太高,导致保险盒和电控单元烧坏。更换保险盒和电控单元,并接好发电机控制线后,故障解决。

案例四

故障现象

玉柴 4E 试验车（柳汽乘龙）在运行了 5 万 km 后不能起动。

故障分析/处理

据司机反映，发动机突然熄火，后来就不能起动了。维修人员马上起动，发现起动器正常，没有发现油路有漏气现象，最后通过故障诊断仪发现报凸轮传感器出现故障。结果发现，传感器线束没有固定，在车辆行驶中导致磨损，电控单元没有凸轮转速信号，发动机不能起动，修复并固定线束，车辆正常起动。

案例五

故障现象

车队大量公交车出现无力和冒黑烟的现象。

故障分析/处理

据车队反映，此现象是当天才产生的。维修人员对气路做检查没有发现问题，在检查油路时发现好几台车的油水分离器里面的杂质和水分比较多，更换油水分离器后有明显好转。由于该现象比较突出，对车的燃油供应渠道和储备方式做了了解，得知该车队的大油罐已经一年没有清洗过，现在使用的燃油不是从正规加油站购买的，并且该燃油没有经过沉淀就立即被使用了。

案例六

故障现象

某公交车出现无力和发动机抖动的现象。

故障分析/处理

据司机反映，无力和在怠速时发动机有点抖，并且有某电线断裂了。维修人员观察发现，第一缸红色控制线断裂，从而造成第一缸不工作和电控单元限制发动机功率，出现无力和发动机抖动的现象。

课题六 电控高压共轨系统

案例七

故障现象

深公交 327 车队某公交车出现高速跑不起来的现象。

故障分析/处理

据司机反映,此现象是慢慢产生的。首先,对发动机做断缸检查,没有发现问题。然后,对增压器及整个气路做检查,发现进气量严重不足,进气管在与发动机的长时间接触后出现漏气现象。车队安装支架和焊接后,故障排除。

案例八

故障现象

某公交车出现无力和冒黑烟的现象。

故障分析/处理

据司机反映,此现象是慢慢产生的。首先,对发动机做断缸检查,没有发现问题。然后,对增压器及整个气路做检查,也没有发现故障。最后,对油路进行摸排检查,发现油水分离器集聚了大量泥沙,造成供油不畅,导致燃油温度过高,出现车辆无力和冒黑烟的现象。

案例九

故障现象

玉柴 G5800 发动机出现无力和冒蓝烟的现象。

故障分析/处理

首先,通过故障诊断仪测量发现相位没有出现偏差。然后,拆下增压器进气管,发现增压器叶片轴出现横向偏移,叶片上有大量的机油,增压器工作能力下降,导致进气量不足和机油泄漏进入燃烧室,从而出现发动机无力和冒蓝烟的现象。

课题小结

1. 高压共轨电喷技术是指在高压油泵、压力传感器和电子控制单元组成的闭环系统中，将喷射压力的产生和喷射过程彼此完全分开的一种供油方式。

2. 高压共轨式电控发动机系统主要由低压燃油系统、共轨压力控制系统、燃油喷射控制系统和发动机管理系统4个部分组成。

3. 全球三大柴油高压共轨系统研发商主要是德国的博世（BOSCH）、日本的电装（DENSO）和美国的德尔福（DELPHI）。

4. 博世高压共轨发动机燃油系统由低压供油与高压供油组成：低压供油部分为高压部分提供足够的燃油；高压供油部分除了产生高压燃油，还进行燃油分配和燃油压力测量。

5. 燃油计量阀安装于高压油泵的进油位置，ECU通过控制通电时间来调整燃油供给量和燃油压力值。

6. 共轨组件包括轨道本体和安装在轨道上的高压燃油接头、共轨压力传感器、压力限制阀、连接喷油器的流量限制阀等。

7. 共轨压力传感器是一个半导体传感器，利用压力施加到硅元件上时电阻发生变化的压电效应原理。

8. 博世共轨系统的喷油器采用不带高压过渡管的整体式喷油器和带高压过渡管的喷油器。整体式喷油器由高压油管直接供油，带过渡管的喷油器通过过渡管连接喷油器与高压油管供油。

思考与练习

一、填空题

1. 高压共轨式电控发动机系统由_____、_____、_____、_____和_____4个部分组成。

2. 目前三家提供柴油高压共轨技术的公司分别主要是_____、_____和_____。

二、简答题

1. 简述高压共轨技术的发展情况。

2. HEUI共轨系统的工作原理。

3. 在高压共轨系统中，压力限制阀与流量限制阀的作用是什么？

课题七
电控柴油进排气控制系统

学习任务

1. 掌握各种类型涡轮增压器的结构与工作原理。
2. 掌握 EGR 系统的组成与工作原理。
3. 掌握发动机尾气处理的方法及部件的工作原理。

技能要求

1. 能够描述涡轮增压器的构造特点。
2. 能够描述 EGR 系统主要部件的构造特点。
3. 能够对 EGR 系统故障进行检测与维修。

任务一 进气控制系统

新的汽车尾气排放法规日益严格,要求柴油发动机的微粒(碳烟)和氮氧化合物大幅降低,这就对柴油发动机的控制系统提出了不小的挑战,使得柴油发动机也必须实行闭环控制。现在生产的柴油发动机已经采用了用电子控制的进排气系统,比较典型的有可变截面涡轮增压系统、废气再循环系统、发动机闭环喷油控制和尾气排放处理系统。采用增压中冷、排气再循环和尾气处理装置的柴油发动机能达到国家规定的国Ⅲ排放标准及欧Ⅲ~欧Ⅴ的欧洲排放标准。

一、涡轮增压器的工作原理

涡轮增压技术就是采用专门的压气机将气体在进入气缸前预先进行压缩,提高进入气缸的气体密度,减小气体的体积。这样,在单位体积里,气体的质量就大大增加了,这样就可以在有限的气缸容积内喷入更多的燃油进行燃烧,从而达到提高发动机功率的目的。

涡轮增压器是一种利用发动机排气中的剩余能量来工作的空气泵。废气驱动涡轮叶轮总成,它与压气机叶轮相连接,如图7-1所示。当涡轮增压器转子转动时,大量的压缩空气被输送到发动机的燃烧室。由于增加了压缩空气的质量,就可以使更多的燃油喷入发动机里,使发动机在尺

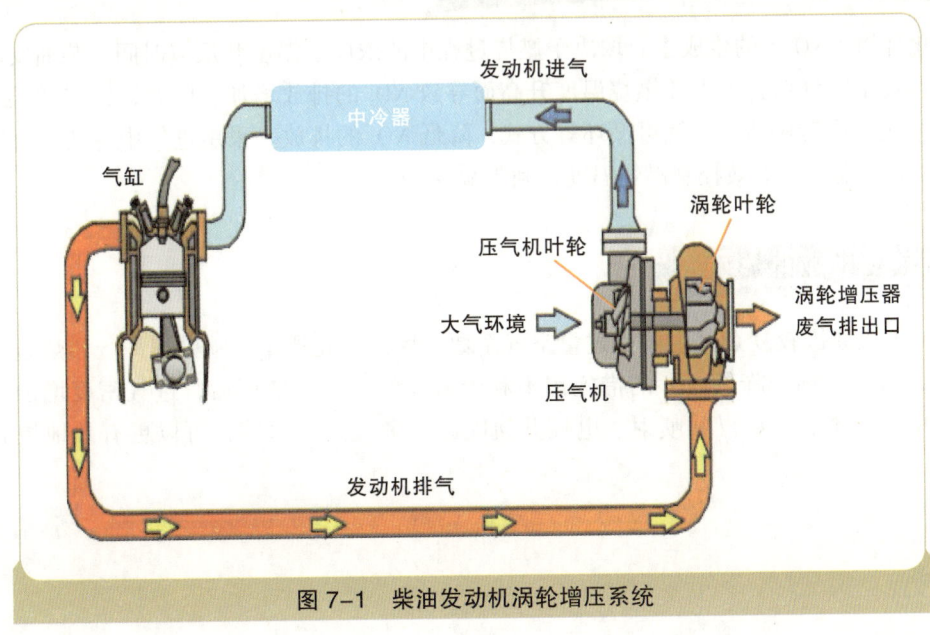

图 7-1 柴油发动机涡轮增压系统

寸不变的条件下提高功率。

涡轮增压技术就是采用专门的压气机将气体在进入气缸前预先进行压缩，提高进入气缸的气体密度，减小气体的体积。这样大大地增加了单位体积里的气体质量，就可以在有限的气缸容积内喷入更多的燃油进行燃烧，从而达到提高发动机功率的目的。

涡轮增压器是一种利用发动机排气中的剩余能量来工作的空气泵。废气驱动涡轮叶轮总成，它与压气机叶轮相连接，如图7-1所示。当涡轮增压器转子转动时，大量的压缩空气被输送到发动机的燃烧室里。由于增加了压缩空气的质量，可以使更多的燃油喷入发动机，因此发动机在尺寸不变的条件下提高了功率。

二、废气涡轮增压对排放的影响

1. 对CO排放的影响

柴油发动机排放的CO是燃料不完全燃烧的产物，主要在局部缺氧或低温下形成。柴油发动机通常工作在稀燃条件下，涡轮增压技术使过量空气系数变大，燃料雾化和混合得到改善，使燃料燃烧得更充分，CO的排放量进一步降低。

2. 对碳氢化合物（HC）排放的影响

柴油发动机排放的碳氢化合物（HC）主要由原始燃料分子、分解的燃料分子以及燃烧反应中的中间化合物所组成，少部分由窜入气缸的润滑油生成。增压后进气密度增加，过量空气系数变大，可以提高燃油雾化质量，减少沉积于燃烧室壁面上的燃油，HC排放减少。

3. 对氮氧化合物（NO_x）排放的影响

氮氧化合物（NO_x）的生成主要取决于燃烧过程中的浓度、温度和反应时间。柴油发动机单纯增压后，因过量空气系数增大和燃烧温度升高而导致NO_x的排放增加。因此，常在增压的同时配合减少压缩比、推迟喷油、废气再循环等方式，降低NO_x的排放。采用进气中冷技术可以大大降低增压后的进气温度，有效控制燃烧温度，利于减少NO_x。

4. 对微粒排放的影响

微粒的生成原因较复杂，主要受过量空气系数、燃油雾化质量、喷油速率、燃烧过程和燃油品质影响，通常有利于降低NO_x的措施都不利于微粒的排放。增压后，进气密度增加，充量增大，配合中冷技术、高压燃油喷射、电控共轨喷射、多气门技术等，可以更有效地控制微粒的排放。

5. 对 CO_2 排放的影响

CO_2 是重要的温室气体,可导致全球气温升高。同时,CO_2 的排放量也是衡量发动机燃油经济性的指标。增压柴油发动机充分利用了废气的能量,经济性高,整机的平均有效压力增加,CO_2 的排放状况优于汽油机。

三、涡轮增压器的结构

废气涡轮增压器装置的结构示意如图 7-2 所示,涡轮增压器是由废气驱动的涡轮、径流式压气机和废气旁通阀机构组成的。涡轮和压气机分别被安装在轴的两头并有各自的铸造壳体,轴本身被安装在中间壳中并由中间壳来支撑。中间壳的两侧分别同压气机壳和涡轮壳相连接,典型的涡轮增压器转速可以在 10 万转 /min 以上。废气旁通阀机构可以采用普通的压力控制,也可以采用电子控制,采用电子控制的涡轮增压器响应特性较好。

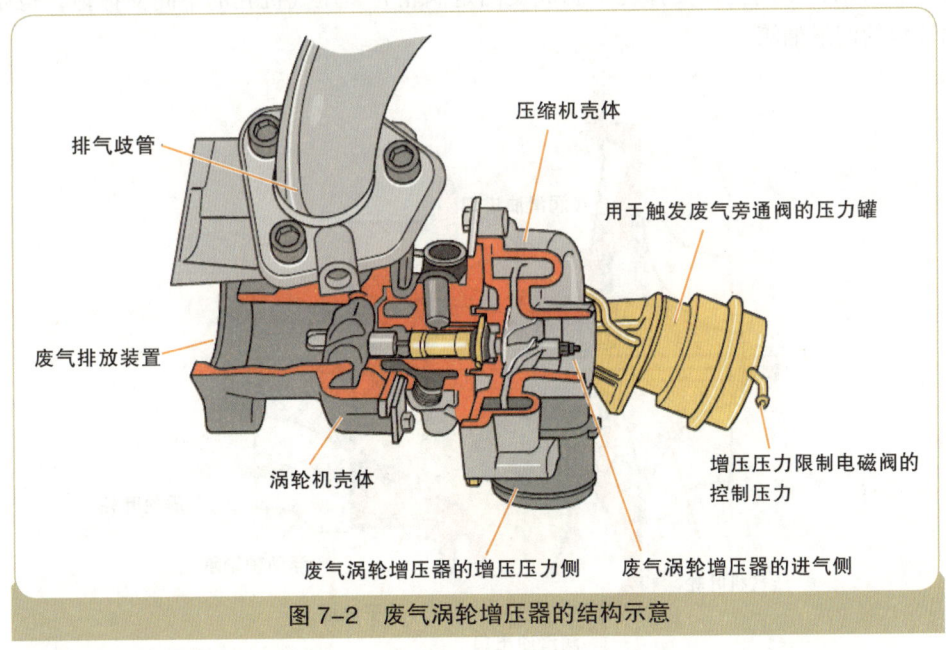

图 7-2 废气涡轮增压器的结构示意

长城 GW2.8TC 涡轮增压器的组件实物外形如图 7-3 所示,它是由涡轮、径流式压气机、中间壳、转子总成和旁通阀等组成的。

图 7-3 GW2.8TC 涡轮增压器的组件实物外形

GW2.8TC 涡轮增压器的涡轮部分主要包括涡轮壳和单级径流式涡轮,其部件结构示意如图 7-4

所示。它们是一个能量转换器,当柴油发动机排出的废气经过涡轮壳喷向涡轮叶轮时,将废气的热能及压力能转变成增压机构的动能,从而使涡轮高速旋转。

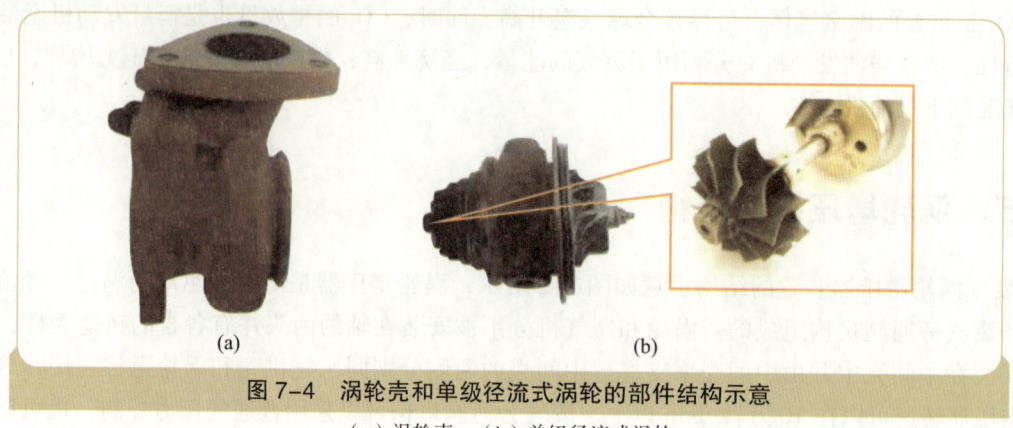

图 7-4 涡轮壳和单级径流式涡轮的部件结构示意
(a) 涡轮壳;(b) 单级径流式涡轮

如图 7-5 所示,中间壳是支撑转子总成及固定涡轮壳、压气机壳的中间支撑体,也是润滑和冷却浮动轴承的润滑油箱。

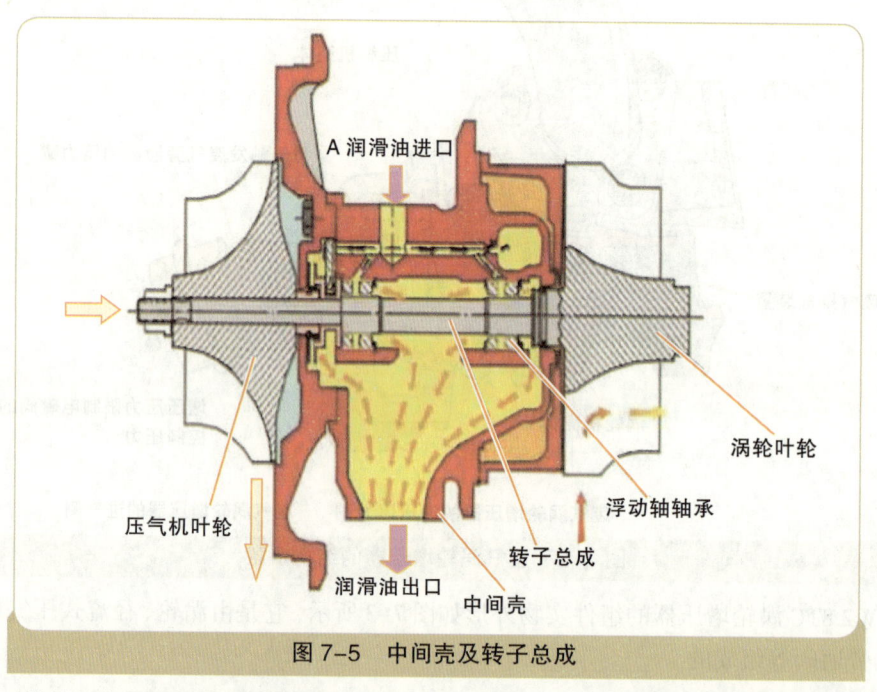

图 7-5 中间壳及转子总成

涡轮增压器的压气机主要包括单级离心式压气机叶轮和压气机壳体,其实物外形如图 7-6 所示。

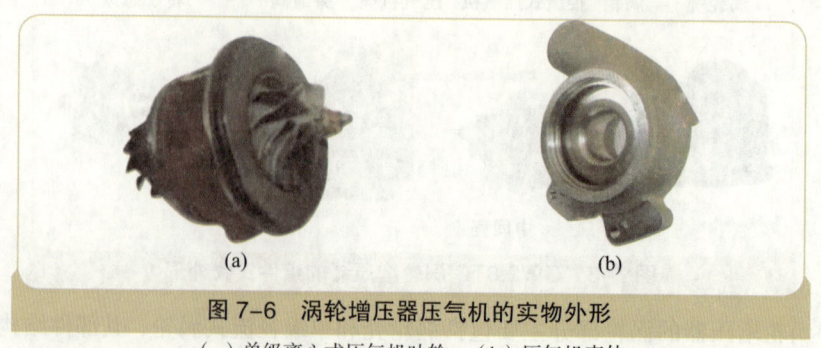

图 7-6 涡轮增压器压气机的实物外形
(a) 单级离心式压气机叶轮;(b) 压气机壳体

涡轮、叶轮与涡轮轴的连接如图7-7所示。涡轮轴与涡轮是采用摩擦焊这一焊结工艺连成一体的。摩擦焊，就是利用焊接工件的表面相互摩擦所产生的热，使接触端面达到热塑性状态，然后迅速顶锻，完成焊接的一种压焊方法。

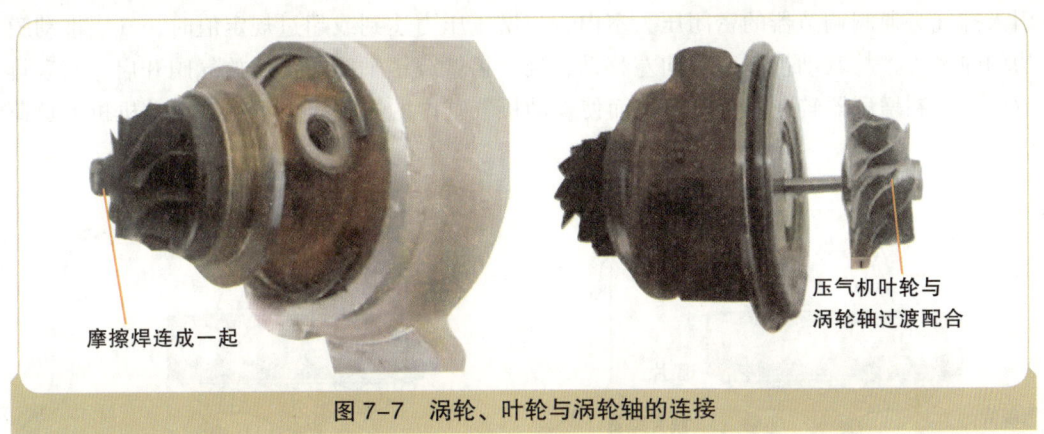

图7-7 涡轮、叶轮与涡轮轴的连接

压气机叶轮则是以过渡配合方式装在涡轮轴上，并用自锁螺母压紧。整个转子总成经过了非常精确的动平衡，以保证转子在高速运转情况下能正常工作。

增压器转子总成的支撑示意如图7-8所示，转子总成采用内支撑（即两个全浮式浮动轴承布置在两叶轮之间的中间体上），转子的轴向力由固定在中间体上的止推轴承装置承受。

排气旁通阀的结构示意如图7-9所示，此旁通阀的工作是由增压压力来控制的。旁通式增压器具有低速大扭矩并能兼顾高低速性能的优点。当增压压力达到预定值时，旁通阀打开，将部分多余的废气排掉，控制涡轮增压器的增压比，在

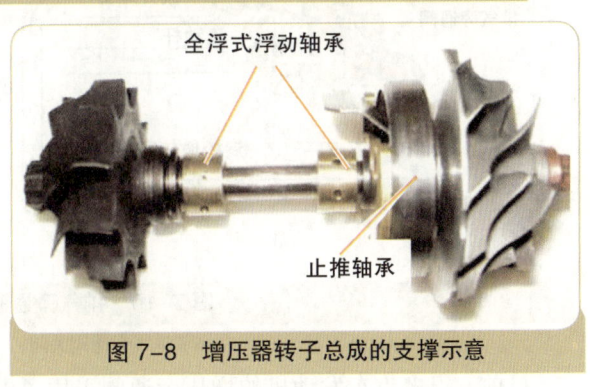

图7-8 增压器转子总成的支撑示意

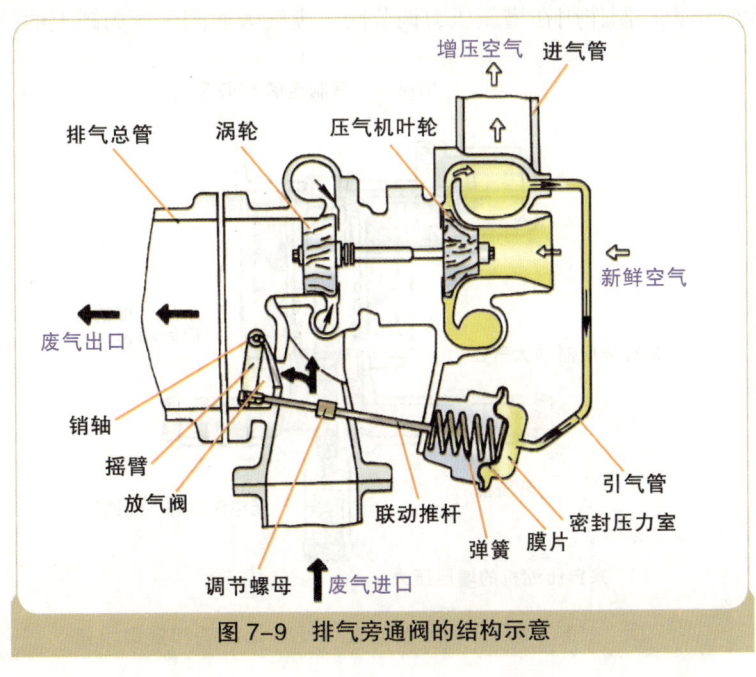

图7-9 排气旁通阀的结构示意

高速范围通过旁通阀放气以免增压器转子超速或增压压力过高而引起气缸内的燃油压力过大,加剧柴油发动机的机械负荷。

排气旁通阀的开闭由增压压力自动控制,其工作原理示意如图 7-10 所示。压气机出口的增压压力引入排气旁通阀调节器的密闭压力室内,当增压压力达到或超过规定值时,气压推动膜片克服左边的弹簧力,与联动推杆一起向左移动,推动摇臂绕销轴旋转,使放气阀开启,实现排气旁通阀放气,控制增压器转速的上升,从而使发动机气缸内的爆发压力不超过发动机机械负荷的允许值。

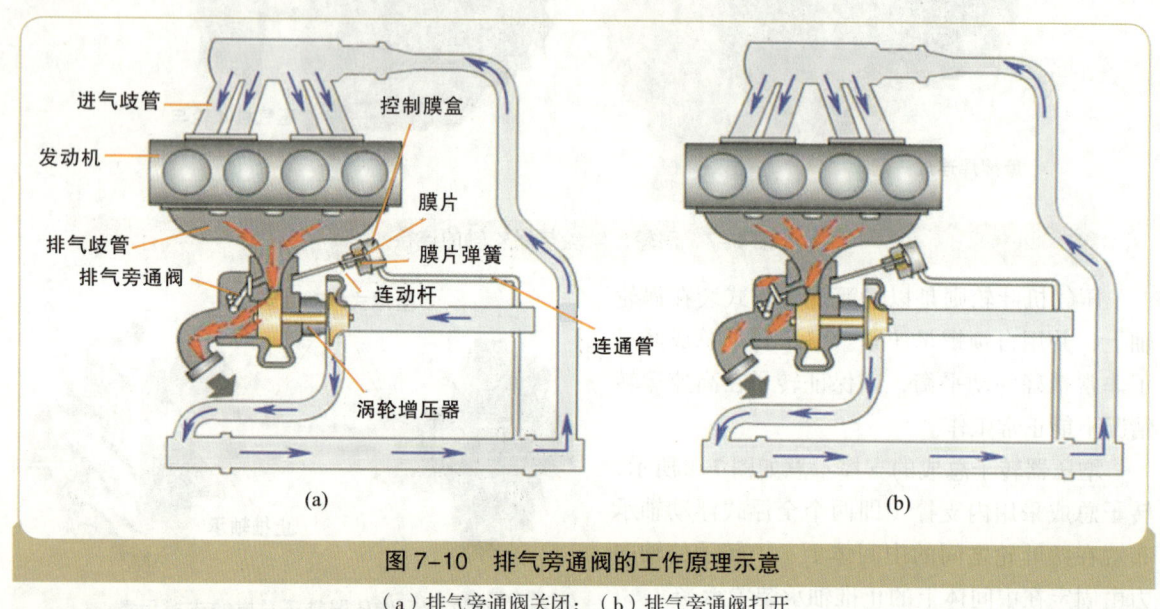

图 7-10 排气旁通阀的工作原理示意
(a)排气旁通阀关闭; (b)排气旁通阀打开

目前,很多汽车发动机的增压旁通阀采用了电子控制。例如,大众奥迪汽车的一款双涡轮增压发动机使用增压压力限制电磁阀 N75 来控制废气旁通阀。增压压力限制电磁阀 N75 的结构和接口示意如图 7-11 所示。N75 根据发动机控制单元的占空比信号改变压力罐至大气压力的开启时间,由增压压力和大气压力调制作用在增压压力调节阀(废气旁通阀)压力罐上的控制压力。

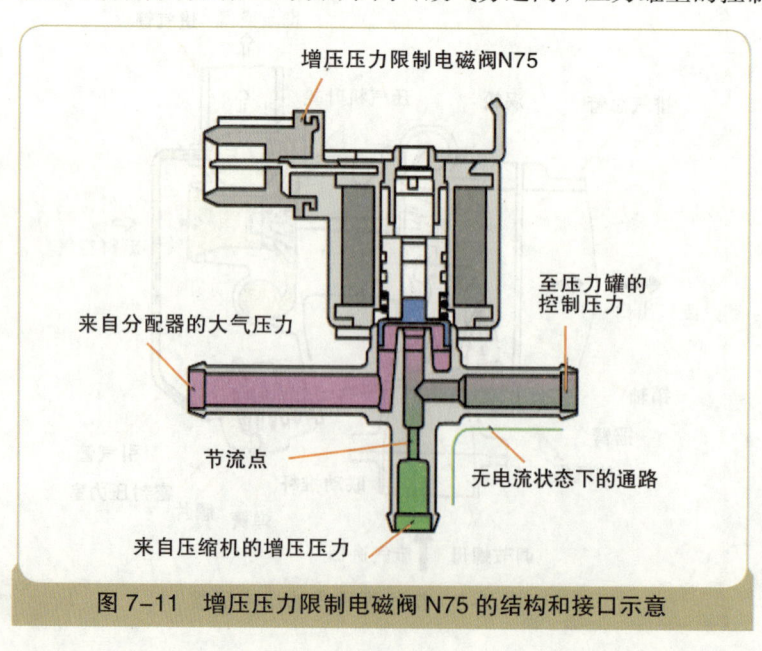

图 7-11 增压压力限制电磁阀 N75 的结构和接口示意

在无电流状态下，N75关闭，增压压力直接作用在压力罐上。增压压力调节阀在增压压力较低时打开。这样，当增压压力调节失灵时便会限制基本增压压力，以免超出最大增压压力，结果会损失一些功率。所谓基本增压压力是不用调节便可以达到的增压压力。

在没有压力的情况下，压力罐中的一个弹簧使废气旁通阀保持关闭。所有的废气流通过涡轮导引并建立增压压力。

如图7-12所示，当控制压力达到规定值时，克服此弹簧力并打开废气旁通阀。一部分废气流由废气旁通阀引导绕过涡轮，增压压力不再继续升高。

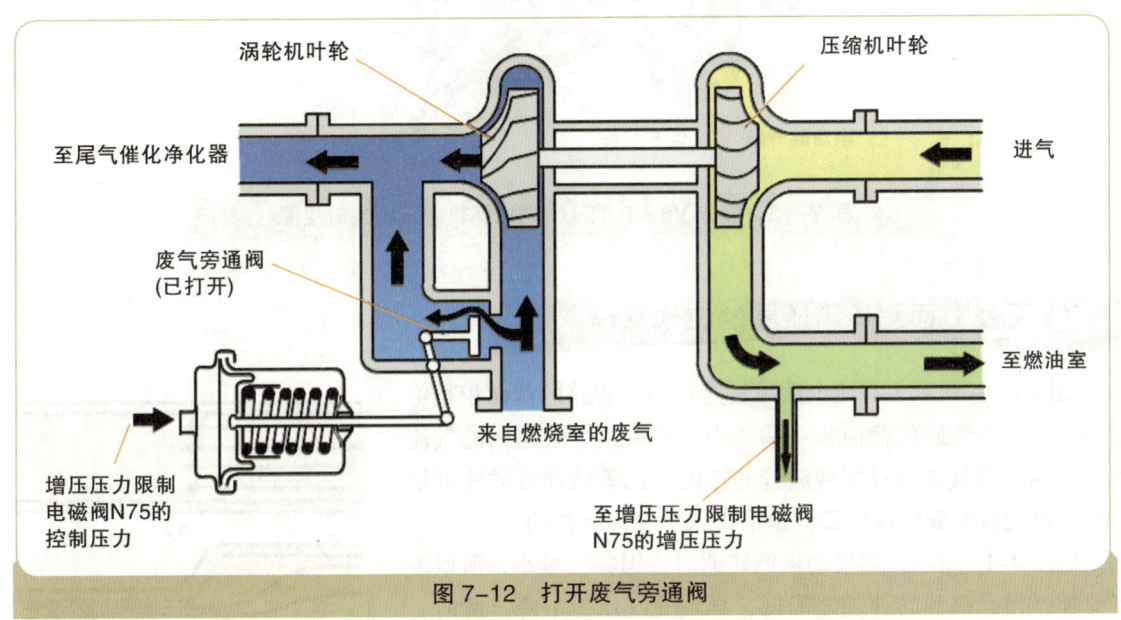

图7-12　打开废气旁通阀

四、可变截面涡轮增压器（VNT）

1. 可变截面涡轮增压器的优点

普通的增压器往往不能够兼顾柴油发动机的高速工况和低速工况。当柴油发动机的转速较低时，由于气缸燃烧频率低，废气流量和能量相对较小，很难将涡轮和增压器的转速提高到期望的水平，即最终的增压压力难以提高，涡轮的响应性较差；而当柴油发动机的转速较高时，由于废气流量和能量都较高，导致涡轮速度过高，涡轮增压器将产生过高的增压压力，使系统的可靠性和寿命下降。为了兼顾高速工况和低速工况，可变截面的涡轮增压器（VNT）得到了应用。可变增压机构依照发动机转速来改变涡轮增压器的增压值，因而能改善涡轮的响应性。可变增压技术主要使用在柴油涡轮增压发动机上，使用在汽油涡轮增压发动机上效果不太明显。如图7-13所示为奥迪V8 4.0 TDI发动机涡轮增压器的剖视图，为了保证涡轮增压器在较低转速时做出快速响应，可调式叶片（导流板）是通过一个电动调节器来实现调节的。

这种涡轮增压器采用导流板来代替旁通支路，导流板控制作用在涡轮上的气流量，其优点是：

（1）由于废气流量由导流板控制，在发动机转速较低时也可以保证大功率输出。

（2）作用于涡轮上较低的排气背压可以降低发动机高转速时的油耗。

课题七 电控柴油进排气控制系统

（3）由于充气压力达到了最佳状态，因此在整个转速范围内提高了燃烧效率。

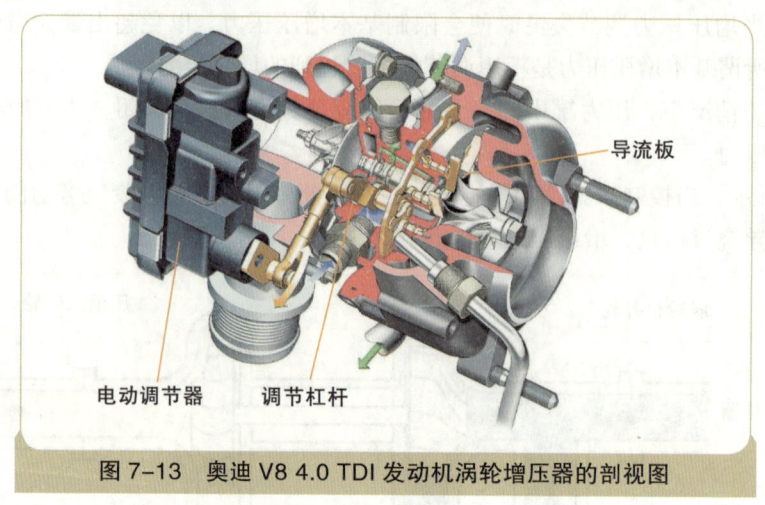

图7-13 奥迪V8 4.0 TDI发动机涡轮增压器的剖视图

2. 可变截面涡轮增压器的工作原理

如图7-14所示，有两个通风管路：一个管路的截面积是不变的；另一个管路的截面积一端变小。如果两个管路内的气流压力相同，则气体流过变截面管的速度要比等截面管的速度快得多。可变截面涡轮增压器就是采用这一原理工作的。

如图7-15所示，当发动机低转速时，因排气量小，所以废气流速减慢，涡轮转速随之降低，导致充气压力下降。此时，驱动装置使叶片轴顺时针旋转某一角度，由此减小了废气流通截面，使其流速加快，涡轮转速也随之加快。这样，即使在发动机低转速时，涡轮转速也很高，仍能产生足够的充气压力。

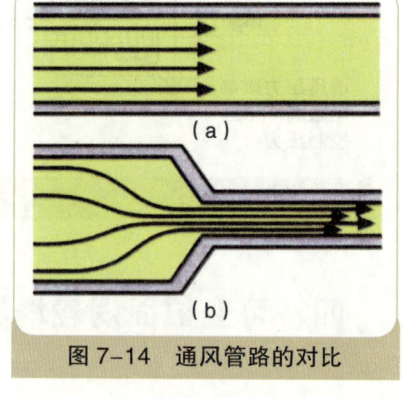

图7-14 通风管路的对比

当发动机高转速时，因排气量大，所以废气流速加快，此时驱动装置使叶片轴逆时针旋转某一角度，由此增加了废气流通截面，使其流速减慢，但涡轮仍保持同样转速，充气压力保持恒定，如图7-16所示。

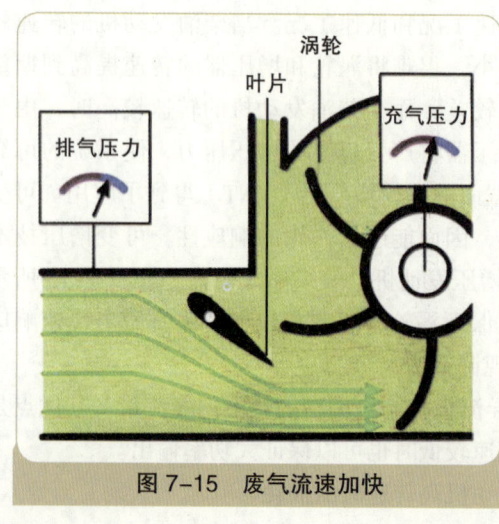

图7-15 废气流速加快

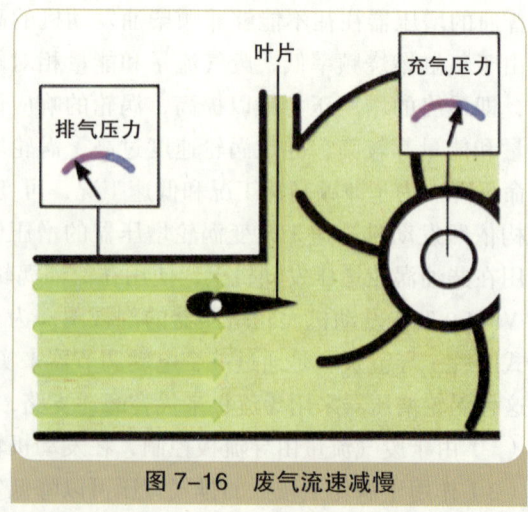

图7-16 废气流速减慢

3. 可变截面涡轮增压器的结构

典型的可变截面涡轮增压器的结构示意如图7-17所示,发动机燃烧产生的废气经废气入口进入涡轮,在导流板的作用下,经过喷嘴环截面冲击涡轮叶片,对其做功后从涡轮的废气出口流出。压气机利用涡轮传递来的动能压缩新鲜空气,实现废气涡轮增压的过程。涡轮喷嘴环截面有很多圆周均布的导流板,导流板能够调整喷嘴环的有效流通截面,从而改变废气冲击涡轮叶片的流速。这样也就调整了涡轮轴的转速,从而实现了对增压压力的控制。VNT的控制既可以像图7-17那样利用杠杆机构,由真空膜片调节阀来控制导流板的角度,也可以像图7-13那样由电动调节器通过杠杆机构来调节导流板的角度。

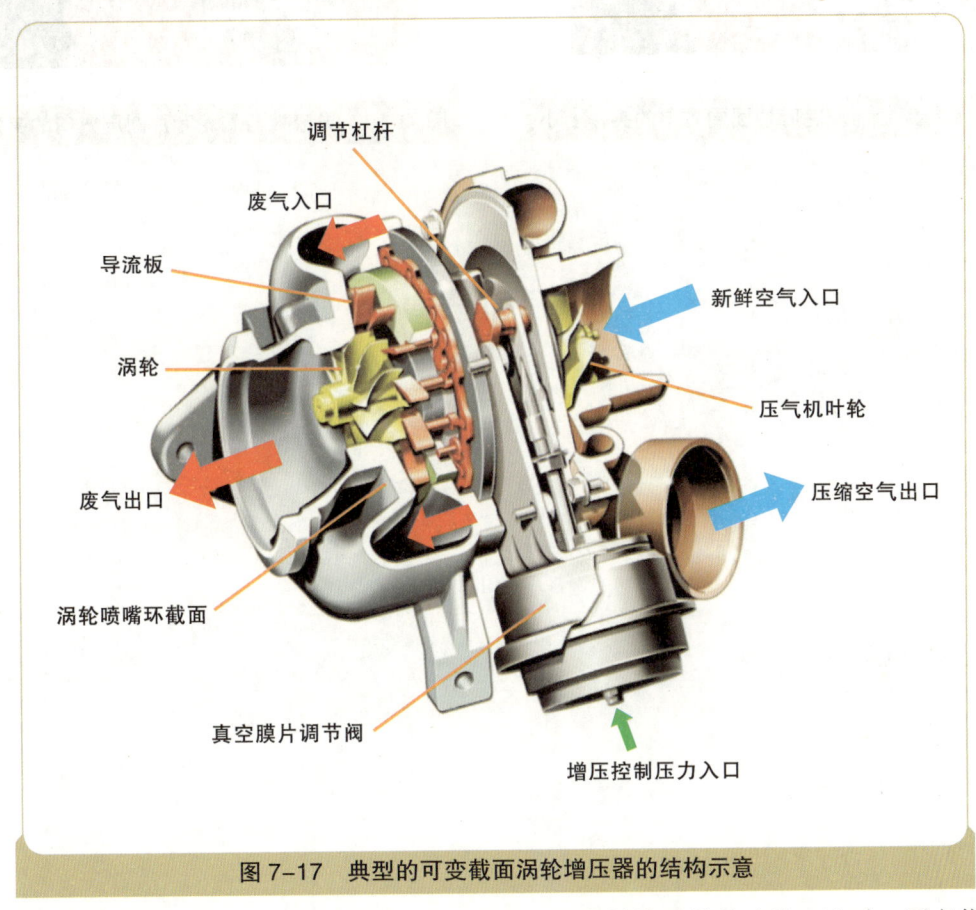

图7-17 典型的可变截面涡轮增压器的结构示意

当发动机的转速较低时,排出废气的流量较小,不容易推动涡轮叶片。这时,可变截面涡轮系统的导流板发生转动,导流板与涡轮叶片圆周方向的夹角变小(图7-18),废气流速增大,从而提高了涡轮转速,流速加快,这样更容易推动叶片。

在转速高的时候,气体流量充足,涡轮可以获得最大增压值。这时,导流板与涡轮叶片圆周方向的夹角变大(图7-19),涡轮进气口截面变大,从而使涡轮转速和充气压力保持不变,使增压压力不至于过高。

课题七 电控柴油进排气控制系统

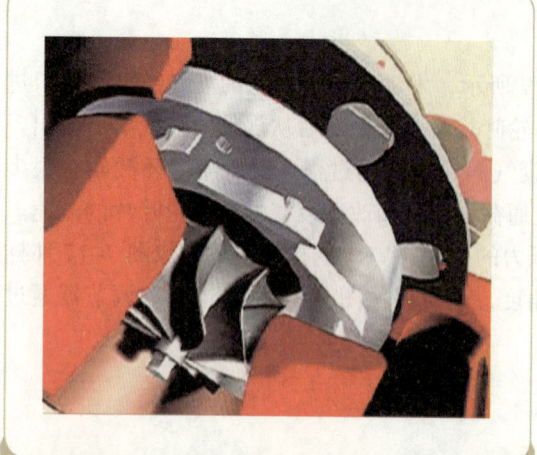

图7-18 导流板与涡轮叶片圆周方向的夹角变小

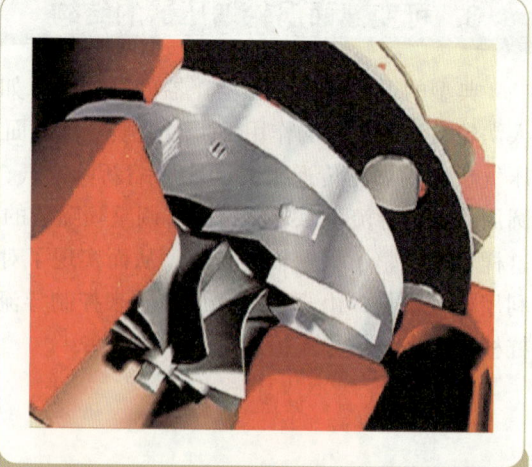

图7-19 导流板与涡轮叶片圆周方向的夹角变大

任务二 柴油发动机排放控制系统

一、废气再循环系统的工作原理

EGR 是 Exhaust Gas Recirculation 的缩写,意思是废气再循环。如图 7-20 所示,它的工作原理是将一定量的废气引入进气系统中,使得进气充量中惰性气体(H_2O 蒸气、N_2 和 CO_2 等)的比例增加。由于这些惰性气体不参加燃烧,且具有较高的比热容可以吸收燃烧放出的热量,从而使发动机的最高燃烧温度下降。同时,废气的加入也降低了进气中的氧浓度,破坏了 NO_x 的生成条件,抑制了 NO_x 的生成。

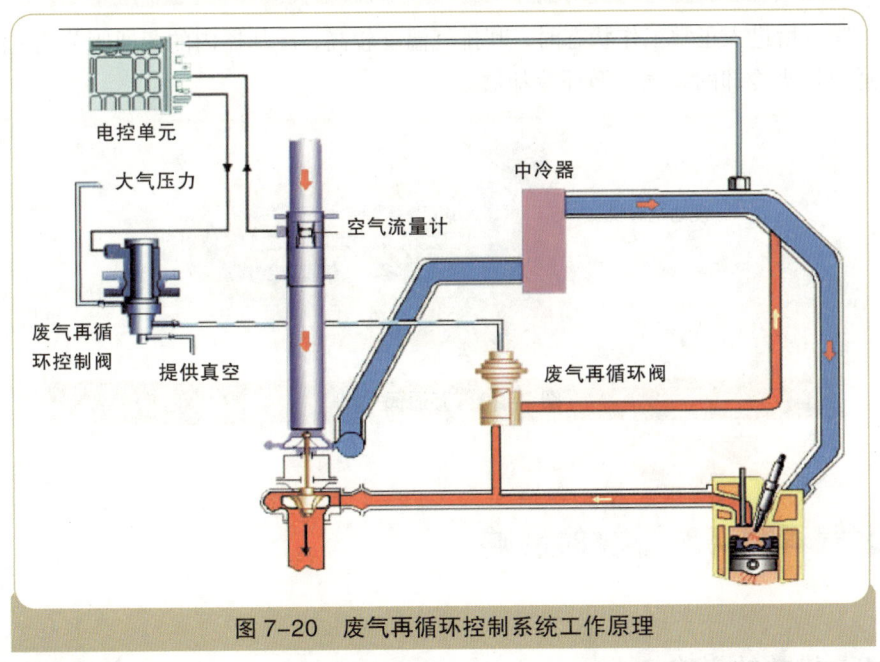

图 7-20 废气再循环控制系统工作原理

系统通过控制参与再循环的废气量来减少尾气中的 NO_x 的排放量。当发动机达到一定温度时,ECU 根据发动机的负荷和转速决定再循环的废气量,并由发动机的进气温度、进气流量、进气压力来修正,ECU 发出控制电子真空转换装置的占空比信号,通过改变真空度控制 EGR 动作。在废气再循环系统中,废气再循环压力总是高于进气管压力,因此废气才能进入进气管中。

在增压控制系统中,一般接有中冷器用于降低进气温度。根据是否带有中冷器,可以将 EGR 系统分为冷 EGR 与热 EGR。热 EGR 会使进气温度升高,导致缸内燃烧温度大幅度升高,抵消

EGR 降低 NO_x 的作用。试验证明，热 EGR 和冷 EGR 相比，其碳烟、CO、CO_2 和碳氢化合物（HC）的排放量要高。此外，温度较高的废气会对进气系统的充气量产生影响。因此，必须对再循环的废气进行冷却处理。

根据冷却方式的不同，可以将 EGR 系统分为水冷 EGR 和空气冷却 EGR。例如，在奥迪 3.0 TDI 发动机上，为了有效减少废气中的颗粒和氮氧化合物（NO_x），在发动机暖机时，废气由一个冷却器来冷却（图 7-21），该冷却器内部充满流动的水且可由开关控制。

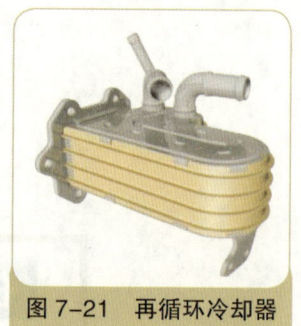

图 7-21 再循环冷却器

当发动机在冷机状态时，冷却器内的旁通阀打开（图 7-22），废气无须进入冷却通道，而是从旁通管道经过，进入进气管路，废气再循环直接进行，以便能以最快的速度使发动机暖机，加热催化净化器。

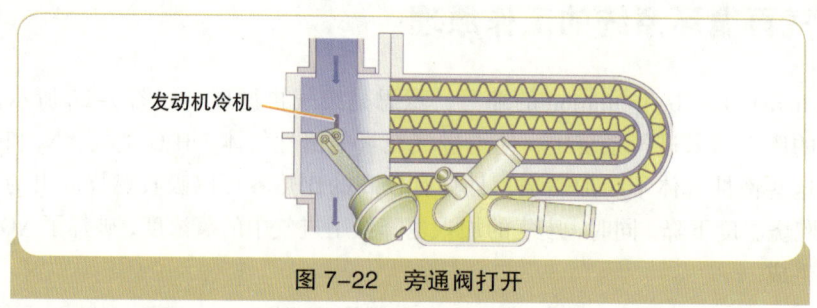

图 7-22 旁通阀打开

当发动机暖机后进入正常工作状态时，其排气温度较高，冷却器内的旁通阀关闭（图 7-23），废气被强制通过用水冷却的废气再循环冷却器。

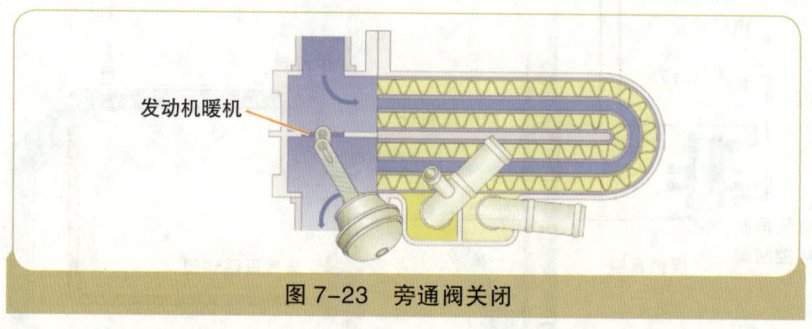

图 7-23 旁通阀关闭

二、废气再循环对排放的影响

1. 对 NO_x 排放的影响

废气再循环技术降低了燃烧室内可达到的最高燃烧温度，减少了进气充量，从而抑制 NO_x 的排放。实验表明，当发动机的转速一定时，废气中 NO_x 的比例会随废气再循环率的增加而降低。当发动机处于不同负荷时，NO_x 排放下降率与 EGR 率呈近似线性关系。较高的废气再循环率会导致柴油发动机动力下降，在中高负荷时，EGR 率较低；在小负荷时，EGR 率较高。应根据不同的工况，选择适当的 EGR 率。

2. 对微粒排放的影响

当发动机的转速一定时，微粒排放量会随 EGR 率的变化而变化。一般来说，废气的引入会造成进入气缸的新鲜空气降低，易造成局部缺氧和燃料燃烧不完全，引起微粒的增加。随着 EGR 率的增加，发动机排出的微粒也随之增加。实际上在中、高负荷时，喷油较多，燃烧时间较短，EGR 率对过量空气系数的影响较大，微粒增加幅度较大。在小负荷时，喷油较少，EGR 率对过量空气系数的影响相对减弱，微粒增加的趋势也相对较小。与 NO_x 的线性关系不同，微粒排放量增加率与 EGR 率关系为二次响应，因此微粒增加比例相对更大。

随着废气的引入，NO_x 排放会降低，微粒值会升高，负荷较大的工况微粒增加的趋势很明显，应限制高负荷工况下的 EGR 率。同时，带有 EGR 系统的发动机排气微粒中的 HC 成分较少。因此，需综合考虑 NO_x 和微粒两个方面而选择适当的 EGR 率。

3. 对 HC、CO 排放的影响

随着 EGR 率的增加，发动机尾气中 HC 与 CO 的排放变化关系较为一致，呈现上升趋势。在发动机转速一定的情况下，随着 EGR 率的增加，HC 和 CO 均为燃料燃烧不充分所产生的排放物。当充入气缸内的废气增加，必然导致参与燃烧的氧气量相对减少，燃料燃烧条件恶化。HC 排放在中高负荷时呈现增加趋势，在小负荷时呈现下降趋势。HC 排放主要来自滞燃期内形成的极稀混合气，因此 HC 排放与滞燃期时间长短有关。负荷越低，滞燃期内形成的极稀混合气越多，发动机排气中 HC 的浓度越高。在同样低负荷时，废气回流率越大，加热进气的作用越明显，滞燃期将越短，对改善 HC 排放有利。

4. 对 CO_2 及燃油消耗率的影响

试验表明，当发动机的废气再循环率增加时，过量空气系数有所降低，CO_2 的排放量及燃油消耗率的波动很小，基本保持不变。

三、废气再循环系统的检修

1. 宝来 TDI 发动机废气再循环系统的检查

1）废气再循环电磁阀 N18 的检查

宝来 TDI 发动机的废气再循环系统按一定比例将废气与新鲜空气混合提供给发动机。从而降低燃烧温度并减少氮氧化合物的生成量。用于调节废气再循环的真空由脉冲负载信号设定，发动机控制单元通过激活废气再循环阀来控制返回的废气量。N18 电磁阀及控制电路如图 7-24 所示。

如果控制信号失效，则发动机功率下降，废气再循环失效。检修废气再循环电磁阀 N18 时，

课题七 电控柴油进排气控制系统

参照以下检测方式。

（1）用真空测试仪检测电磁阀真空度，刚开始时无真空，电磁阀开始工作后将有真空产生。

（2）测量电磁阀电阻，电磁阀本身的电阻标定值为 14~20 Ω。

（3）可以在 08 数据块中读取废气再循环显示值，数据显示分别如表 7-1~ 表 7-3 所示。

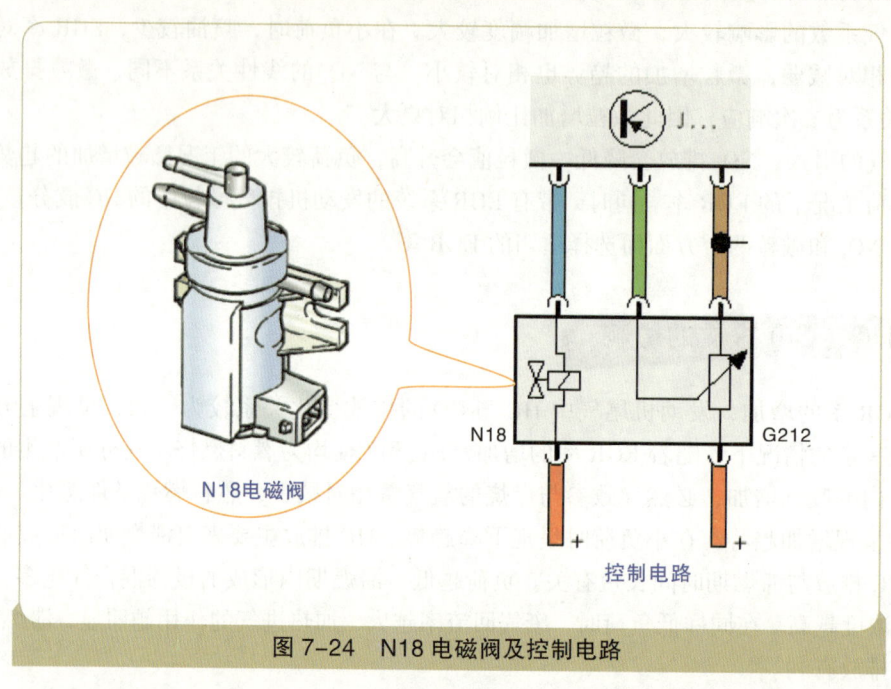

图 7-24　N18 电磁阀及控制电路

表 7-1　怠速时显示数组 003（发动机热态，冷却液温度不低于 80℃）

读取数据块 003　→ xxxxr/min　xxxmg/H　xxmg/H　xxx%	<屏幕显示理论值	评价
1→发动机转速	860~940 r/min	——
2→进气量（理论）	230~420 mg/H	见表 7-2
3→进气量（实际）	230~420 mg/H	见表 7-3
4→废气再循环控制阀占空比	10~95%	——

表 7-2　评价：显示数组 003，显示区域 2- 进气量（理论）

- VAG1552 显示	可能发生故障的原因	故障排除
大于 420 mg/H	发电机太冷	允许发动机以较高转速暖机后重新检查

表 7-3　评价：显示数组 003，显示区域 3- 进气量（实际）

- VAG1552 显示	可能发生故障的原因	故障排除
低于 230 mg/H	废气再循环量太多 漏气	检查进气系统的密封性
大于 420 mg/H	发动机太冷 废气再循环量太少 空气流量传感器失效	发动机怠速运转较长时间，检查传感器，这时将显示一个常数，约为 539 mg/H

(2)废气再循环机械阀的检查

检查再循环量:在废气再循环机械阀的真空接口加上 51 kPa 的真空,应出现怠速不稳或熄火的现象。

检查机械阀隔膜运动、破损情况及隔膜的清洁情况。

检查废气再循环孔及真空软管。阀底容易产生积碳使再循环通道受阻或泄漏,清洗时须更换垫圈并涂锂基润滑脂。

阀芯剧烈运动、阀门全开,将使发动机动力性下降,甚至熄火。

2. 捷达 SDI 柴油发动机 EGR 故障实例

故障现象

一辆搭载 1.9L SDI 柴油发动机的捷达汽车,发动机舱内有"嗡嗡"声,加速无力且费油。此故障时有时无,无故障时加速有力,有故障时发动机噪声大。

故障诊断与排除

(1)用故障检测仪读码,未发现故障码。

(2)进行试车,行驶大约 1 h 后,突然出现"嗡嗡"声且声音越来越大,类似单向阀响。

(3)打开发动机舱,发现声源是 EGR 控制阀发出的。

(4)常温下测量其阻值为 64 Ω,远大于标准值 14~20 Ω,说明 EGR 控制阀有故障。

(5)更换 EGR 控制阀后,试车,故障依旧。

(6)经过仔细检查,发现 EGR 控制阀两根粗细不同的管被插反了。将两管插回原位后,故障排除。

任务三 尾气处理系统

为了进一步降低柴油发动机的有害排放物对大气的污染，除了在燃烧环节尽量降低有害排放物的生成，还可以采取排放后的处理措施。目前，国内采用的降低排放的主要措施是在发动机方面：提高燃油的喷射压力（高压共轨、泵喷嘴、单体泵）、增压中冷、改进燃烧室的形状（活塞凹腔形状）和采用废气再循环（EGR）等。为了适应新短期排放法规，又增加了氧化型催化器（DOC）以降低PM的排放。为了适应更加严格的新长期排放法规，还必须采用尿素SCR（选择还原）型NO_x催化转换器以降低NO_x排放，并且采用柴油微粒捕集器（Diesel Particulate Filter，DPF）以减少PM的排放。总的来说，为了达到全工况排放要求，除了改进发动机的燃烧工况和性能，还必须采用旨在减少NO_x与PM的后处理装置。

一、氧化型催化器

由于柴油发动机工作在富氧的环境下，因此尾气的处理不适宜采用三元催化器，而是采用氧化型催化器。柴油发动机氧化型催化器的结构示意如图7-25所示，氧化型催化器是一个圆筒形的陶瓷载体，中间有许多细长的通道，多孔的蜂窝状结构使HC、CO与O_2的接触面积很大，保证氧化效率。在正常工作时，HC和CO氧化过程的放热能够使催化器处于正常的工作温度范围。在冷起动时，控制装置可以采用电加热的办法使催化器快速达到正常的工作温度。氧化型催化器将没有完全燃烧的HC、CO和部分微粒氧化，生成CO_2和H_2O，氮氧化合物（NO_x）不能被氧化型催化器转化，因此采用废气再循环的方法减少NO_x的排放。

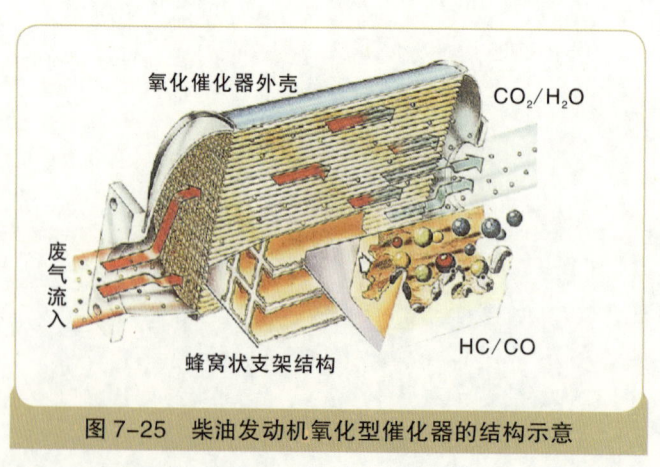

图7-25 柴油发动机氧化型催化器的结构示意

二、氮氧化合物还原催化器

由于柴油发动机的空燃比较大,因此,氮氧化合物(NO_x)的还原是其后处理的难点之一。目前,相对比较成熟的方法是选择性催化还原法(SCR)。

图 7-26 所示为博世公司的 SCR 系统。它通过还原剂把氮氧化合物转化为 N_2 和 O_2,一般选择尿素水溶液作为还原剂。尿素水溶液喷射到催化剂逆流方向的排气管中,在废气温度作用下分解为 CO_2 和 NH_3,NH_3 作为还原剂将 NO_x 还原为无污染的 N_2 和 H_2O。

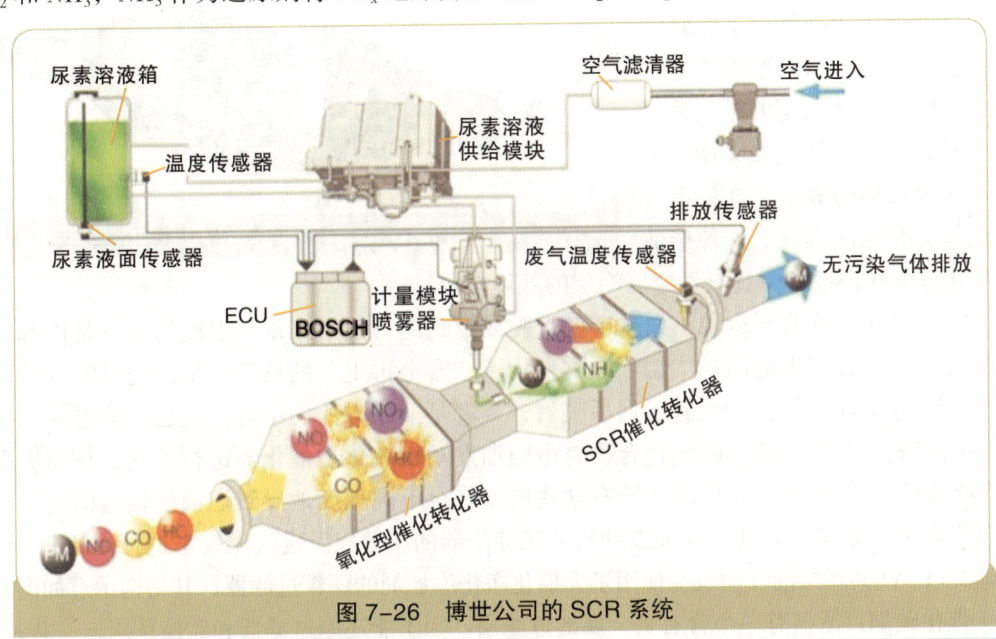

图 7-26 博世公司的 SCR 系统

SCR 降低氮氧化合物催化反应式如下($T>160\ ℃$):

尿素水溶液的分解反应式:

$$H_2N - CO - NH_2 + H_2O \rightarrow 2NH_2 + CO_2$$

NO_x 的催化还原反应式:

$$4NO + 4NH_2 + O_2 \rightarrow 4N_2 + 6H_2O$$

$$6NO_2 + 8NH_2 \rightarrow 7N_2 + 12H_2O$$

SCR 一个最大的特点是发动机的内部燃烧允许最大优化方案,即尽可能地让柴油在较高温度、富氧环境下充分燃烧,这样产生的 NO_x 虽然含量较高但是 PM 含量会有较大幅度降低,通过 SCR 的催化还原反应,可以使尾气的 NO_2 含量大幅度降低。

选择性催化还原法的效率取决于气体温度,如果在 200~500 ℃ 的温度范围工作,氮氧化合物转化为氮气和水的转化率可达 85%。实际车辆运行时可以达到这个工作温度条件。

三、颗粒过滤器

柴油发动机的有害排放物中,颗粒(碳烟)是主要成分之一,因此需要颗粒过滤器。颗粒过滤器又被称为微粒捕集器(DPF),其核心是过滤体和过滤体再生装置。颗粒过滤器的结构示意如图 7-27 所示。来自废气的微粒流过过滤体时被吸附在过滤体材料上,过滤体能吸附部分微粒,随着微粒堆积，过滤器前后的压力差增大，这时就需要将微粒燃烧，使其转化成 CO_2，以气体形式排放出去。

微粒捕集器（DPF）的过滤效率很高，可达60%~90%。但是，如果不通过滤清器再生来清除过滤器壁上沉积的微粒，这些微粒最终将阻塞过滤器。如果发动机在高负荷下运转，那么排气温度可能足以燃烧这些微粒。在柴油发动机微粒捕集器上游添加柴油发动机氧化型催化器（DOC）可以提高再生过程的效率，这将进一步降低碳氢化合物的排放。这种柴油发动机氧化型催化器通常由具有贵金属涂层的载体构成。

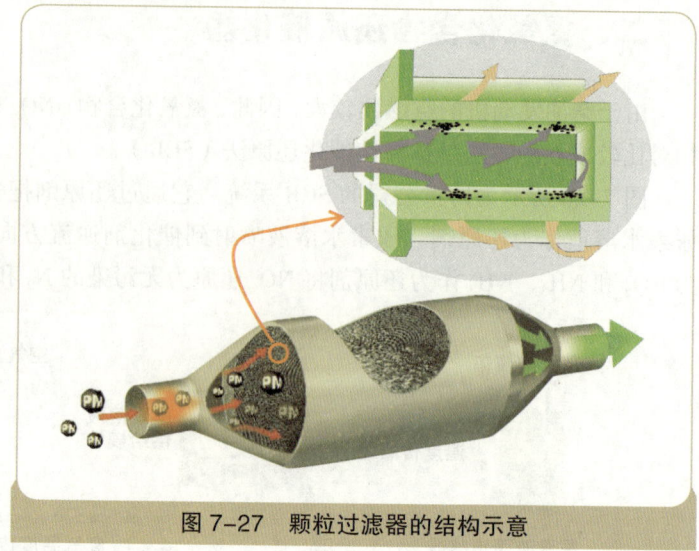

图7-27 颗粒过滤器的结构示意

如果发动机在低负荷下运转（如在市区行驶或短距离行驶），排气温度通常不足以起动再生过程，因此需要热管理来提高排气温度。这种为了"安全再生"的热管理形式包括进气节流阀、通过排气制动阀增加排气背压或者延迟后喷射，或者是上述方法的组合。延迟后喷射将在排气中产生更多的碳氢化合物，这些碳氢化合物将由柴油发动机氧化型催化器进行转化，从而提高柴油发动机微粒捕集器上游的气体温度。所有这些措施将会不同程度地导致燃油消耗量的增加。为了避免过滤器阻塞，系统必须通过柴油发动机微粒捕集器的压差以及进气温度来进行控制。

奥迪3.0 L-V6共轨柴油发动机上使用了无催化净化添加剂的颗粒过滤器，其结构示意如图7-28所示。这个催化碳烟过滤器有一个含有贵金属的过滤层。为了能还原过滤器和监控系统，一共装了3个温度传感器（一个位于涡轮增压器前方，一个安装在催化净化器后方，还有一个安装在颗粒过滤器前方）、一个压差传感器（用于监控颗粒过滤器的前、后压力差，识别出过滤器是否被碳烟堵塞）。

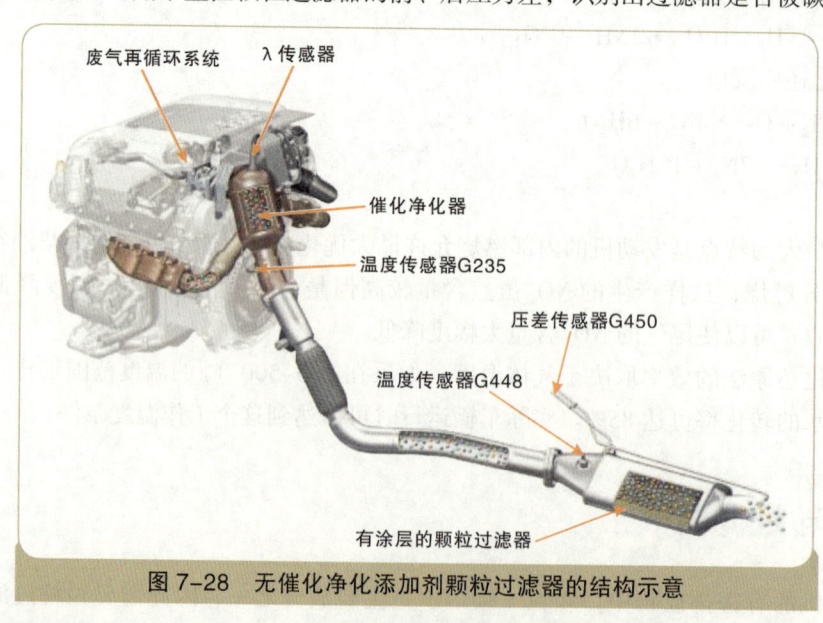

图7-28 无催化净化添加剂颗粒过滤器的结构示意

碳烟过滤器及滤芯的结构示意如图7-29所示。滤芯的结构与传统的催化净化器相似，区别在于该催化净化器的通道在进气和出气方向上是交替锁闭的。这样，含有碳烟的废气就必须穿过透气的氧化硅壁面才能流至排气系统出口,而碳烟则留在了陶瓷壁面上。这个壁面涂有一层铑和氧化陶瓷的混合物。

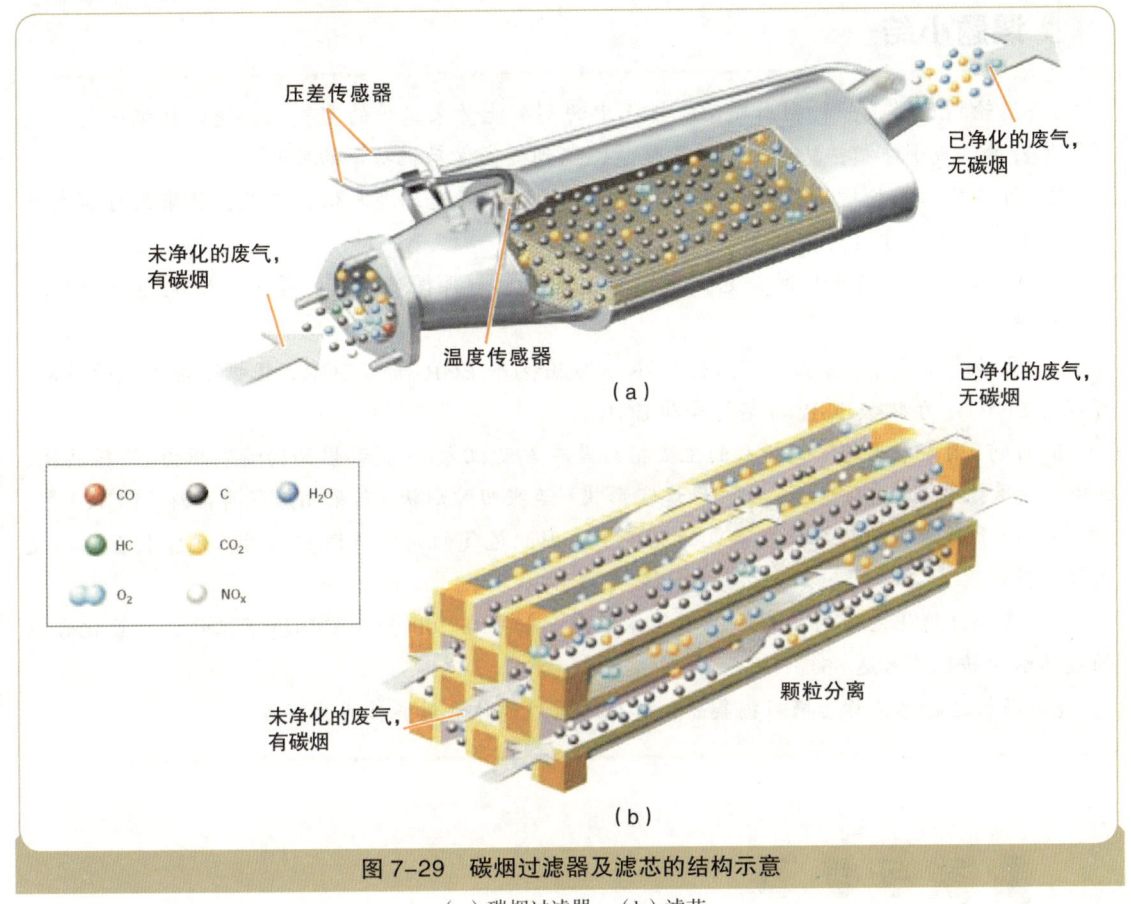

图7-29 碳烟过滤器及滤芯的结构示意
(a)碳烟过滤器;(b)滤芯

尾气通过滤芯的铑涂层可以产生二氧化氮(NO_2),铑涂层在350 ℃以上时会引起碳烟氧化(被动还原)。涂层中的氧化陶瓷成分在580 ℃时可以用O_2来加速快速热还原反应(主动还原)。

当汽车在短程行驶或城市路况行驶时,排气温度过低,不足以起动主动还原过程。这部分颗粒的还原过程出现在350~500 ℃,主要是汽车在高速行驶时,颗粒过滤器中所含的碳烟被缓慢而仔细地转化成CO_2。这个过程不由发动机管理系统来控制,因此称为被动还原。

对于常见的城市行驶工况,每行驶1 000~2 000 km应通过发动机管理系统来进行一次主动的还原过程。

发动机控制单元中有一个预先编制好的模拟模式程序,该程序根据使用者的驾驶风格和压差传感器的值来判断过滤器的吸附饱和程度,在必要时就可以执行主动还原功能。为此就要通过几种方法来将涡轮增压器的温度提高到约450 ℃。这几种方法是:补充喷油(与主喷油接近)、加大喷油量、延迟喷油时刻、关闭废气再循环、阻塞节气门。当催化净化器后的温度超过350 ℃时,就会进行第二次补充喷油(与主喷油很远)。这个补充喷油来得很迟,以至于燃油只来得及汽化,尚未燃烧。

这些燃油蒸汽在催化净化器处发生反应,从而将气体温度提高到750 ℃,于是碳烟颗粒就开始燃烧。过滤器上有一个温度传感器,用于调节第二次补充喷油的喷油量,使得碳烟在过滤器前的温度达到620 ℃。于是碳烟颗粒在几分钟就烧掉了。当行驶里程达到150 000~200 000 km时,过滤器就失效了,这时必须更换过滤器。过滤器的失效时间取决于机油消耗量,这是因为机油燃烧后的剩余物(机油灰)无法烧掉,而是堆积在过滤器内,导致过滤器失效。

课题七 电控柴油进排气控制系统

课题小结

1. 涡轮增压器是一种利用发动机排气中的剩余能量来工作的空气泵,通过压缩进气,提高气体密度,减小体积,从而提高进气质量,达到提高发动机功率的目的。

2. 可变截面涡轮增压器(VNT)兼顾柴油发动机高速工况与低速工况,其采用可调式叶片(导流板)代替旁通支路。

3. EGR是废气再循环的意思,系统通过控制参与再循环的废气量来减少尾气中的NO_x的排放量。

4. 根据是否带有中冷器,可以将EGR系统分为冷EGR与热EGR;根据冷却方式的不同,可以将EGR分为水冷EGR与空气冷却EGR。

5. 目前,国内采用的降低排放的主要措施是在发动机方面:提高燃油的喷射压力(高压共轨、泵喷嘴、单体泵)、增压中冷、改进燃烧室形状(活塞凹腔形状)和采用废气再循环(EGR)等。

6. 由于柴油发动机工作在富氧的环境下,因此尾气的处理不适宜采用三元催化器,而是用氧化催化器。

7. 选择性催化还原的效率取决于气体温度:如果在200~500 ℃环境下工作,氮氧化合物的氮和水的转化率可达85%。

8. 颗粒过滤器又称为微粒捕集器,其核心是过滤体和过滤体再生装置。

思考与练习

一、填空题

1. 柴油发动机的中冷技术分为_____和_____两种。

2. 柴油发动机排放的CO是_____的产物,HC主要是_____组成的,NO_x的生成主要取决于燃烧过程中的_____、_____和_____。

3. 废气涡轮增压器由_____、_____和_____组成。

4. EGR的意思是_____它的工作原理是_____。

5. SCR系统最大的优点是_____。

6. 涡轮增压技术使进入气缸的气体密度_____,气体的体积_____,这样就增加了单位体积的空气质量,使发动机在尺寸不变的条件下提高了功率。

7. 为了降低因涡轮增压升高的进气温度,一般采用_____设备对增压空气进行冷却。

8. 为了避免增压器转子超速或增压压力过高,一般通过_____来控制涡轮增压压力。

9. 为了进一步降低柴油发动机废气中有害物质的排放,可以采用_____、_____及_____设备对尾气进行处理。

二、判断题

1. 涡轮增压系统提高了发动机的功率,降低了燃油消耗。　　　　　　　(　　)
2. 涡轮增压系统对尾气排放有积极的一面,也有负面影响。　　　　　　(　　)
3. 涡轮增压器的润滑状况对涡轮增压器的使用寿命至关重要。　　　　　(　　)
4. 柴油发动机的尾气处理系统增加了发动机的排气阻力,容易损坏发动机。(　　)

三、选择题

1. 关于柴油发动机涡轮增压系统的功用,以下描述不正确的是(　　)。
A. 将空气预先压缩后供入气缸,以提高空气密度、增加进气量。
B. 进气量增加,可增加循环供油量,从而可提高发动机的功率。
C. 燃油经济性会变差。
D. 可以得到良好的加速性。

2. 关于废气涡轮增压对排放的影响,以下描述不正确的是(　　)。
A. 涡轮增压技术使发动机燃烧得更充分,CO 的排放量进一步降低。
B. 增压后进气密度增加,过量空气系统变大,燃油雾化充分,碳氢化合物(HC)排放减少。
C. 采用进气中冷技术可以大大降低增压后的进气温度,有效控制燃烧温度,有利于减少氮氧化合物的产生。
D. 增压系统使空气密度增大,温度升高,微粒排放增多。

3. 关于废气再循环对排放的影响,以下描述不正确的是(　　)。
A. 废气再循环降低了燃烧室内的温度,从而增加了氮氧化合物的排放。
B. 废气的引入造成燃烧局部缺氧和燃烧不完全,引起微粒排放的增加。
C. 随着废气循环的增加,氮氧化合物的排放降低,但微粒排放会增加。
D. EGR 比率的增加,将引起燃料燃烧条件的恶化,使碳氢化合物(HC)和 CO 的排放增加。

四、简答题

1. 涡轮增压器是怎样工作的?
2. 可变截面涡轮增压器有什么优点?
3. 废气再循环对排放有哪些影响?

课题八
柴油发动机电控系统故障诊断与排除

学习任务

1. 掌握电控柴油发动机故障诊断的基本原则与方法。
2. 掌握电控柴油发动机故障诊断的基本流程。
3. 掌握电控柴油发动机故障分析与排除的思路。

技能要求

1. 能够正确使用诊断器排除故障。
2. 能够灵活运用各诊断方法对柴油发动机进行诊断。

任务一　故障检查与排除的基本原则与方法

一、电控发动机故障诊断的基本原则

电控发动机的电子控制系统是一个精密而复杂的系统，其故障的诊断也较为困难。造成电控发动机不工作或工作不正常的原因可能是电子控制系统的问题，也有可能是电子控制系统外的其他部分的问题，故障检查的难易程度各不一样。如果我们能够遵循故障诊断的一些基本原则，就可以用较为简单的方法准确而迅速地找出故障所在。电控发动机故障诊断排除的基本原则可以概括为以下几点。

1. 先外后里

在发动机出现故障时，先对电子控制系统以外可能发生故障的部位予以检查。这样可以避免本来是一个与电子控制系统无关的故障，却对系统的传感器、控制器、执行器及线路等进行复杂且费时费力的检查，导致可能原本较容易找到的真正故障而未能找到。

2. 先简后繁

发生故障时，能以简单方法检查的部位应先予以检查。例如，直观诊断最为简单，我们可以用看、摸、听等检查方法将一些较为显露的故障迅速地找出来。

如果直观诊断未找出故障原因，需借助仪器仪表或其他专用工具来进行诊断时，也应对较容易检查的先予以检查。

3. 先熟后生

由于结构和使用环境等原因，发动机的某一故障现象往往是以某些总成或部件出现故障最为常见，应先对这些常见故障部位进行检查。若未找出故障原因，再对其他不常见的可能发生故障的部位予以检查。这样做，可以迅速地找到故障原因，省时省力。

4. 代码优先

电子控制系统一般都有故障自诊断功能。当电控发动机运行时，故障自诊断系统监测到故障后，

以代码的形式将该故障储存到 ECU 的存储器内，同时通过检测发动机等警告灯向驾驶员报警。这时可采取人工或仪器读取故障码，并检查和排除故障码所指的故障部位。待故障代码所指的故障消除后，如果发动机故障现象还未消除，或者开始就无故障代码输出，则再对发动机可能的机械故障部位进行检查。

5. 先思后行

对发动机的故障现象先进行故障分析，了解可能的故障原因有哪些，再进行故障检查。这样可避免故障检查的盲目性：既不会对与故障现象无关的部位做无效的检查，又可避免对一些有关部位漏检而不能迅速排除故障。

6. 先备后用

电子控制系统的一些部件性能好坏，电气线路正常与否，常以其电压或电阻等参数来判断。如果没有这些数据资料，系统的故障检查将会很困难，往往只能采取新件替换的方法，这些方法有时会造成维修费用猛增且费工费时。因此，在检修车辆时，应准备好维修车型的有关检修数据资料。除了从维修手册、专业书刊上收集整理这些检修数据资料，另一个有效的途径是利用无故障车辆对其系统的有关参数进行测量，并记录下来，作为日后检修同类型车辆的检测比较参数。如果平时注意做好这项工作，会给系统的故障检查带来方便。

> **特别注意：**
>
> 电控发动机的故障并非一定出在电子控制系统。如果发现发动机有故障，而故障警告灯并未点亮（未显示故障代码），在大多数情况下，该故障可能与发动机电控系统无关。此时，就应该将发动机视为没有装电控系统，按照基本诊断程序进行故障检查。否则，可能遇到一个本来与电控系统无关的故障，却检查电控系统的传感器、执行器和电路等，花费了很多时间，而真正的故障反而没有找到。

二、电控发动机故障诊断的基本方法

电控发动机故障诊断按其诊断的深度可以分为初步诊断和深入诊断。初步诊断是根据故障的现象，判断出故障产生原因的大致范围。深入诊断是根据初步诊断的结果对故障原因进行分析、查找，直到找出产生故障的具体部位。

电控发动机故障诊断按所采用的手段，可以分为直观诊断、利用随车自诊断系统诊断、利用简单仪表诊断和利用专用诊断仪器诊断等。

1. 直观诊断

直观诊断就是通过人的感觉器官对汽车故障现象进行看、问、听、试、嗅等，了解和掌握故障现象的特点，通过人的大脑进行分析、判断，得出结论的诊断方法。

直观诊断方法根据诊断者的经验和对诊断车辆的熟悉程度，在运用的范围上有极大的差别。

经验丰富的诊断专家可以利用直观诊断方法诊断出发动机可能出现的绝大多数故障（包括对确定故障性质的初步诊断和确定具体故障原因的深入诊断）。因此，可以看出，利用丰富的经验处理电控发动机的问题尤为重要。直观诊断的主要内容有：

1）看

看即目测检查，其目的是了解电控发动机的电控系统类型、车型，在进入更为细致的测试和诊断之前，能消除一些一般性的故障原因。

（1）看车型和电控系统类型。因为，不同公司、不同型号的汽车，电控燃油喷射系统的形式有所不同，其故障诊断方法也不同。

（2）检查电控系统线束和连接器的连接状况。

（3）检查每个传感器和执行器有无明显的损伤。

（4）运转发动机，根据运转状态检查发动机的相关现象。

2）问

详细了解故障出现时的情形、条件、如何发生及是否已检修过等与故障有关的情况和信息。

3）听

主要听发动机工作时的声音：有无爆震、有无敲缸、有无转速或功率下降异常等。

4）试

根据前述检查，有针对性地试车，以便进一步确定故障。

2. 利用随车自诊断系统诊断

利用随车故障自诊断系统可以对故障进行自诊断在电控发动机故障诊断中是一种简便快捷的诊断方法，但是其诊断的范围和深度远远满足不了实际使用中对故障诊断的要求，常常出现发动机运行不正常而故障产生的原因可能与发动机电控系统无关，另一方面则是由于随车自诊断功能的局限性所造成的，不可能设计出一种自诊断系统对其所有可能产生的故障部位进行诊断。因此，以直观诊断方法为主进行检查和判断的工作在任何时候对任何系统来说，都是不可替代的。

随车自诊断系统通常只能提供与电控系统有关的电气装置或线路故障，一般只能做出初步诊断结论，具体故障原因还需要通过直接诊断和简单仪器进行深入诊断。

3. 利用简单仪表诊断

利用简单仪表诊断，就是利用以万用表和示波器为主的通用仪表，对电控发动机故障进行诊断的方法。

这种诊断方法的特点是：诊断方法简单、设备费用低，主要用于对电控系统和电气装置的诊断。因此，这种诊断方法可用于对故障进行深入诊断。其缺点是：对操作者的要求较高，在利用简单仪表诊断时，操作者必须对系统的结构和线路连接情况有相当详细的了解，才可能取得满意的诊断效果。

4. 利用专用诊断仪器诊断

采用专用诊断仪器可以大大提高对电控系统的诊断效率。因此，计算机故障诊断仪一般适用于服务站作为专业化的故障诊断，可为准确判断故障提供有利的依据。

三、电控发动机故障诊断的基本流程

（1）通过与车主或有关人员的交谈，详细了解故障产生、发展的全过程，以及过去的故障状况、检修状况和车况等，从而为诊断提供线索，为进一步检查提出方向。

（2）直观诊断。

（3）人工或仪器读取并验证故障码，查清故障码表示的故障是否存在，即是否故障已排除，而其故障码仍未清除。

（4）若无故障码，对有明显故障征兆的，可用诊断仪、示波器、万用表等读取有关发动机数据，进行数值、波形分析，并依据分析结果，检查有关部件，视需要进行维修或更换；若无明显故障征兆，则采用症状模拟方法对故障进行分析，以进一步检查故障的原因。

（5）若有故障码，则根据故障码的内容检查并排除故障。

（6）重新起动发动机，验证故障是否已被排除。若故障未被排除，则继续检查故障原因。

四、症状模拟方法

在排除故障时，最困难的是有故障而无明显的故障症状，这给故障的诊断工作带来了许多困难。这时应对故障进行彻底的全面分析，然后模拟与车辆出现故障时相同或相似的条件和环境，使故障再现，从而验证故障征兆，诊断故障，并找出有故障的部件或零件。例如，对于那些只有在发动机冷态下才出现的故障，或者车辆行驶时由于振动引起的问题等，都不能仅仅根据发动机热态和车辆静止时对故障征兆的验证来确诊。再者，振动、高温和潮湿等可能引起的故障难以在使用中再现。因此，故障征兆模拟试验便成为一种诊断故障的有效方法，这种试验可以在车辆静止的情况下进行。

在模拟试验前，应缩小可能发生故障电路的范围，然后进行试验，判断被测试的电路是否正常，同时也验证故障征兆。

1. 基本检查

检查电控发动机故障，首先要掌握电控发动机的控制原理、传感器和开关信号的信号类型和标准数值，能看懂电路图，了解机械系统的结构特点和参数。其次要掌握检测流程，先查什么，后查什么。查到某一个部件时产生两种情况：如果正常，应怎样继续检查；如果不正常，应怎样继续检查。不同的故障现象，检查的流程不一样，但基本流程差不多。根据不同的故障现象，有的项目可以省略不查，有的需重点检查。

(1) 检查发动机熄火后的蓄电池电压，应不低于 19 V，否则应充电或更换。

(2) 检查发动机能否起动，若不能起动，则应分别检查燃油压力、喷油量和供油时刻、燃油喷射系统；若仍不能起动，则《电控发动机常见故障的原因分析与处理》一览表进一步进行检查。

(3) 检查空气滤清器，若脏污或堵塞，应清洗或更换滤芯。

(4) 检查怠速转速是否正常，若不正常，则按《电控发动机常见故障的原因分析与处理》一览表进行检查。

(5) 检查燃油喷射系统，若不正常，应进行调整或更换相应部件。

(6) 检查各传感器是否失效或损坏。

(7) 若仍不能排除故障，则按《电控发动机常见的故障原因分析与处理》一览表进行检查。

2. 振动法

当汽车在颠簸的道路上行驶或受剧烈振动出现故障时，可用振动法进行试验。在垂直和水平方向轻轻摇动连接器（插接件），并仔细检查连接器两端导线是否松脱或断路；在上下左右各方向轻轻摇动配线，并仔细检查导线塑料外套有无破损，连接点有无松脱或断路；用手指轻拍零件和传感器，检查其是否失灵。对继电器不可用力拍打，否则可能使继电器断路。

3. 加热法

当怀疑某一部分可能是受热而引起故障时，可用加热法模拟试验。用电吹风或其他加热器件、设备对可能引起故障的零部件或传感器进行加热，检查是否出现故障。此方法还能修复由于受潮而引起故障的部件。必须注意：加热温度不得高于 60 ℃，以免损坏电子元器件。

4. 水淋法

当故障在雨天或高湿度环境下产生时，可用水喷淋在车辆上，检查是否发生故障。必须注意：不能将水直接喷淋在发动机电控零部件、电子元器件和用电设备上。

5. 电器全接通法

当怀疑故障可能是用电负荷过大而引起时，可逐个接通电器负载，检查是否发生故障。

任务二　电控发动机故障诊断的形式

一、故障诊断的目的

（1）及时发现发动机可能出现的各类故障。
（2）及时给驾驶员提示发动机故障信息。
（3）对发动机实时保护。
（4）帮助维修人员快速、准确找到故障。

二、故障码读取的方式

电控发动机出现故障后，故障码读取的方法有两种：
（1）通过随车故障指示灯读取故障码。
（2）通过专用诊断仪读取故障描述。

例如，深圳元征 X431 和博世 KTS510F 的电控发动机一旦出现故障，无论利用哪一种故障码读取的方式都不能确定故障的具体部位，读取的故障码和故障描述只是一个方向。此时，应通过专用诊断仪读取故障码，根据故障的描述查看该故障的实际值（数据流），进一步确定故障的主要位置。根据故障的方位，利用传统的机械式处理故障的方法，排除该部位的故障。

对故障维修后，必须通过专用诊断仪清除 ECU 历史记录。

驾驶者根据发动机故障指示灯排除一般的故障后，如果不能清除 ECU 故障码，应尽快与服务商或厂家联系。

三、通过随车故障指示灯（闪码）排除故障

控制器 (ECU) 具有故障自诊断功能，但没有自清除历史记录的功能，一旦 ECU 检测出电喷系统故障，将：

（1）产生对应的故障码并存入内存。
（2）依照故障的严重等级，自动进入不同的失效保护策略。
（3）大部分情况下，失效保护策略仍能保持发动机以降低功率的方式继续工作。
（4）极其严重的故障，失效保护策略会停止喷油，然后发动机停止运转。
（5）出现故障闪码后，可根据闪码与对应的故障描述进行故障的排除。
（6）闪码的出现及读取时，请开启故障请求开关，诊断开关有中断式的和复位式两种形式。对应整车是K65引脚线，开关出现短路，故障指示灯常亮，在实际过程中利用发动机故障指示灯读取故障码往往是不精确的，会出现偏差，给故障的诊断带来不真实的现象。所以，最好利用专用诊断仪进行诊断。
（7）故障灯对应整车是K55，如果与ECU相连，故障灯出现常亮。
（8）ECU故障诊断功能和故障码：
①故障闪码闪烁方式（以闪码"5-5-3"为例，如图8-1所示）。

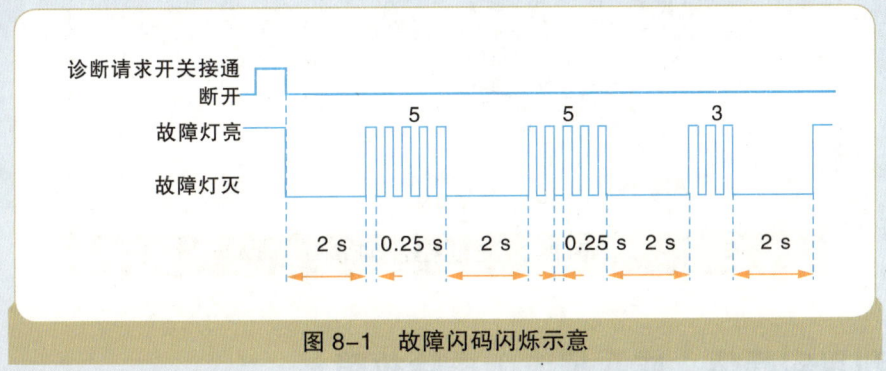

图8-1 故障闪码闪烁示意

②故障码列表：读取故障码后，根据故障码列表中的闪码来查找是什么故障。对于故障级别的定义：
0：表示错误不存储，系统灯不亮。
1：表示错误存储，系统灯不亮。
2：表示错误存储，系统灯马上亮。
3：表示错误存储，系统灯两个驾驶循环后亮。
（9）故障指示灯。
①该灯一般位于仪表板上，形状为发动机示意图。电喷系统出现故障后点亮，灯亮时为黄色。打开点火开关后，系统先进行自检，点亮故障灯。如果无故障，则故障灯在自检结束后自动熄灭。
电喷系统故障消失后，故障指示灯在下一驾驶循环自动熄灭。
按下故障请求开关，如ECU存有故障码，该灯将按设定的闪码闪烁。
②通过故障指示灯读取故障码/故障闪码的方法：
a. 点火开关处于"ON"（电路接通）位置。
b. 待机与运行工况下均可进行。
③"按下—松开诊断请求"开关即可激活闪码。每一次操作只闪烁一个故障码，依次进行即可读完所有故障码。

四、通过专用诊断仪读取故障描述排除故障

（1）利用专用的故障检测仪。

（2）在进入读取故障码的存储模块以后，删除控制单元ECU故障码，如图8-2所示。

（3）控制单元ECU的故障编码有时是虚拟的，删除后，原来虚拟的故障码就不存在了，剩下的故障码就是当前存在的真实故障码。

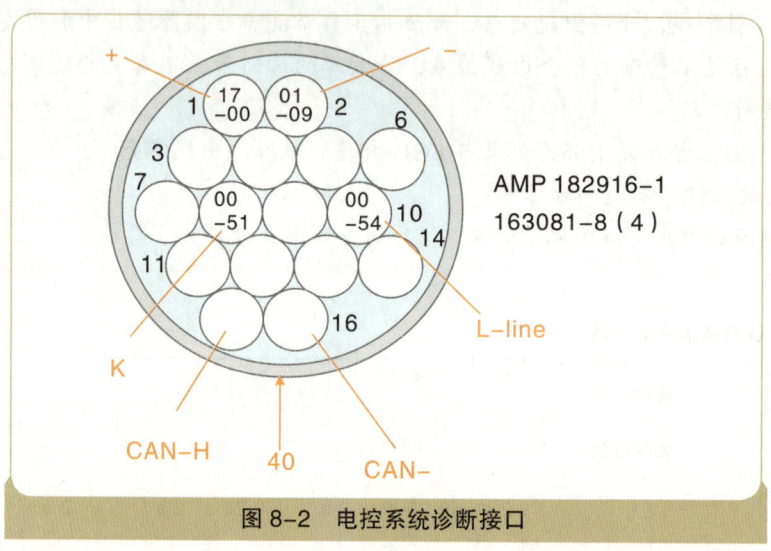

图8-2　电控系统诊断接口

五、利用实际值（或数据流）排除故障

（1）在利用专用诊断仪读取故障码后，根据故障的描述，通过观察该故障的实际值（数据流），进一步确定故障的主要位置。因为，数据流是动态的，只有发动机在运转工作的状态下，才有数据流。在发动机运转过程中，随着发动机工作状态的变化，其数据流也在不断变化。如果数据流没有变化，是一个固定值，就可以确定该位置的某个传感器出现了问题。如果数据流有变化，其变化的数值非常小，可以确定该问题的管路或线路出现了问题。然后，根据故障的方向，利用传统的机械式处理故障的方法，查找故障的确切部位。

（2）在发动机初期走保时，可利用专用诊断仪将发动机当前的实际值全部打印出来，作为该发动机的原始数据流，并存储在该客户的档案或粘贴在该客户的服务手册内，在该发动机出现问题后，再将该发动机当前的数据流打印出来，并且与该发动机的原始数据流进行比较，查看某个数据流的变化值，就是该发动机问题的根本所在。这样，可以及时、准确地诊断问题。

> **注意事项：**
>
> 在打印数据流时，一定要在同一状态下打印。同一状态是指发动机的转速和冷却水温在一致的情况下，两次的数据流才能进行比较，否则对比的数据流是不准确的，如图8-3所示。

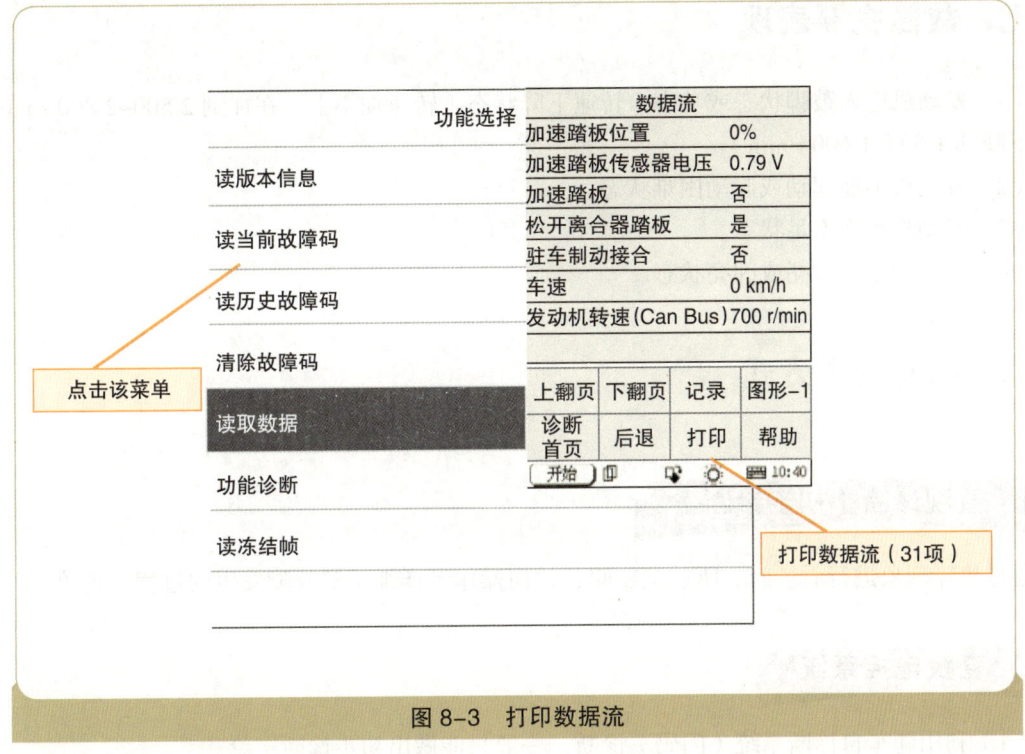

图 8-3 打印数据流

六、故障诊断及保护

（1）发动机保护——冷却水温高时的保护。

冷却水高于 95 ℃，诊断系统将限制发动机负荷不超过 80%。

（2）发动机保护——冷却水温过高时的保护。

冷却水高于 110 ℃，诊断系统将停止发动机运行，在运行停止前故障指示 MIL 的红灯点亮，发动机在约 1 min 后停机。

（3）发动机保护——冷却水温低时的保护。

冷却水低于 60 ℃，诊断系统禁止发动机全负荷工作，允许最大负荷为 80%。为防止冷却水在 60 ℃ 左右出现负荷的突变（80% 突变为 100%），只有司机松一脚油门后，诊断系统才允许发动机全负荷。

（4）发动机保护——喷射通道故障时的保护。

当仅有一缸喷射通道出现故障时，诊断系统禁止发动机全负荷工作，允许最大负荷为 20%。

（5）发动机保护——喷射通道严重故障时的保护。

当有两缸及以上喷射通道出现故障时，诊断系统将停止发动机运行，在运行停止前 MIL 的红灯点亮，发动机在约 1 min 后停机。

（6）冷却水温传感器冷起动默认值为 -15 ℃，冷却水温传感器工作默认值为 95 ℃。

七、故障主要表现

（1）发动机进入跛脚状态或功率、转速下降状态（转速加不上，在加到 2 500~2 800 r/min 后，迅速下降到 1 500~1 600 r/min）。

（2）发动机不能起动或起动困难状态。

（3）发动机动力不足状态。

（4）故障指示灯常亮或闪亮状态。

八、故障处理方式

1. 直观诊断（初步诊断）

通过故障现象进行看、问、听、试、嗅，并向操作者详细了解故障发生的过程、现象。

2. 查找电控系统

（1）利用随车自诊断系统（闪码）诊断，一般只能做出初步诊断结论。

（2）利用专用的诊断仪（P码）（BOSHKTS510F 或深圳元征 X-431 诊断仪）读取故障的描述，同时，查看其实际值（数据流），并与额定数据流进行比较。

（3）利用示波器或万用表测量 ECU 的在线电压（电路）情况。

（4）利用示波器或万用表测量 ECU 及各传感器和线束的通信状态（是否有开路的现象）。

（5）连接（EOL）调整发动机台架数据为整车数据。

3. 查找油路

（1）通过专用诊断仪查看燃油压力的变化（也就是轨压的实际数据流）。

（2）查看低压进、回油管路的流畅及堵塞情况。

（3）检查燃油的品牌。

（4）检查油水分离器的水量。

（5）检查油水分离器至柴油滤清器燃油管路的长度及弯度情况（及油水分离器与柴油滤清器的位置变化）。

（6）检查燃油计量单元或轨压传感器的工作状态。

任务三　电控柴油发动机常见故障原因的分析与处理

一、电控柴油发动机不能起动及起动困难

1. 电控柴油发动机能正常起动必须具备的 4 个要素

（1）足够的喷油压力与喷油量。
（2）足量的空气量。
（3）正确的喷油时刻。
（4）正常的气缸压缩压力。

如果某一工作要素异常，便会引起发动机不能起动或起动困难。导致电控柴油发动机起动故障的因素较多，有起动系、燃油喷射系统和发动机机械故障等。发动机机械故障应在排除了燃油喷射系统和电控燃油喷射系统的故障后做进一步检查。起动故障一般表现为不能起动（无初始燃烧）和起动困难。

2. 检查与排除方法

（1）检查有无故障码，若有，应按故障码内容进行检查。
（2）检查起动时，发动机能否转动。
①当起动时，起动机不转，应按起动系统故障原因进行检查。首先检查蓄电池的存电情况和极柱连接与接触情况；如果正常，则检查起动线路、熔断器及点火开关。如果起动时，起动机能转动而发动机不能转动，则起动机与发动机啮合部分发生故障。
②当起动时，发动机转速正常，但发动机不起动，则应对燃油喷射系统及进气系统分别进行检查。对于采用电控燃油喷射式发动机，其起动时无须踩加速踏板。如果起动时将加速踏板全踩下或反复踩加速踏板以求增加供油量往往会使发动机转速瞬时增高，从而导致发动机产生燃油消耗量增加的现象。
（3）脱开油门踏板线束，如果此时发动机可以进入怠速运转，则说明故障为油门踏板出现

了故障。

（4）外观检查：检查进气管路有无漏气。

（5）油路检查：检查油管的连接状态、进空气的现象及燃油的品质。

（6）线束检查：线束连接状态是否松动或插接不牢固。

（7）传感器的检查：检查传感器是否失效、线路松动或断裂及曲轴与凸轮轴的同步信号。

（8）检查喷油器有无控制信号：若无控制信号，应检查熔断器、线路和ECU；若有控制信号，则应检查喷油器的喷雾情况是否正常。

二、发动机动力不足、加速不良

如果发动机动力不足，发动机无负荷运转时基本正常，但带负荷运转时加速缓慢、上坡无力，加速踏板踩到底仍感到动力不足，转速提高不多，达不到最高转速。

如果发动机加速不良，则踩下加速踏板后发动机转速不能马上升高，有迟滞现象或在加速过程中发动机有轻微的波动。

发动机动力不足、加速不良的原因有：燃油系统油压过高或过低、喷油器喷油不良、传感器信号错误、喷油量过小、喷油正时不正确、气缸压缩压力小和排气管堵塞等。

三、发动机减速或自动熄火

如果发动机运行时，放开加速踏板或在车辆行驶时自动熄火，其根本原因是发动机从非怠速至怠速时，怠速不易稳定，所以立即熄火。

具体原因有：油门踏板故障、曲轴位置传感器与凸轮轴传感器信号不同步、燃油油压故障、控制单元信号错误和喷油正时不正确等。

重点检查从非怠速至怠速时的数值变化情况。

四、跛行回家

在某些不正常的情况下，油门踏板传感器失效、曲轴和凸轮轴传感器失效、蓄电池电压过高、进气压力传感器失效，发动机故障指示灯将点亮提醒，控制单元ECU将受控发动机以较低的转速和较小的负荷运行，车辆可以慢速地行驶到附近的维修站，这就是跛行回家功能。

任务四　柴油发动机故障案例分析

案例一　大众捷达柴油汽车怠速不稳

故障现象

该车配置的 AQM 发动机怠速运转不稳定，在行驶过程中加速无力，并出现轻度冒黑烟的现象。

故障分析

捷达柴油轿车能引起怠速运转不稳的原因，一般是由以下几方面引起的。
（1）个别气缸的气缸压力过低。
（2）VP37 轴向柱塞式分配泵损坏，进而导致供油量不均匀。
（3）个别气缸喷油器损坏或有堵塞。

检修流程

测试气缸压力，气缸压力均在标准范围（2 500~3 100 kPa）。用 V.A.G 1551 进行检测 VP37 泵和喷油器，检测结果：
（1）存储器内无故障。
（2）柴油泵喷油量为 2.0 mg/s 左右变化，变化范围较大。
（3）供油时刻起始值为 94。

根据以上数据，首先调整喷油起始角 04 功能下的 000 组，2 区数值为 50~60，故障现象依旧。然后检查燃油系统，结果未发现水或杂质，供油畅通。检查电路系统一切正常。因此怀疑是 VP 泵出现了故障，更换新的 VP 泵后，故障现象依旧。维修人员又重新开始分析怠速稳定控制数据组 013，为什么三缸做功比其他 3 个缸都好，且超出了调整的允许范围（±1.9 mg/s），这也就是说三缸供油太多了。因此，拆下三缸喷油器测试其开启压力，结果在压力达到 7 000 kPa 时喷油器开始喷油。标准的开启压力为 19 000~20 000 kPa，也就是说三缸喷油器在未达到标准压力时提前开启。更换三缸的喷油器后，故障排除。

课题八 柴油发动机电控系统故障诊断与排除

> **维修小结：**
>
> 捷达 SDI 柴油轿车喷油器是采用双螺旋弹簧控制喷油器开启压力的，由于三缸喷油器的 1 个弹簧断裂（拆检喷油器发现），导致开启压力过低，喷油器过早开启，喷油量过多，针阀升程传感器把这一信号反馈给发动机计算机。针阀升程传感器能够向发动机控制单元准确地反映喷油起始时刻、喷油持续的时间（即喷油量），同时起到判缸的作用。这时，发动机电控单元控制 VP 泵减少喷油量，也就是说按针阀升程传感器的信号，三缸的喷油量已足够。而到一、二和四缸时，开启压力较高需 19 000~20 000 kPa，此时就会导致一、二和四缸供油量不足，做功能力不足。此时，发动机控制单元为了维持怠速运转稳定，就会出现供油量变化范围较大，来维持发动机的怠速运转，给我们的直观感觉就是柴油泵已经损坏了。因此，捷达 AQM 发动机在维修过程中，如果发现喷油量过大或过小，也不一定是 VP 轴向柱塞式分配泵损坏，需要仔细全面的检查。

案例二 江淮瑞风 2.8 L 高压共轨柴油车里程表不工作

故障现象

一辆 2009 款瑞风商务车，此车装配 2.8 L 4DA1-2B1 高压共轨柴油发动机，5 挡手动变速器，行驶里程 19 000 km。该车因里程表不工作而送修。

故障分析

根据瑞风车车身电器结构的控制特点，导致车速里程表不工作的因素可能有：
（1）车速里程表自身失灵。
（2）组合仪表背面相关连接器插接不牢。
（3）车速传感器及其线路故障。
（4）车速传感器从动齿轮损坏。
（5）车速传感器供电线路不良。
（6）车身控制单元 BCM 内部故障。
（7）车身控制单元 BCM 供电线路故障。
（8）发动机控制单元内部故障以及车身控制单元 BCM 与发动机控制单元通信故障等。

检修流程

据用户反映，该车曾在其他专营店更换过组合仪表和车速传感器，但故障依旧，因此可以排除组合仪表及车速传感器损坏的可能性。用举升机将车举起，打开点火钥匙至"ON"挡，用万用表对车速传感器 3P 连接器的供电情况做了检测，供电电源正常，搭铁线正常，但车速信号线处于搭铁状态，正常情况下应有 5~6 V 的电压，说明故障与车速传感器的控制信号线搭铁有关。

接着用分段测量法对相关系统线路进行逐一排查。拔下位于蓄电池支架末端的车速传感器及倒车灯线束的 4P 连接器，用万用表对其信号线进行测量（EE09 连接器的 3 号端子），仍处于搭铁状态，其信号线对地电阻为 76 Ω 左右，所以怀疑车身控制单元 BCM 内部存在故障。但在发动机起动着车后，打开所有车身电器开关，各项电器工作均正常，这说明车身控制单元 BCM 存在故障的概率很小。为了验证车身控制单元 BCM 是否对该故障产生影响，拔下位于仪表台左下方的车身控制单元的两组 24P 连接器（白色和灰色），再次对其信号线进行测量，其信号线仍处于搭铁状态，且对地电阻几乎无变化，这表明车身控制单元 BCM 与信号线对地短路故障无关。

经查阅维修资料得知，该车车速传感器信号线不仅与车身控制单元BCM通信，也与发动机控制单元进行通信，它与发动机控制单元连接器的K75端子相连。拔下发动机控制单元的两组连接器，发现连接器内部有潮湿现象，且发动机控制单元端子表面也有水迹。此时再对其信号线进行测量，信号线不再对地短路，万用表显示其电压为5.6 V，恢复正常。

故障排除

用吹风枪吹干发动机控制单元连接器表面的水迹，由于发动机控制单元仍处于保修期，因此更换了一块新的发动机控制单元，将所拆零部件装复进行试车，车速里程表工作正常。

维修总结：

该车故障主要是由于发动机控制单元及其连接器进水，从而使发动机控制单元内部电路短路，影响了车速传感器信号线的正常通信。经检查未发现存在密封不良的情况，并且该车在故障排除后再未出现进水现象，由此基本上排除水从车辆外部渗入的可能性，所以进水应该是人为所致（如洒入饮料等）。

课题八　柴油发动机电控系统故障诊断与排除

 课题小结

1. 电控发动机故障排除的原则为：先外后里、先简后繁、先熟后生、代码优先、先思后行、先备后用。

2. 电控发动机故障诊断方法按所采用的手段可分为：直观诊断、利用随车自诊断系统诊断、利用简单仪表诊断和利用专用诊断仪器诊断。

3. 柴油发动机正常起动的 4 个要素：足够的喷油压力与喷油量、足量的空气量、正确的喷油时刻和正常的气缸压缩压力。

4. 发动机动力不足、加速不良的原因有：燃油系统油压过高或过低、喷油器喷油不良、传感器信号错误、喷油量过小、喷油正时不正确、气缸压缩压力小和排气管堵塞等。

5. 发动机减速或自动熄火的主要原因为发动机从非怠速至怠速时，怠速不稳定。具体原因有：油门踏板故障、曲轴位置传感器与凸轮轴传感器信号不同步、燃油油压故障、控制单元信号错误和喷油正时不正确等。

一、填空题

1. 电控发动机故障检测的基本原则是＿＿＿＿＿＿、＿＿＿＿＿＿、＿＿＿＿＿＿、＿＿＿＿＿＿、＿＿＿＿＿＿、＿＿＿＿＿＿。

2. 电控发动机故障诊断的基本方法是＿＿＿＿＿＿、＿＿＿＿＿＿、＿＿＿＿＿＿、＿＿＿＿＿＿。

二、简答题

1. 电控发动机故障诊断的基本流程是怎样的？
2. 电控发动机故障症状模拟方法有哪些？
3. 电控发动机故障的处理方式有哪些？